中國文化通史

先秦卷・上冊

中國文化源遠流長，欲理解中國文化，捨其歷史無由。而欲理解中國文化史，界定文化的概念，梳理中國文化史的發展脈絡、特質及其研究狀況，又是十分必要的。爰作是序。

一、文化概念的界定

文化問題是世界關注的熱門話題，但是，國內外學術界對於文化的概念，迄無統一的界定。聯合國教科文組織曾邀請各國學者討論什麼是「文化」，也未取得共識。據統計，有關文化的概念，多達數百種，人們見智見仁，莫衷一是。

從西方的歷史上看，人們對於文化的理解，大致經歷了四個時期。

第一個時期是古代。最具代表性也是最古老的文化概念，是由約兩千年前古羅馬哲學家西塞羅提出來的，它從拉丁文譯成英文是「culture is the philosophy-or cultivation-of the mind」。漢譯為「文化是心靈的哲學（修養）」。其中 cultivation 本義是耕種，引申意為耕種—栽培—培養—修養，這可謂哲學的文化概念。它強調文化是人類心靈的創造物，並視文化是一個趨向品德修養終極目標的動態的創造過程。

第二個時期是中世紀。有代表性的是藝術的文化概念：「文化是藝術的總稱。」它是文藝復興時代的藝術家們提出來的，強調文化是人類對美的追求和自由的創造。

第三個時期是十九世紀。其間出現了兩種有代表性的文化概念。一是英國著名學者阿諾德在一八六九年出版的《文化和無政府狀態》一書中提出的：

文化就是追求我們的整體完美，追求的手段是通過了解世人在與我們最有關的一切問題上所曾有過的最好思想和言論……引導我們把真正的人類完美看成是為一種和諧的完美，發展我們人類的所有方面；而且看成是一種普遍的完美，發展我們社會的所有部分。[1]

這是心理學的文化概念。它強調文化是人們藉助於自然科學和人文科學包括文學藝術中一切真、善、美的東西，陶冶心靈，追求社會完美與和諧的過程；二是另一個英國著名學者泰勒一八七一年在《文化的起源》中提出的人類學的文化定義。他說：

文化或文明，就其廣泛的民族學意義來說，乃是包括知識、信仰、藝術、道德、法律、習俗和任何人作為一名社會成員而獲得的能力和習慣在內的複雜整體。[2]

泰勒的定義第一次強調文化是「複雜的整體」和「文化是整個的生活方式」。

第四個時期是二十世紀。二十世紀初社會學家提出了社會學的文化概念：

文化是一個多義詞，我們這裡是在包容較廣的社會學含義上使用它，即它是指人造物品、貨物、技術過程、思想、習慣和價值觀念，它們是一個民族的社會遺產。這文化包括所有習得的行為、智力知識、社會組織和語言、經濟的、道德的或精神的價值系統。一種特定文化的基礎是它的法律、經濟結構、巫術、宗教、藝術、知識和教育。[3]

此一定義第一次強調價值觀念和價值系統，是文化內涵的核心。

1　轉引自〔英〕雷蒙德·威廉斯：《文化與社會》，160-161 頁，北京，北京大學出版社，1991。
2　轉引自莊錫昌等編：《多維視野中的文化理論》，99-100 頁，杭州，浙江人民出版社，1987。
3　轉引自閔家胤：《西方文化概念面面觀》，《國外社會科學》，1995 年第 2 期。上述參考了該文的內容。

二十世紀中期以後，隨著科學的進步和視野的拓展，人們進而在生物學乃至在整個宇宙的範圍之內，探討文化問題。例如，生物學的文化定義為：「文化是不同物種的組織結構和行為規範。」聯合國教科文組織「世界文化項目」主持人、加拿大學者謝弗，則進而提出了宇宙學的文化概念：「文化一般是指物種，特殊地是指人類觀察和感知世界，把自己組織起來，處理自身事務，提高和豐富生活，以及把自己安置在世界上的那種方式。」[4]

由上可知，西方文化概念的內涵是隨著時代的發展而逐漸拓展與深化的。據統計，一九二〇年前只有數種不同的文化定義；但是到一九五六年，就已多達一百五十餘種，也集中說明了這一點。其中，如果說阿諾德的定義是對古代以來文化認識的集大成的話；那麼泰勒的定義強調文化是一種「複雜的整體」和「整個的生活方式」，以及社會學家強調文化內涵的核心是價值觀念與價值系統，則更具有開創性和劃時代的意義，構成了今人理解文化的現代基礎。這說明，十九世紀末二十世紀初是西方現代文化觀念形成的重要時期。至於其後新說迭起，尤其是生物學的、生態學的、宇宙學的概念的出現，固然反映了人們視野的開拓，但是文化的概念既囊括了物種與宇宙，實漸泛化了，以至於無從把握。

從中國歷史上看，「文明」一詞的出現要早於「文化」。《易·乾》：「見龍在田，天下文明。」《易明夷》：「內文明而外柔順，以蒙大難，文王以之。」「文化」一詞雖然也是古已有之，但它被作為一個完整的辭彙和概念加以使用，有一個演化的過程。在秦漢時期，儒生編輯的《易·賁卦》的《彖》中有「觀乎天文，以察時變；觀乎人文，以化成天下」之說，但「文化」尚未構成一個完整的詞。西漢的劉向在《說苑·指武》中將「文」與「化」聯用：「聖人之治天下也，先文德而後武力。凡武之興，為不服也，文化不改，然後加誅。夫下愚不移，純德之所不能化，而後武力加焉。」不過，這裡的「文化」仍非一個完整的詞，而各有獨立的意義，「文」指文德，「化」指教化，即借文德行教化。其後，晉人的詩文中出現了完整的「文化」一詞。如束皙的《補亡詩》有「文化內輯，武功

4　同上。

外悠」句；王融在《曲水詩序》中則說：「設神理以景俗，敷文化以柔遠。」至此，「文化」顯然已作為一個完整的辭彙和概念，開始為人們所廣泛使用。其含義包括文治、教化和禮樂典章制度。這與西方古代哲人強調「文化」的內涵在於趨向品德修養終極的目標，是相通的。

語彙是隨著社會生活和時代的變動而變動的。在西方，文化的概念所以於近代以後發生了日益深刻的變動，是與西方資本主義的發生發展、科學的進步以及世界聯繫的日益密切分不開的。反觀中國，封建社會綿延兩千餘年，沉沉一線，「天不變，道亦不變」。與此相應，已有的「文化」一詞，古色古香，其內涵也無甚變化。鴉片戰爭後，中國封建社會因受西方資本主義的衝擊而解體，且日益走向世界，語彙便漸生變動。在一些新的語彙出現的同時，更多的語彙增加了新的內涵。就「文化」一詞來說，其新義的增加尤其是人們自覺重新探究其內涵，界定其概念，則要晚到二十世紀初。梁啟超諸人的觀點具有代表性。梁啟超在《什麼是文化》中說：「文化者，人類心能所開積出來之有價值的共業也。」[5]梁漱溟則謂：「文化並非別的，乃是人類生活的樣法。」[6]胡適也指出：「文化（culture）是一種文明所形成的生活的方式。」[7]他們都強調文化是人類創造的一種複雜的整體（「共業」）和「生活的方式」，這顯然是接受了泰勒關於文化的定義。

所以，儘管國際上對文化迄今未能形成統一的界定，但泰勒的定義實已構成了人們進一步探討文化問題的現代基礎。同時，在此基礎上，除主張文化泛化者外，人們也畢竟形成了相對的共識，即認為文化可分作廣義與狹義兩種概念來理解。梁啟超曾說：「文化這個名詞有廣義狹義二種，廣義的包括政治經濟；狹義的僅指語言、文字、宗教、文學、美術、科學、史學、哲學而言。」[8]就已經有了此種見解。今天我們可以作進一步表述：廣義的文化就是人化，即人類所創造的一切東西構成了文化。具體講，它包括三個層面：物質文化、制度文化、精神

5　梁啟超：《飲冰室文集》之三十九。
6　梁漱溟：《東西文化及其哲學》第 2 章，北京，商務印書館，1935。
7　胡適：《我們對於西洋近代文明的態度》，《胡適文存》三集，卷一。
8　梁啟超：《中國歷史研究法補編》，《飲冰室專集》之九十九。

文化。其中，精神文化是文化結構中最深層的部分。狹義的文化就是指精神文化，即觀念形態的文化，包括思想、觀念、意識、情感、意志、價值、信仰、知識、能力等等人的主觀世界的活動及其物化的形態或外鑠的成果，如典籍、語言、文字、科技、文學、藝術、哲學、宗教、道德、風習，等等。

對於「文化」與「文明」的關係，人們也頗存異議，但從總體上看，大致有三種理解：一是學術界一般將「文明」一詞用來指一個社會已由氏族進入國家組織的階級社會的階段，即是與「文化」並無直接瓜葛的學術上的專有名詞；二是「文化」與「文明」同義。美國學者亨廷頓說：「當談論文明的時候，我們指的是什麼呢？一種文明就是一種文化存在。」[9]他顯然是將「文化」與「文明」視作同義詞，等量齊觀。故所謂「物質文化」、「制度文化」和「精神文化」，人們通常也稱作「物質文明」、「制度文明」和「精神文明」；三是「文化」與「文明」都是人類創造的一切成果的總稱，但前者是動態的，後者則是靜態的。陳安仁說：「文明是指靜的狀態而說，文化是指動的狀態而說。」[10]張崧年也曾指出：「文化是活動，文明是結果，也不過一事的兩看法。」[11]

本書對文化的界定，取狹義文化。對「文明」一詞的使用，則據行文的需要，兼顧三義。

二、中國文化史研究的回顧

文化史是古老的史學的一個分支學科，但它真正的確立，在歐洲要晚到十八世紀的啟蒙運動時期。西方「文化史之父」、法國啟蒙思想家伏爾泰的名著《路易十四時代》，實為文化史研究的開山之作。其後，西方關於文化史的著述日多，漸漸蔚為大觀。

9　[美]亨廷頓：《文明的衝突》，《國外社會科學》，1993 年第 10 期。
10　陳安仁：《中國文化演進史觀》，據文通書局 1942 年版影印，6 頁，上海，上海書店，1992。
11　張崧年：《文明與文化》，《東方雜誌》第 24 卷第 24 號。

在中國，文化史學科的確立更要晚到二十世紀二〇至三〇年代。梁啟超於此有創榛闢莽之功，他曾擬撰多卷本《中國文化史》，遺憾的是僅成《社會組織篇》計八章，壯志未酬。但是，進入二十世紀二〇年代後，有關文化史的研究成果已是連翩出現。一九二四年《史地學報》有文報導學界消息說：「近來研究歷史者，日新月異，內容大加刷新，多趨重文化史方面。」[12]足見中國文化史的研究和編纂，是時已開始浸成風氣。其中較重要的通史性著作有：顧康伯的《中國文化史》、常乃德的《中國文化小史》、陳國強的《物觀中國文化史》、柳詒徵的《中國文化史》、楊東蓴的《本國文化史大綱》、陳登原的《中國文化史》、王德華的《中國文化史略》、繆鳳林的《中國民族之文化史》、陳安仁的《中國文化演進史觀》、王治心的《中國文化史類編》、陳竺同的《中國文化史略》、錢穆的《中國文化史導論》，等等。此外，涉及斷代的、區域的和專題性的有關文化史著作也相繼出版。其中，專題性的著作，尤以王雲五主編的大型《中國文化史叢書》為代表。叢書仿效一九二〇年法國出版的《人類演進史叢書》及一九二五年英國劍橋大學主編的《文化史叢書》的體例，共分八十個專題，每冊一專題，於一九三七年後相繼推出，產生了很大的社會影響。該叢書的出版，標誌著中國文化史的研究發展到了一個新的階段。

中國文化史的研究之所以於二十世紀二〇年代後蔚為風氣，並非偶然，至少可以指出以下的原因：

其一，是近代中西文化問題論爭深化的必然結果。經五四後，中西文化問題的論爭不僅日益激烈，且愈趨深化。歐戰慘絕人寰，創深痛巨，引發了世界範圍內的反省西方文化的思潮。與此相應，國人相信西方文化必有所短，中國文化自有所長，因而要求重新審視固有文化。為此，探討中國文化的發生發展史自然便成了當務之急。張蔭麟說：「文化是一發展的歷程。它的個性表現在它的全部『發生史』裡。所以比較兩個文化，應當就是比較兩個文化的發生史。」[13]柳詒徵的《中國文化史・緒論》則強調該書的旨趣，即在於回答：「中國文化為何？中

---

12 《史地界消息・歷史類（一）〈研求國史方法之宣導〉》，《史地學報》第 3 卷第 1、第 2 合期，1924。
13 《論中西文化的差異》，參見張雲台編：《張蔭麟文集》，北京，教育科學出版社，1993。

國文化何在？中國文化異於印、歐者何在？」而錢穆在《中國文化導論·弁言》中，說得更加明確：

中國文化，表現在中國已往全部歷史過程中，除卻歷史，無從談文化。……我們應在歷史進程之全時期中，求其體段，尋其態勢，看他如何配搭組織，再看他如何動進向前，庶乎對於整個文化精神有較客觀，較平允之估計與認識。[14]

很顯然，這就是明確地提出了，要正確認識中西文化，必須重視中國文化史的研究。

其二，借文化史振奮民族精神，謀國家復興。二十世紀三〇至四〇年代正是中國遭受日本帝國主義的野蠻侵略，民族危亡喚醒全民抗戰和謀國家復興的慷慨悲壯的時代。愈來愈多的國人意識到了文化復興與民族復興的內在聯繫。康敬軒在《中國文化演進史觀·跋》中說：「念一年秋，予歸自歐洲，默察大勢，知欲救國家危亡，必先求民族之復興，而求民族之復興，必先求文化復興。」陳安仁《中國文化演進史觀·自序》也說，近世治國家學說者，皆謂土地、人民、主權是國家三要素，必得三者安全獨立，才是名副其實的國家。實則，即便三者盡得，「而文化不能獨立，亦遂足以當國家之名實乎」？帝國主義侵略弱國，不僅占有其土地、人民與主權，「尤且汲汲皇皇，以消滅弱小國家民族之文化，吁！可怖哉」。[15]需要指出的是，近代最早的中國文化史著述雖是出自日人之手，它們對於國人著述不乏借鑒的作用，但如一九〇三年出版的白河次郎、國府種德的《支那文明史》和一九二六年出版的高桑駒吉的《中國文化史》，其有意歪曲歷史和貶損中國文化，也是人所共見的。因此，編纂中國文化史，給國人以正確的民族文化教育，以振奮民族精神，史家責無旁貸。王德華《中國文化史略·敘例》因之強調說：

中國文化之評價各有不同，有謂為落後者，有謂為優美者，然不論其評價如何，中國人之應當瞭解中國文化，則無疑問，否則，吾族艱難奮鬥、努力創造之

---

14 錢穆：《中國文化導論·弁言》，北京，商務印書館，1994。
15 陳安仁：《中國文化演進史觀·自序》。

歷史，無由明瞭，而吾人之民族意識，即無由發生，民族精神即無由振起，晚近中國國勢不振，即由於文化教育之失敗所至。茲者國脈益危，不言復興則已，言復興，則非著重文化教育，振起民族精神不可。本書之作，意即在此。[16]

其三，新史學思潮影響的結果。十九世紀末二十世紀初，是西方史學新陳代謝的重要時期。傳統史學重政治史，而新史學思潮則要求擴大史學範圍，注意經濟、社會、思想、文化等領域的研究。巴勒克拉夫在《當代史學主要趨勢》一書中指出，「從蘭克時代到阿克頓時代，歷史學家們對於歷史學的主線是政治史這一點極少懷疑」，而經二十世紀二〇年代後馬克思主義唯物論和以狄爾泰為代表的相對主義史學思潮的衝擊，「歷史學的重點轉移到經濟、社會、文化、思想和心理等方面，歷史學家的工作範圍也相應地擴大了」。[17]西方史學思潮的此種變動，也強烈地影響到了中國。二十世紀二〇年代後馬克思主義唯物論在中國日益傳播，與此同時，作為歐洲相對主義史學衍生物的美國「新史學」，也傳入了中國。新史學派主要人物的代表作，如魯濱遜的《新史學》、巴恩斯的《史學史》、紹特威爾的《西洋史學史》等，於二十世紀二〇年代也相繼被譯成中文出版。新史學派同樣主張擴大史學範圍，加強對於經濟、社會及文化等領域的研究。何炳松在《新史學導言》中說：「舊日歷史家，又有偏重政治史的毛病。實則政治一端，哪能概括人類活動的全部呢？」[18]由於新史學派的理論是被當作代表了西方史學發展的最新趨勢的新理論，而加以宣傳與介紹的，故在當時的中國史學界產生了廣泛的影響。梁啟超、章太炎等人雖在二十世紀初即有研究文化史的初步主張，但僅是少數人的先知先覺；二十世紀二〇年代後，因受新史學思潮的廣泛影響，中國史學家要求擴大治史範圍，注重經濟、社會和文化史研究實已成為時尚。所以柳詒徵《中國文化史·緒論》指出：

世恒病吾國史書為皇帝家譜，不能表示民族社會變遷進步之狀況，實則民族社會之史料，觸處皆是，徒以浩穰無紀，讀者不能博觀而約取，遂疑吾國所謂史

---

16 王德華：《中國文化史略·敘例》，南京，正中書局，1942。
17 [英]巴勒克拉夫：《當代史學主要趨勢》，13、14頁，上海，上海譯文出版社，1987。
18 何炳松：《何炳松論文集》，51頁，北京，商務印書館，1990。

者，不過如坊肆《綱鑑》之類，止有帝王嬗代及武人相斫之事，舉凡教學、文藝、社會、風俗以至經濟、生活、物產、建築、圖畫、雕刻之類，舉無可稽。吾書欲去此惑，故於帝王朝代，國家戰伐，多從刪略，惟就民族全體之精神所表現者，廣搜而列舉之。[19]

顧康伯《中國文化史·自序》同樣強調說：

歷史之功用，在考究其文化耳。顧吾國所謂歷史，不外記歷朝之治亂興亡，而於文化進退之際，概不注意，致外人動譏吾為無史。二十四史者，二十四姓之家譜，斯言雖或過當，然吾國史家專為一朝一姓之奴隸，未始非缺憾也。[20]

此期的文化史研究不僅出版了一批成果，而且對文化史研究的方法論問題作了探索，提出了某些有益的見解：

（1）分類與綜合。以梁啟超為代表的一些學者主張文化史當分類研究。梁啟超的《中國歷史研究法補編》中有「文化專史及其做法」一章，其中說：「狹義的文化，譬如人體的精神，可依精神系發展的次第以求分類的方法。」文化是人類思想的結晶。思想的表現有宗教、哲學、史學、科學、文學、美學等等，「我們可一件一件的講下去」。[21]王雲五在《編纂中國文化史之研究》中也提出，以綜合方法編纂文化史，「其難益甚」，宜「就文化之全範圍」，區分若干科目，作系統詳盡敘述。如此，「分之為各科之專史，合之則為文化之全史」。[22]王治心的書即取名為《中國文化史類編》，內分經濟、風俗、學術思想、宗教倫理和藝術器物五類。作者在「緒論」中說：「這五個大綱，或者可以把整個的文化大約地包括起來。……合起來可以成全部的文化史，分開來也可以成為各自獨立的五種小史。」[23]但是，柳詒徵諸人不贊成分類而主綜合的研究方法。柳詒徵以為，分類的方法難以說明文化發展中複雜的歷史因果關係和表現「民族全體之精

---

19 柳詒徵：《中國文化史》上冊，7頁，北京，中國大百科全書出版社，1988。
20 顧康伯：《中國文化史·自序》，上海，泰東圖書局，1924。
21 梁啟超：《飲冰室專集》之九十九，134頁。
22 王雲五：《編纂中國文化史之研究》，北京，商務印書館，1937。
23 王治心：《中國文化史類編·緒論》，上海，作者書店，1943。

神」，「此縱斷之病也」。[24]何炳松則指出，分類縱斷的研究無法表現「某一時代中整個的文化狀況」，由此組合成的所謂文化史，「不是整個的；是死的，不是活的」。[25]應當說，柳詒徵等人主綜合的研究方法是對的，因為文化專史固然是必要的，但是中國文化史不應是各種專門史的簡單組合。

（2）文化史的分期。此期的研究者都將進化的觀點引入了文化史，強調要「注意動的研究方法，從歷史進化變遷的法則，說明社會演變，人類活動行為的影響」[26]。他們普遍注意到了中國文化史的分期問題，也反映了這一點。梁啟超不愧是文化史研究的創始者，他看到了文化史自身的發展規律，明確地提出了文化史的分期不應與政治史劃一的重要思想。[27]從宏觀上看，此期的研究者多以上古、中古、近世對中國文化史作長時段的區分；從微觀上看，則是超越王朝界限，力圖以文化發展的自身特點作中時段的區分。前者可以柳詒徵的《中國文化史》為例，它以遠古至兩漢為上古；魏晉至宋、元為中古；明至當代為近世，並依此分為三編，構建全書體例。柳詒徵寫道：

吾書凡分三編：第一編，自遠古以迄兩漢，是為吾國民族本其造之力，由部落而建設國家，構成獨立之文化之時期；第二編，自東漢以迄明季，是為印度文化輸入吾國，與吾國固有文化由牴牾而融合之時期；第三編，自明季迄今日，是為中印兩種文化已就衰，而遠西之學術、思想、宗教、政法以次輸入，相激相蕩而卒相合之時期。此三期者，初無截然劃分之界限，特就其蟬聯蛻化之際，略分畛畛畔，以便尋繹。[28]

後者可以常乃德的《中國文化小史》為例，它分中國文化史為八期：

自太古至西周的宗法時期；春秋戰國時代的宗法社會破裂後文化自由發展的時期；秦漢兩代統一安定的向外發展的時期；魏晉朝民族移徙印度新文化輸入的

---

24 柳詒徵：《中國文化史》上冊，「弁言」及「緒論」。
25 何炳松：《何炳松論文集》，148 頁。
26 陳安仁：《中國文化演進史觀‧緒論》。
27 梁啟超：《飲冰室專集》之九十九，172 頁。
28 柳詒徵：《中國文化史》上冊，1 頁。

時期；隋唐兩代民族同化成功新文化出現的時期；晚唐五代宋朝民族能力萎縮保守思想成熟的時期；元明清三朝與西方文化接觸逐漸蛻化的時期；晚清以至今日大革新的時期。[29]

他們的上述分期是否科學，可不置論；重要在於，他們都力圖從中外文化融合和中國文化發展變化的大勢上，考量中國文化史的分期，無疑都表現出了可貴的新思維。

（3）**唯物史觀的運用**。儘管此期的多數研究者並未接受唯物史觀，但是畢竟有部分學者已開始嘗試和倡導運用唯物史觀研究中國文化史。例如，陳竺同的《中國文化史略》說：「社會生產，包含著生產力與生產關係。這本小冊子是著重於生產力去分析文化的進程。」[30]陳安仁的《中國文化演進史觀》也強調，一國的經濟「與一國的文化進程，有密切的關係，重大的影響」。作者進而引德國學者的話說：「無論如何，唯物史論包含一個大真理，植物賴其所生地的肥料而生長，繁殖開發，同樣道理，可知食物根源的擴張（如由農業），生產方法的進步（如因資本主義的制度），工藝上的文明（如鐵路、省勞動的機器等等），對於文化發達發生的影響，遠勝於道德教訓、宣講書籍、藝術品、哲學系統。」儘管經濟並非影響文化發展的唯一因素，「但就一切社會學的現象看起來，經濟唯是有大影響於文化發達的」。[31]固然，這些研究者對於唯物史觀的理解與把握，尚屬粗淺，故其於文化史現象的分析一時也難以避免簡單化的傾向。

二十世紀上半葉的中國文化史研究儘管取得了明顯的成就，但終究屬於發軔期，粗獷有餘而精密不足。二十世紀三〇年代初，朱謙之著《文化哲學》一書，以為已有文化史研究的不足，在於普遍缺乏理論基礎；與此同時，陳寅恪也指出，「以往研究文化史有二失」：舊派「其缺點是只有死材料而沒有解釋」，失之在「滯」；新派多留學生，喜歡照搬外國理論，其書有解釋，「看上去似很有條

---

29 常乃德：《中國文化小史》第 1 章，上海，中華書局，1928。
30 陳竺同：《中國文化史略》，144 頁，上海，文光書店，1948。
31 陳安仁：《中國文化演進史觀》，61 頁。

理，然甚危險」，失之在「誣」。[32]二者的批評有相通之處，頗能中其肯綮。

　　遺憾的是，新中國成立後，除了如文學、藝術、史學、哲學等具體的部門文化史的研究還在繼續外，文化史作為一個獨立的學科，在長達近三十年的時間裡，實陷於中斷。這主要是受「左」的思潮影響，視文化史為資產階級唯心論的淵藪而加以簡單否定的結果。

　　中國文化史研究枯木逢春，其根本轉機在二十世紀七〇年代末。一九七八年黨的十一屆三中全會確立了改革開放的路線後，國人得脫「左」的羈轡，百業發抒。與此相應，中國文化史研究與「文化熱」同時升溫，尤其是進入八〇年代後，更似春潮勃發，迅速蔚為大觀：報刊上就中國傳統文化的優劣展開長時間激烈的爭論；文化史研究的專門機構在許多高校和科研單位先後建立了起來；專門的學術團體、期刊出現了；國際國內的或地方的相關學術討論會，每年都在舉行；文化史不僅進入了高校的課堂，而且成為研究生培養的重要研究方向。這場文化和文化史「熱」，其持續時間之長，影響範圍之廣，為新中國成立以來所僅見，以至於我們迄今都可以感受到它。

　　自二十世紀七〇年代末以來，文化史研究取得了豐碩的成果，已出版的著作為數十分可觀。馮天瑜等的《中華文化史》、陰法魯等的《中國古代文化史》、劉蕙孫的《中國文化史稿》等，是有影響的通史性的著作；萬繩楠的《魏晉南北朝文化史》、龔書鐸主編的《中國近代文化概論》、史全生主編的《中華民國文化史》等，則是斷代史方面有代表性的著作。此外，有關區域文化史、專題文化史、少數民族文化史、中外文化交流史等方面的著作，為數最多，更不乏精品佳構。此期的中國文化史研究，無論從品質與數量上看，還是從涉及領域的廣度與深度上看，均非二十世紀上半葉的研究所能同日而語。

　　一定的文化是一定社會的政治和經濟的反映，又給予偉大影響和作用於一定社會的政治和經濟。二十世紀七〇年代末以來，文化及文化史的研究之所以得以

---

32 蔣天樞：《陳寅恪先生編年事輯》，222 頁，上海，上海古籍出版社，1997。

復蘇乃至於勃興，歸根結柢，是中國揭出了實現現代化的時代主題和社會醞釀著轉型的產物。所謂現代化，不是孤立的社會目標，對於一個國家和民族來說，它意味著自身整個文化的現代化。就中國而言，文化的現代化不應也不可能是全盤西化，它只能是傳統文化的現代化。為此，去除糟粕，繼承和弘揚中華民族優秀的文化傳統，實現傳統文化的內在超越，便成了中國現代化課題中的應有之義。「中國文化，表現在中國已往全部歷史過程中，除卻歷史，無從談文化。」也因是之故，欲解答現實中的文化問題，便不能不去請教歷史。不僅如此，中國的現代化事業任重道遠，它需要不斷增強民族的凝聚力、認同感，中國文化史研究恰恰可以高揚愛國主義，為之提供無可替代的民族精神的支柱。很顯然，二十世紀末，國人重新發現了中國文化史的價值，這是完全合乎邏輯的。當然，思想既經解放，學術研究無禁區，文化史這塊長期荒蕪卻又遼闊而肥沃的學術園地，自然會吸引來眾多拓荒者。這即是說，中國文化史學科自身發展的強勁內驅力，也是不容忽視的。要言之，此期中國文化史研究復蘇的原因與二十世紀二〇至三〇年代肇端的原因，一脈相承，只是因時代條件的差異而表現出愈加斑斕的特色罷了。

同時，也應當看到，此期的中國文化史研究雖然成就斐然，超過了前期，但它在更高的層面上並沒有完全解決前期業已提出的問題，而且面臨著新的分歧。例如，柳詒徵等人早已提出，中國文化史應是綜合的，不應是專門史的組合，這在今天雖成共識，但究竟應怎樣實現綜合，當年的柳詒徵等人在實踐上並未解決，今天我們也仍然處於摸索的過程中。文化概念的界定依然莫衷一是，此不待言；但是，如今文化史的界定本身也成了爭論的問題。此外，朱謙之曾提出文化史研究的理論基礎問題，應當說，迄今足以表現中國氣派的文化學理論，尚未見之。從西方引入的各種文化學理論為數雖多，但有經久生命力的學說也不多見。陳寅恪所說的失之於「滯」的舊派學者固然不存在了，但他對於失之於「誣」的新派學風的批評，卻不能說已無現實的意義。

學術的本質在於發現問題，追求真理。從這個意義上說，上述的現象是正常的，它反映了學術研究無止境和學術研究的艱辛。但是，重要的一點是，不應沉湎於概念的爭論而停止了實踐的探索。蘇聯的學者說得對：「如果只集中注意力去制定一個什麼是文化，什麼是它的研究對象的準確的、完善無缺的定義，再開

始研究俄國文化史未必是合適的。」[33]唯其如此，我們以為在學術界已有的研究基礎上，編纂一部多卷本的《中國文化通史》，不僅已具備了必要的條件，而且其本身即是一種有益的探索。

三、中國文化史發展脈絡

任何事物的發展過程，都因受其根本矛盾在不同發展階段上的具體展開形式的制約，從而顯現出階段性來。「如果人們不去注意事物發展過程中的階段性，人們就不能適當地處理事物的矛盾。」[34]因之，注意事物發展過程中的階段性，對於正確認識事物具有十分重要的意義。實則，馬克思主義唯物史觀從來便重視人類社會歷史的階段性發展，馬克思曾指出，生產關係是隨著生產力的發展變化而變化和改變的。生產關係的總和構成了「一定歷史發展階段上」和「具有獨特的特徵」的所謂社會。「古代社會、封建社會和資產階級社會都是這樣的生產關係的總和，而其中每一個生產關係的總和同時又標誌著人類歷史發展中的一個特殊階段。」[35]

緣是可知，欲理解中國文化史，注意其發展過程中的階段性，同樣是十分重要的。

中國文化史是中國通史的一部分，但其分期應有其自身的根據，而不能強求與政治史或經濟史相一致。固然，一定的文化是一定社會的政治與經濟在觀念形態上的反映，但是，此種反映絕非徑情直遂的，而是通過複雜的中介層面實現的。因之，二者的關係不能等同於物質與精神的關係，以為政治經濟是第一性的，文化是第二性，是政治經濟的派生物。事實上，文化自身有很強的傳承性和相對的獨立性。從人類歷史上看，精神文明並不總是與物質文明同步。如古希臘

---

33 轉引自莊錫昌等編：《多維視野中的文化理論》，383 頁。
34 《毛澤東選集》第 1 卷，314 頁，北京，人民出版社，1991。
35 《馬克思恩格斯選集》第 1 卷，345 頁，北京，人民出版社，1995。

的生產力並不發達，但卻創造了燦爛的古希臘文明；在歐洲歷史上，德國曾長期是經濟上落後的國家，但這並不影響它時常占據歐洲文化交響樂團中第一提琴手的位置。同樣，春秋戰國時代是中國歷史的童年，物質文明水準不高，但它卻是中國文化發展史上的一個巨人輩出的黃金時代；宋代國勢屢弱，但人多公認宋代是中國古代文化發展史上的又一個高峰期。陳寅恪甚至這樣說：「華夏民族之文化，歷數千載之演進，造極於趙宋之世。」[36]

中國文化史的分期，當考慮到以下幾種因素：

其一，中外文化的關係。中國文化的發展不是孤立的，在歷史上中國文化曾廣泛吸納了域外文化，其中尤其是東漢後傳入的印度佛教，深刻地影響了中國文化的發展。而鴉片戰爭以後，西學東漸更是有力地衝擊了中國文化，促使其解紐、轉型和近代化。中國文化的發展包含著外來文化的基因，後者提供了重要的內驅力，這是不容忽視的歷史現象。

其二，民族與文化的關係。中國文化的起源是多元的。漢唐之際中國文化進入了發抒的重要時期，其間以漢族為主體的多民族的大融合，同樣深刻地影響了中國文化的發展。故陳寅恪曾反覆強調指出：必須明白民族與文化的關係，「始可與言吾國中古文化史」[37]。實則，與言中國中古以後的文化史，也依然不容忽視民族與文化的關係。這只須指出蒙古族與滿族曾先後入主中原，分別建立了元朝與清朝，有力地影響了中國文化的發展，就足以說明這一點。正是從這個意義上說，中華民族的形成與發展和中國文化的源起與發展是互為表裡、相輔相成的。

其三，社會形態與文化形態的關係。馬克思主義指出，一定生產關係的總和構成了人類社會發展一定階段上具有獨特特徵的所謂社會，即形成了一定的社會形態，如古代社會、封建社會和資本主義社會等。文化的發展雖然並不總是與政治經濟的發展亦步亦趨，但是，歸根結柢，文化的發展又總是與一定的生產方式

---

36 陳寅恪：《鄧廣銘宋史職官志考證序》，《金明館叢稿二編》，上海，上海古籍出版社，1980。
37 陳寅恪：《寒柳堂集》，33 頁，上海，上海古籍出版社，1980。

所構成的社會經濟基礎相適應的，即一定的文化形態適應於所由產生的一定的社會形態。所以，有所謂古代社會文化、封建社會文化和資本主義社會文化等的分際。這是具有普遍意義的唯物論的觀點。

緣此，從文化的性質和中外文化關係的發展態勢上，學術界對中國文化史曾有以下兩種長時段的分期：

（1）自遠古迄西周[38]，屬古代社會的文化；自西周迄明清，屬封建社會的文化；自鴉片戰爭以降迄新中國建立，屬半殖民地半封建社會時期的近代文化。

（2）自遠古迄漢代，是為中國文化獨立形成與發展的時期；自漢代迄明末，是為中國文化積極吸納域外文化，尤其是印度佛教，從而使自身得到不斷豐富與發展的時期；自明末迄新中國建立前，是為西方文化漸次傳入，中西文化相激相盪終相融合和中國傳統文化向近代文化轉型的時期。[39]

上述兩種分期，視角不同，實質是一致的，即都注意到了中國文化的階段性發展，但略顯疏闊。依上述理路，中國文化史的發展大勢，還可以進一步大致分成六個時期：先秦；秦漢；魏晉南北朝至隋唐五代；遼宋西夏金元；明清（前期）；近代。茲分述如下：

第一個時期，先秦。

這是中國文化的孕育、化成時期，也是中國文化的奠基期和第一個高潮期。先秦文化的集成奠定了中國文化博大精深的基礎，給中國文化的發展開拓了廣闊的道路。所謂的中國文化傳統，就是從這個時期發軔、源起。

先秦文化的積澱經歷了漫長的歷史時期。從一百七十萬年前元謀猿人開始，中華民族的祖先經歷了直立人、早期智人（古人）、晚期智人（新人）到現代人的演進，度過了舊石器時代、中石器時代、新石器時代，通過原始人群、母系氏

---

38 中國古代史分期問題，學術界存在爭論。這裡以西周封建說舉例。
39 參見柳詒徵：《中國文化史》上冊，1 頁。

族社會、父系氏族社會，進入了階級社會的門檻。這標誌著他們已經艱難地越過了蒙昧、野蠻而迎來了文明的曙光。中國大地的文明曙光，最早是以滿天星斗式的多元發生為特點的。遠在新石器時代的後期，中國廣大的區域內，即已經形成了若干初級文明的文化區域：陝晉豫文化區、山東文化區、湖北文化區、長江下游文化區、鄱陽湖—珠江流域文化區、遼西河套文化區。這些不同區域的文化不斷地積累、發展、碰撞，最後通過在中原地區的交匯、融合，完成了中國古代從野蠻到文明、從量變到質變的轉變，建立起中國歷史上第一個文明國家王朝——夏。

中國古代是在基本上沒有改變氏族結構的情況下進入階級社會的，因而它在政治制度的架構上還保留著氏族社會的許多特點。夏王朝基本上還是氏族方國聯盟的王朝，王權通過巫術神權去體現，其思想文化還帶有強烈的氏族觀念和宗教神權的巫術特徵，人們的思想意志，歸根結柢，要以神的意志為轉移。

商代是神權政治的極盛時期。商王國政治地理相對狹窄與它統治區域廣大的矛盾和以子姓為主的家族統治集團與外服異姓方國的矛盾，促使商的國家宗教愈來愈向強化神權、王權的方向發展。商代的巫術神權無所不包，其思想、文化、藝術無不帶有典型的溝通人神的神話或巫術的意義。

殷商以一味迷信天命走向殘暴導致了國家的滅亡。周初「封建親戚」，在「因於殷禮」的基礎上，吸收殷亡國的教訓，制定了以敬天保民、明德慎罰為主導思想的禮樂文化，完善周王朝的上層建築。這是中國古代神權思想解放、理性文化思想形成的第一步。

禮樂文化的思想基礎是「德」。周人強調「敬德」，強調用人力、人的道德保有「天命」即掌握政權，主張用體現國家制度、人倫行為準則和道德規範的「禮」來穩定社會的等級秩序；用「樂」來引導人們在遵守等級秩序的前提下的親和。這是商周之際統治思想也是文化思想的重大變化。它孕育和涵蓋的「人治」理性精神和一統「和合」精神，對中華民族和大一統國家的形成都有不可磨滅的指導意義。

春秋時期，王室衰微，諸侯爭霸。新型的君主專制國家和郡縣制的發展，使處於幾個不同文化區域的爭霸大國逐漸形成幾個不同的政治文化中心。宗法制度的崩潰，「學在官府」的局面被打破，私學的發展，推動了學術文化的普及和文化思潮的發展。急劇動盪的社會變革，戎狄蠻夷和華夏融合，農業、工商業、科學技術的發展，激發了思想家們對面臨的各種現實問題如天人關係、君臣關係、君民關係、華夷關係以及忠孝、仁義等思想倫理學說的探討。由此，隨著爭霸各國為了富國強兵而進行的政治、經濟、文化變革，不同的政治主張競相揭出，不同流派的私家講學和各成一家之言的私人著述逐漸發展。儒墨顯學之爭已揭開了文化爭鳴的序幕。

戰國以後，新成長起來居於統治地位的地主階級處在統一中國的激戰之中，他們希望從思想家那裡吸取新的學說和營養，禮賢下士成風，學術政策寬容，為士人衝破舊思想的束縛，探求創作新的思想創造了極為有利的政治環境和生活環境，促使不同觀點的各種著作如雨後春筍般湧現，儒、道、陰陽、法、名、墨、縱橫、雜、農、小說諸家紛然並存，相互駁難，形成了錯綜複雜、生動活潑的百家爭鳴局面。

百家爭鳴是華夏各民族文化積澱的結果，也是春秋戰國時期諸多思想家智慧的結晶。百家爭鳴的出現，標誌著華夏文化的成熟和發展，標誌著中國古代理性文化已經達到了博大的、難以攀登的高峰。它的出現，不僅為統一的多民族的國家的出現奠定了思想和文化的基礎，也為中國幾千年的政治文化的發展奠定了基礎。兩千多年來，歷史上的許多思想都可以從戰國諸子的學說中找到源頭，甚至今天社會科學的許多問題，我們也可以或多或少地從諸子那裡發現頭緒。

第二個時期，秦漢。

這是中國文化的成長時期。此期以封建經濟政治制度為基礎，以漢民族形成和各民族交往的加強為背景，確立了以儒家思想為核心的多民族統一的文化格局。這樣的格局一直延續到了有清一代。

秦皇朝建立起空前統一的大一統政權，為思想文化的統一提供了必要的條

件。秦始皇堅持法家路線，力圖構建起服務於大一統政治的以文化專制主義為特色的文化體系。他的努力沒有成功，強制性的文化統一沒有產生與封建政治共同發展的結果。

經過多年的探索，儒家思想最適應封建政治的需要，漸成政治家們的共識。漢武帝順應歷史發展的客觀需要，確立「罷黜百家，獨尊儒術」的國策，將儒家經學正式確定為官學，以政權力量樹立起儒家的權威。在解決漢代遇到的一系列重大歷史與現實問題方面，儒家思想充分顯示出它的理論力量。在儒家思想指導下，漢武帝在政權建設和鞏固多民族統一國家方面努力開拓進取，擴大了封建大一統政權的政治影響。通西域和開發西南，使西北、西南各少數民族加強了與內地的聯繫，以儒家思想為核心，封建多民族統一的文化格局逐步形成。其後，漢宣帝親自主持召開石渠閣會議，以皇帝兼宗師、教主身分裁決五經異同，這是以皇權專制的儒學形式進一步控制思想的標誌。宣帝開始注意用符瑞粉飾政治，在白虎觀召開經學會議，形成封建社會的法典性文獻——《白虎通義》，儒家政治倫理原則在社會得到全面落實。

儒家統領文化的格局確立後，哲學、史學、文學、教育、科學技術以至社會風俗等各文化領域，日益浸潤著儒家思想的影響。封建大一統文化表現出了巨大的創造力量，但是，與此同時，其高度一統的負面效應也開始顯露出來，對當時和以後的中國文化發展產生了消極的影響。

第三個時期，魏晉南北朝至隋唐五代。

這是中國文化發展的第二個高峰期。從魏晉南北朝開始，中國文化結構經歷了一次更新和充實的過程，到隋唐五代時期終於發展到了光輝燦爛的階段。

兩漢時期神學化的儒學長期處於獨尊的地位。然而，從漢末起，社會環境的巨變以及自身方面的原因使得儒學式微。以玄學為先導的多種文化因素競生並長，不但一變百草蕭疏而為萬木爭榮，而且也為道教從原始幼稚走向完備成熟、佛教在中國站穩腳跟並得到迅速發展，掃清了道路。經過不斷的調整組合，到南北朝後期，儒釋道三家並立主導文化的格局初步形成。魏晉南北朝時期，各族人

口的頻繁流動與接觸，使得異質性十分鮮明的胡漢兩種文化間的衝突與融合，不可避免。入主中原的胡人在被漢文化涵化融合的同時，也為漢人注入了胡文化的新鮮活力。在南北交往過程中，文化的進步逐漸泯沒了民族隔閡，中華文明在登上一層新的臺階後，終於進一步實現了在根基方面的趨同。然而，由於長期分裂隔絕，又使得南北文化的地域特徵明顯存在。南人善創新，北人重傳統；南人重文，北人尚武；南人學問清通簡要，北人學問淵綜博廣，凡此種種，都是這一時期南北文化趨異性的表現形式。

隋唐五代的文化總結和繼承了前代的成果，同時，又以博大的胸懷、恢弘的氣勢，吸收了當時域內外各民族文化的精華，造就了此期各部門文化的大發展，從而形成中國文化發展史上的一座新高峰。隋唐統治者確立了以儒學為正宗、三教並存主導文化的格局，同時注意對南北文化差異進行溝通，並對胡漢文化採取了兼容並包的政策。到開元、天寶年間，終成盛唐氣象，哲學、宗教、文學、藝術、科技等的文化天空，群星燦爛，湧現出了一大批包括李白、杜甫等在內的文化巨匠。唐中後期的文化則在多元的、深層次的發展過程中，又開始了結構上的局部調整，經五代的發展，為宋代文化的再度高漲奠定了基礎。

第四個時期，遼宋西夏金元。

這是中國文化發展的第三個高峰期。此期漢族政權與周邊少數民族政權多元並存，及其由紛爭歸趨統一的歷史走向，深刻地影響了中國文化的發展。

北宋建立後，採取措施加強了皇權專制主義統治。但是，北宋統一的範圍有限，與漢唐規模不能相比；右文政策帶來了文化的興盛，另一方面，文化鬥爭與政壇上黨爭交織，政局動盪不定。北宋兩次重大的改革慶曆新政與王安石變法，沒有收到應有的成效。南宋高孝光寧四朝是所謂的「中興四朝」，南宋孝宗等一度起用抗金人士，但一遇挫折，便失信心。加之奸相把持大權，朝政腐敗已極，「中興」難再。動盪不定的政局給文化帶來新的特點。

兩宋的經濟有了較大的發展，客戶與主戶關係表明封建生產關係的新發展，地主階級各個階層中，占支配地位的是品官地主，這與身分性很強的門閥地主不同。商品經濟發達，超過前代，汴京、臨安、大都等一些大都市出現了。中國經

濟重心南移在南宋完成，地區特徵的經濟形成，使得文化分布呈現了新的格局。

遼、西夏、金與元不斷進行改革，推動中國周邊地區封建化。在中原地區的漢文化深刻影響下，雅好儒學文化成為一種風尚；同時，更值得注意的是，此期塞外遊牧民族的草原文化與中原農業文化相互匯合，相互補充，相互吸收，浸成了以漢文化為核心的多樣性文化。程朱理學地位在南宋後期不斷上升，到了元朝才成為占統治地位的學術，影響封建社會後期的政治、社會生活的各個層面。

宋代文化在中國文化史上占有特殊重要的地位。元朝文化是宋代文化的延長，只是帶上恢弘與粗獷的特點。

宋元文化上的一個十分突出的方面，是人文精神的出現。兩宋文化體現出的是一種開闊的視野與清醒意識。學者疑古惑經，突破疏不破注治經的藩籬，表現了「變古」的精神和文化批判的勇氣。都市文化的崛起，則是反映了新興的市井百民對精神文化的需求，表現了他們的情感與思想。

宋元文化核心是理學。它強調萬物一理，理一分殊，天理支配宇宙變動、歷史興衰和人事得失。原有的儒學得到一次更新、改造，經歷了一次抽象、昇華。隨著理學成為占統治地位的學說，成為教條，原先學術上活潑、富有創造的活力消失了。在這樣的土壤裡，人文精神不可能得到進一步發育。

宋元文化中民族觀念的內涵，有了新的因子，體現出民族起源的認同感，反映民族凝聚力不斷增強。遼、金史書中認定自己是黃帝、炎帝的子孫，遼、金人主如遼聖宗、金世宗，即使是金海王，都努力學習漢文化，力圖從《貞觀政要》、《新唐書》等典籍中，吸取經驗。元人修宋、遼、金三史，在正統問題上，長期爭論不下，最後決定各與正統，寫成三部史書。這件事本身體現出民族觀念的新發展。

包括科技在內的宋元文化極其燦爛輝煌，對十至十四世紀的亞洲，乃至對世界，都有重大的影響。程朱理學為亞洲儒學圈的形成奠定了基礎。宋代人的指南針等科技的發明和傳播，影響到世界史的進程。同樣，此期外域文化的傳入，為華夏文化注入了新的因子。

第五個時期，明清。

這是中國文化盛極而衰的遲暮期。中國封建社會由明代步入了晚期，專制制度發展到了極致，加劇了政治的衰朽與社會的矛盾；社會經濟的發展雖然達到了封建社會所能容納的高度，並醞釀著新舊的衝突和支撐了社會文化的幾度繁榮，但終屬夕陽殘照，中國封建社會的文化無法避免明日黃花的命運。

明代初期，統治者在政治上強化君主專制，在思想文化上，尊崇程朱理學，剿滅異端，大興文字獄，推行文化專制主義。這不僅造成了思想文化的沉寂，而且助長了以文學復古、擬古為代表的社會復古思潮。明代中期，社會經濟有了重要的發展，資本主義萌芽的顯露，預示著封建生產方式內在矛盾的深刻化，商品經濟因此出現了前所未有的活躍勢頭。緣是，封建統治稍稍鬆弛，思想文化領域呈現出一派生機。以「心」為本體，強調人的主體意識的陽明心學的崛起，打破了程朱理學的一統天下，促進了思想的解凍。從王艮到李贄的泰州學派發展了陽明學的積極因素，更具「異端」色彩。與此相應，主體意識覺醒和講求實學的思潮的湧動，為僵滯的社會生活、文學藝術創作與思想文化界，帶來了一股新鮮活潑的時代氣息，顯露出新舊衝突變動的徵兆。以李時珍的《本草綱目》、吳承恩的《西遊記》、徐光啟的《農政全書》等等為代表，文學、藝術、科技等領域都取得了重大成就。

明末耶穌會士東來，帶來了天文曆算等西洋的科學技術，傳達了西方文藝復興的資訊，中西文化發生了交匯與衝突。徐光啟、李之藻諸人積極迎受西學，並依稀感悟到了世界科技發展的主潮，提出了「先行會通，進而超勝」處理中西文化的正確思路。但遺憾的是，隨著朝代更迭，政局劇變，這一正確的思路被打斷了，中國歷史文化的發展，後來因此付出了沉重的代價。

清朝代明而興，開拓疆土，基本奠定了今天中國的疆域，有力地促進了中國多民族國家的鞏固和發展，同時也促進了各民族間文化的多元融合。清前期，經濟繁榮，國力強盛，出現了中國封建社會歷史上新的治世和高峰。以此為依託，「康乾盛世」也成了中國文化集大成的重要時期。《古今圖書集成》、《四庫全書》，卷帙浩繁，氣勢宏大，是中國文化遺產的總匯；乾嘉學派研究儒家經典，

考其真偽，正其訛誤，辨其音義，校勘異同，在治經、考史、文字、聲韻、曆算、地理、金石等諸多方面都取得了很高的成就；在文學藝術方面，《紅樓夢》是古典小說的極品，《長生殿》、《桃花扇》等，則成為戲曲發展新的里程碑。

但是，封建社會畢竟日薄西山，故清代文化實為一種爛熟的文化，輝煌與衰朽並存，集大成與僵滯共生。統治者不僅推尊理學，加強君主專制，而且較明代更加殘酷地推行文字獄。「避席畏聞文字獄，著書只為稻粱謀。」這嚴重束縛了思想文化的發展。理學空疏，漢學破碎，終於導致了士習敗壞，實學消沉，「萬馬齊暗究可哀」的局面。同時，自雍正後，統治者實行閉關鎖國的政策，中西文化交匯之道阻，中國脫離世界文化發展的主潮，陷入了孤陋寡聞的境地。

清代中期，漸入「衰世」。內有民眾起義，外有西方侵略勢力頻頻叩關，社會險象環生，「山雨欲來風滿樓」。封建專制的控制力也因之削弱。嘉道間，經世思潮浸浸而起。以常州學派為代表，有識之士因經學飾政論，「更法」、「求變」之聲漸起。但清朝統治者顢頇昏瞶，不到鴉片戰爭的大炮轟鳴，不肯睜眼看世界。

第六個時期，近代。

這是中國文化轉型和謀求復興的時期。一八四〇年的鴉片戰爭不僅是中國社會歷史發展的轉捩點，而且也是中國文化發展的轉捩點。鴉片戰爭後，由於西方列強的入侵和中國社會內部資本主義因素的增長，中國傳統社會開始瓦解，走上了半殖民地半封建的道路，中國文化也發生了從古代向近代的轉變。

鴉片戰爭時期林則徐、魏源提出了「師夷長技以制夷」的主張，在舊思想的防堤上打開了一個缺口。第二次鴉片戰爭以後，隨著洋務運動的開展，中國社會出現了新的文化因素，西方自然科學的引進，新式學堂的創立，早期改良思想的出現，為中國近代資本主義文化的形成準備了條件。為了適應新形勢的需要，儒學思想體系作了新的調整，洋務派因之提出了「中體西用」的思想主張，即要求在不改變封建綱常名教的前提下，吸收西方的「富強之術」。這比封建守舊派的「天不變，道亦不變」的觀點進了一步。總之，十九世紀四〇至九〇年代，中國

文化領域的基本特徵是：器唯求新，道唯求舊。

甲午戰後，中國文化領域發生了重大的變化：近代文化事業有了較大的發展，新型知識份子開始形成與壯大。在空前嚴重的民族危機的刺激下，新興資產階級登上了政治舞臺，推動了近代新文化的形成和發展。「詩界革命」、「小說界革命」、「戲劇改良」、「史界革命」、「軍國民教育」、「科學救國」、「教育救國」、「文學救國」、「實業救國」等等口號的接連提出，是資產階級新文化崛起的重要表徵，構成了晚清文化領域發生重大變革的壯麗畫卷。文化的變遷不僅表現為部門文化的拓展，更主要的還表現為中國文化結構的變動，孔孟儒學及封建綱常名教受到了新思潮新文化的衝擊而動搖，西方的進化論、民權學說漸為國人所接受，成為進步階級反對舊文化的思想武器和資產階級新文化的思想指導。尤其是晚清最後十年，隨著社會變革的加劇，以及資產階級維新派、革命派的推動，近代新文化的影響不斷擴大，終至成為文化的主潮。

中華民國的建立，尤其是二十世紀初年中國民族資本主義的進一步發展和新生的無產階級開始登上政治舞臺，為中國文化的演進創造了新的條件。此期中西文化的衝撞與融合，愈趨深化。國人通過自身能動的選擇和積極的創新，使中國的新文化在各個領域都獲得了巨大的發展，從而奠定了從傳統向現代轉型的基礎。

五四新文化運動是此期文化演進的一大關鍵。經過它的洗禮，科學和民主作為一種有機聯繫的觀念，成為中國文化追求的價值目標，滲透到所有重要的文化領域，對中國文化的發展產生了深遠的影響。可以說，正是在這一時期，中國文化最終形成了自己真正現代意義上的科學和民主的傳統。

五四以前，近代資產階級的新文化代表著文化發展的方向，主導著文化的潮流。五四以後，馬克思主義在中國得到廣泛傳播，以之為指導的新民主主義文化開始形成，並通過與封建主義文化和帝國主義文化的鬥爭，逐漸成為中國文化發展的主流。新民主主義文化繼承和發展了科學和民主精神，使中國文化實現了內在的超越，中國人從此在思想文化上一改晚清以來的被動局面，轉為主動，中國文化也由此邁向了衰而復興的新歷程。

現代自然科學和社會科學在中國初步形成了自己獨立的體系；白話文取代文言文成為通行的語言文字等，堪稱此期具有劃時代意義的重大變革。它為中國文化的發展開闢了新的領域和道路，在內容與形式上都深刻地體現了文化的現代性追求。

民族主義激情和愛國主義精神，是促進此期文化由傳統向現代變革的巨大動力。而中西文化的會通融合，即西方文化中國化、中國文化現代化，則是實現此種轉換唯一正確的途徑。揭櫫建設「民族的科學的大眾的文化」大旗的新民主主義文化，正是當時人們會通中西文化的最佳方案。不過，因歷史的原因，這一文化形態當時還不可能發展成熟。

四、中國文化的特質

《易·賁卦·彖》：「文明以止，人文也。」文明或文化作為人類一定社會歷史條件下的產物，不能不受特定的地理、人種及歷史傳統諸多因素的影響，而具有一定的民族特質。中國文化的特質，至少可以指出以下幾點：

（一）中國文化源於中華民族獨立的創造，具有獨創性

二十世紀初，一些西方學者無視中國文化自身的傳統，曾認定中國文化最早是由西方傳來的。一時不少中國學者也隨聲附和，有人甚至專門寫了《中國人種考》一書，表示認同。中國人種既是來自西方，中華文化當然也是源自西方了。這是當時一些人崇信西洋文化和民族自卑心理的一種反映。新中國成立後，中國的考古研究完全證實了「中國人種西來」說，原屬無稽之談。一九九八年考古工作者在巫山縣龍骨坡發現的距今二百萬年前的古人類遺址表明，中國很可能是地球上早期人類的發源地之一，更說明了這一點。[40]實則，中國人種的起源與中國

---

40 《200 萬年前華夏大地有人類活動》，《光明日報》，1998-01-24。

文化的起源，是兩個概念。儘管科學界對於前者尚存歧見，但是，中國文化源於中華民族獨立的創造，卻是無可非議的。研究表明，中國史前文化譜系的分布及其趨同發展和最終導入古代文明的過程，層次分明，脈絡清晰。在這漫長的歷史演進中，中國境內各文化譜系有過相互間的關係與影響，但並沒有發現與遙遠的境外文化有過經常的密切聯繫。中國與外來文化的交流，始於漢代，但當時的中國古代文化早已完全形成了。[41]這與中國文化賴以形成的地理環境有關。從宏觀上看，中國本身是一個巨大的地理單元。這裡東臨浩瀚的太平洋，西部、北部、南部分別被茫茫戈壁和險惡的高原峻嶺所阻隔，形成了與外部世界相對隔絕的狀態。而內部又極廣闊，氣候濕潤，物產豐饒。這種狀況決定了中國文化起源的獨創性，決定了它在很長的時期裡只能走著獨立發展的道路，而與鄰近地區史前文化的聯繫只能維持在較低的水準上。這與羅馬文化主要靠吸收希臘文化成長起來，印度古文化主要仰仗外來民族的創造，是大不相同的。

中國文化的起源是多元的。如前所述，遠在新石器時代的晚期，中國廣大的區域內，即已形成了若干初級文明的文化區域，猶如滿天星斗。不同區域文化的積累、孕育、碰撞和在中原地區的交匯、融合，促進中國古代首先在中原地區完成了由野蠻到文明，從量變到質變的轉變，建立起中國歷史上第一個文明國家的王朝——夏，也奠定了華夏民族形成的基礎。雖然此後黃河流域在歷史發展的進程中，常常居於主導地位，但其他地區的古代文化也以各自的特點和途徑在發展、創造，並進一步接受和給予黃河流域以重大的影響。春秋戰國時期齊魯、三晉、楚、吳越、巴蜀、胡文化的交融、爭鳴而成為大一統文化的前奏是如此，秦漢、兩晉南北朝、唐宋時期，也是如此。平常我們所說的中國文化的包容性、涵化性，在其起源的多元性中業已體現了出來。

中國古代是在基本上沒有改變氏族結構的情況下進入階級社會的，因而中國早期的國家在政治制度的架構上，這種人與人關係的變化決定社會關係變化，還保留著氏族社會的許多特點：家（族）國同構；經濟基礎是以木、石、骨、蚌生

---

41 參見嚴文明：《中國史前文化的統一性與多樣性》，《北京大學哲學社會科學優秀論文選》第 2 輯，北京，北京大學出版社，1988。

產工具為主的耕農業；統治思想更多的表現氏族觀念和宗教神權思想。這種家（族）國同構的政治組織形式和意識形態對中國古代社會的發展影響極大。商周時代的氏族封建、宗法封建社會，基本上還是家族、宗族和國家一體的宗法社會。秦漢以後的地主封建社會，雖然家族、國家已經不是一體的了，但仍然是一個人的「家天下」，而且整個社會族權、父權、夫權一直占統治地位，一直到現在還有影響。這是中國文化乃至中國社會的一個重要特點。

中國古代由野蠻進入文明的主要變化，是人與人之間關係的變化，即表現為氏族對氏族、人對人的壓迫、剝削，而人與自然的關係即生產工具、生產力的變化，並不明顯。因而中國文明很早就注重文化的「化成」即文化的整合和引導作用。以青銅冶鑄技術的發展為例，中國夏代已經有了比較發達的青銅冶鑄技術，然而此時發達的青銅冶鑄技術主要並不是用於製造生產工具，而是用於鑄造祭祀天地祖先以溝通人神的禮器和兵器。「國之大事，唯祀與戎。」這說明青銅器在中國的發展從一開始就是政治性的、宗教性的。它的功用，主要不是表現為人與自然的關係，而是主要體現人和人的關係，體現「禮」對人們等級關係的約束。「禮」（包括「禮樂」、「禮法」、「禮俗」）是中國古代國家典章制度、社會生活習慣、個人行為規範的綜合。中國歷朝歷代除秦以外都把「禮」看成是「國之幹」、「國之柄」，而主張以「禮」治國。這都是基於禮的「化成」即整合、規範、引導作用出發的。「道德仁義，非禮不成；教訓正俗，非禮不備；分爭辯訟，非禮不決；君臣上下，父子兄弟，非禮不定；宦學事師，非禮不親；班朝治軍，蒞官行法，非禮威嚴不行；禱祠祭祀，供給鬼神，非禮不誠不莊；是以君子恭敬撙節退讓以明禮。」[42]唯其如此，中國自古稱「禮儀之邦」。這也是中國文化有別於西方文化的重要特質之一。

（二）中國文化的精神尚「和」

中國文化在自己漫長的發展歷程中，形成了諸多精神，但是最能從整體上表

---

42 《禮記·曲禮》。

現中國文化神韻的核心精神，是尚「和」，即追求和諧的中和主義。中國人獨特的宇宙觀、人生觀和審美觀，都是圍繞著尚「和」精神的軸心來展開的。

在先秦奠定中國人宇宙觀基礎的《周易》中，就孕育了「天人合一」的思想，即認為人類社會和自然界所組成的宇宙，是一個生生不已、有機聯繫的和諧的生命統一體，事物內部互相對立的雙方（它用高度抽象的概念「陰陽」來代表），必須貫通、連接、和合、平衡，才能順利發展。所謂「陰陽合德」、「剛柔相濟」，強調的都是對立面的和諧統一。一旦陰陽失調，剛柔不諧，統一破壞，禍亂就要發生。這種對立面的和諧不是在靜態中實現的，而是表現為不斷的運動、變化和更新的過程。所謂「日月相推而明生焉」，「寒暑相推而歲成焉」，均表明和諧就是矛盾雙方互相轉換的結果。此種思想體系，視「和」為宇宙的本然和內在的精神，對中國文化的發展產生了極其深遠的影響，特別是形成了中國人重視整體，講求調和，崇尚中庸的思維方式。

宇宙觀決定人生觀。既然宇宙是一個和諧的生命統一體，實現個體生命與宇宙生命的融合，以體驗宇宙間最高的真善美，也就自然成為古往今來中國人所追求的人生最高境界。孔子自稱五十歲「知天命」，六十歲「耳順」，七十歲「從心所欲不逾矩」，其所自道的便是一種自以為實現了的與自然界高度和諧統一的崇高精神境界。孟子也表示過「萬物皆備於我」，「樂莫大焉」。至於道家的莊子，認為與人和得「人樂」，與天和得「天樂」，主張清靜無為，物我兩忘，就更將此種對精神自由的追求推到了極致。因此，對於中國人特別是文化人來說，人生的終極理想絕非是肉體的滿足，而是在求與自然合一中實現那種「與日月同輝」、「和天地並存」的精神不朽。尚「和」的人生觀，還具體地表現在以中庸為準則的處世哲學上。中庸的本意，是要求人們在處理問題的過程中，注意避免「過」和「不及」兩個偏向，以便保持各種矛盾和關係的和諧統一，但它卻不是要人們作無原則的調和，滿足於消極的苟同，故孔子說：「君子和而不同。」同時，尚「和」的人生觀還促使中華民族注重個人品格修養，養成了謙和善良、溫柔敦厚的民族性格，所謂「文質彬彬然後君子」。中華民族愛好和平的精神，也由此形成。

中國人的審美觀，同樣體現於此種尚和精神。把「和」定為美的一個原則，是一種古老的見解。早在孔子之前，史伯、單穆公等人就曾有過關於「五色」和「五美」問題的討論。他們認為，「聲一無聽，物一無文」，即單調的一種聲音無法悅耳，孤立的一種物象不可能構成絢麗多彩的景觀；相同的事物加到一起不可能產生美，只有不同的事物綜合統一起來才能形成美。這就提出了「和為美」的思想。後來孔子強調「禮之用，和為貴，先王之道斯為美」，又將「和為美」的思想進一步擴大到政治倫理一切領域，並將美和善統一起來，從而使傳統的審美觀帶上了倫理的色彩。

尚和精神還滲透到中國人的政治觀念和社會心理等許多方面，由於此種精神承認世界多樣性統一，因而形成了國人崇尚統一的「大一統」的政治理想，成為中華民族大家庭保持團結，具有強大的凝聚力和向心力的文化根源。歷史上漢族政權與少數民族政權之間常通過「和親」，緩和或解決矛盾衝突；近代孫中山革命黨人甫推翻清廷，即提出「五族共和」的主張，以取代原有激烈的排滿宣傳，都反映了這一點。同樣，中國人注重「人和」的力量，諸如「和氣生財」、「和睦興家」等等眾多的訓條，無疑又都彰顯了尚「和」的社會普遍心理。

（三）中國文化以倫理為本位

如上所述，中國古代由野蠻進入文明，帶著氏族社會的臍帶，形成了以宗法關係為紐帶、家國同構的社會範式。故重人與人的關係甚於人與自然的關係，突出以「禮」規範社會，「化成」天下。這與小農經濟相適應，復使中國文化形成了以倫理為本位的特質。

早在西周，先人就提出了「以德配天」、「敬德保民」、「明德慎刑」的思想，即強調宗法道德規範。到春秋時期，儒家更將之提升到了思辨的層面，形成了系統的倫理道德思想。孔子說：「仁者愛人」，「克己復禮以為仁」。遵守宗法道德規範，以實現社會的和諧，是儒家所追求的最高倫理境界──「仁」。所以，在儒家看來，注重道德修養，希賢希聖，是人生的價值所在。《易》曰：「君子厚德載物。」封建士大夫追求所謂的「三不朽」，即「立德、立功、立言」，其中

「立德」是第一位的。不僅如此,道德修養還被視為治國安邦、實現儒家理想社會的起點。儒家經典《大學》指出:「欲治其國者,先齊其家。欲齊其家者,先修其身。欲修其身者,先正其心。欲正其心者,先誠其意。欲誠其意者,先致其知。致知在格物,格物而後知至,知至而後意誠。意誠而後心正,心正而後身修。身修而後家齊,家齊而後國治,國治而後天下平。」這裡明確地把個人道德修養與國家社會的治理結合起來,體現了儒家治國以道德為本的主旨。這種將政治道德化的價值取向,是中國傳統文化的顯著特色。

可以說,中國文化的各個領域都染上了濃重的道德色彩:史學強調「寓褒貶,別善惡」;文學強調「文以載道」;戲曲強調「勸善懲惡」;美術則有《古畫品錄序》說「明勸戒,著升沉,千載寂寥,披圖可見」;《三字經》則謂「首孝弟,次見聞」,明確將道德教化置於智育之上;如此等等。黑格爾說:「中國純粹是建築在道德的結合上,國家的特性便是客觀的『家庭孝敬』」[43]。這種觀察並沒有錯。論者稱中國文化是以倫理為本位的文化,或倫理道德型的文化,也不無道理。

注重倫理道德的文化精神,對中華民族的歷史發展起過積極的作用。在道德面前人人平等是儒家的一個重要理念,孟子說「人皆可為堯舜」,王陽明也說「滿街皆是聖人」。意思是說,無論是達官貴人,還是平民百姓,都可以在道德修養方面達到最高境界。這包含了對最高統治者的道德約束。在缺乏約束機制的中國傳統社會中,此種道德意義上的平等理念,可以發揮社會政治的調節作用。同時,強調道德境界復使中國文化形成了追求人格力量和憂國憂民的博大情懷。所謂「貧賤不能移,富貴不能淫,威武不能屈」;「三軍可奪帥也,匹夫不可奪志」;「先天下之憂而憂,後天下之樂而樂」;「為天地立心,為生民立命,為往聖繼絕學,為萬世開太平」,都是反映了此種情懷。也因是之故,在中國漫長的歷史發展過程中,先人形成了許多優秀的道德品質,諸如不畏強暴,勤勞勇敢,自強不息、捨生取義、殺身成仁,等等。尤其在國家民族和社會遇到危難之際,

---

43 柳卸林主編:《世界名人論中國文化》,193 頁,武漢,湖北人民出版社,1991。

許多志士仁人便會挺身而出，維護正義，抵抗外侮，反抗黑暗勢力，拯救國家與民族，弘揚正氣與真理。千百年來，無數英雄人物都從傳統倫理道德精神中汲取力量，努力奮鬥，建功立業，光照千秋。

（四）中國文化生生不已，具有強大的生命力

中國古代文化與古埃及、古巴比倫和古印度文化並稱為人類四大古文明，與後起的希臘、羅馬一道，代表著人類古代文明的高峰。但是後來其他的古文明，陸續凋謝，沉光絕響，唯中國文化一枝獨秀。數千年間，它歷風雨而不衰，遭浩劫而彌堅，源遠流長，迄今仍保持著旺盛的生命力，成為人類文化發展史上的一大奇蹟。生生不已，具有強大的生命力，是中國文化的重要特徵。其簡中的奧秘固然不易說清，但是指出中國文化的幾個因果互為表裡的特點，顯然有助於人們理解這一點：

其一，中國文化具有追求大一統的內驅力。

自西周起，追求大一統便漸成中國政治文化的核心內容。孔子著《春秋》，開宗明義即稱：「王正月。」《公羊傳》釋之曰：「曷為先言王而後言正月？王正月也。何言乎王正月？大一統也。」先秦諸子雖論難詰駁，勢若水火，但於政治理想，卻都歸宗於「大一統」。墨家「尚同」與儒家「大同」，目標完全一致。孟子更明示天下要「定於一」；荀子不但要「一天下」，而且還要「一制度」，「風俗以一」，「隆禮而一」。秦漢以後，大一統思想復被推崇到了「天地之常經，古今之通誼」[44]的高度，並浸成了中華各民族共同的理念和政治價值取向。在中國歷史上，人們追求和珍惜統一，將統一的時代稱作「治世」，而將分裂的時代稱作「亂世」。在任何時候，製造分裂的言論和行動都要受人唾棄。而任何一個割據勢力也都不肯長期偏安一隅，無不殫精竭慮，把統一天下視作英雄偉業。在紛爭不已的十六國時期，前秦國王氐族人苻堅統一北方後，聲稱揮師南下的理由

---

44 《漢書·董仲舒傳》。

說：「吾統承大業垂二十載，芟夷逋穢，四方略定，惟東南一隅未賓王化。吾每思天下未一，未嘗不臨食輟。」[45]至於南宋陸游有《示兒》曰：「死去元知萬事空，但悲不見九州同；王師北定中原日，家祭無忘告乃翁」，則表達了一切愛國者共同的大一統情結。正因中國文化具有追求大一統的內驅力，故從總體上看，中國的歷史，分裂的時間短，統一的時期長，統一終究是無可抗拒的歷史大趨勢。

其二，中國文化具有包容性。

中國文化的起源是多元的區域文化融合的結果，其本身就體現了包容性。迄秦漢時期，「天下同歸而殊途，一致而百慮」[46]，此特性愈彰顯。從先秦時起中國文化固強調「華夷之辨」，但華夷界限，從來是重文化而輕血統。《春秋》曰：「中國而夷狄，則夷狄之；夷狄而進於中國，則中國之。」此種重文化輕種族和以文化高低判華夷的民族觀和文化價值觀，對後世影響甚大，因為它為各民族間的融合和吸收外來文化提供了良好的社會心理素質。漢代開通的絲綢之路和魏晉南北朝隋唐時期胡漢文化融合，以及佛教的中國化，都是中國文化包容性的生動體現。同樣，鴉片戰爭以降，近代志士仁人無不歷盡艱辛，向西方尋求救國真理。林則徐、魏源主張「師夷長技」；馮桂芬等人主張「中體西用」；康有為提出：「泯中西之界限，化新舊之門戶」[47]；嚴復指出：「必將闊視遠想，統新故而視其通，苞中外而計其全，而後得之」[48]；孫中山強調：「發揚吾固有之文化，且吸收世界之文化而光大之，以期與諸民族並驅於世界」[49]；毛澤東更進而指出：「中國應該大量吸收外國的進步文化，作為自己文化食糧的原料」，「凡屬我們今天用得著的東西，都應該吸收」[50]，這些也無不是中國文化包容性的生動體現。此外，近年來，中國生物學家對南北二十八個地區、三十二萬多人口的 GM

45 《晉書‧符堅載記》。
46 《易傳‧繫辭下》。
47 湯志鈞編：《康有為政論集》上冊，295 頁，北京，中華書局，1981。
48 王栻主編：《嚴復集》第 3 冊，560 頁，北京，中華書局，1986。
49 《孫中山全集》第 7 卷，60 頁，北京，中華書局，1985。
50 《毛澤東選集》第 2 卷，706-707 頁，北京，人民出版社，1991。

血清血型和 HLA 白細胞抗原資料進行研究，發現今天的漢族人口是由南北兩大起源不同的集群構成的。這一科學研究成果進一步表明，漢民族不是建立在血緣基礎之上的，而是以文化認同為基幹的民族。重文化輕血統，同樣是中華民族具有旺盛生命力的源泉。[51]

其三，中國文化具有慎終追遠的情懷。

中國文化是伴隨著農耕經濟的長期延續而形成的。與工業文明相較，農業文明少變化、重經驗，易於形成恆久的觀念，培養起慎終追遠的情懷。孔子曰：「殷因於夏禮，所損益可知也；周因於殷禮，所損益可知也；其或繼周者，是百世，可知也。」[52]他主張「慎終追遠」。同時《易傳》所謂「可久可大」，《中庸》所謂「悠久成物」，《老子》所謂「天長地久」和董仲舒所謂「天不變，道亦不變」等等認識，無不是追求永恆和持久觀念的反映。而中國具有重史傳統，史籍完備，史學發達，最能集中反映中國文化慎終追遠的情懷。《尚書·多士》載：「惟殷先人，有冊有典。」說明商代已重視歷史典籍。孔子整理古代典籍，著《春秋》，本身即是良史。孔子已提出了「疏通知遠」的思想。漢代司馬遷著《史記》，進而提出「述往事，思來者」，「究天人之際，通古今之變，成一家之言」，更將對史學功能的認識提高到了一個全新的境界。此後兩千多年，中國不僅史家輩出，追求「一家之言」，促進了史學持續繁榮的發展，同時歷代封建統治者也十分重視官修史書和大規模整理文化典籍。一部卷帙浩繁的「二十四史」，完整地記錄了中華民族的歷史足跡，這是世界公認的歷史奇觀。

慎終追遠的情懷既包含著自強不息的進取精神，更包含著尊重傳統、鑒往察來的歷史智慧。這對於保證中國文化一脈相承和源遠流長的發展所起的巨大作用，是不言而喻的。江澤民曾指出：「中華民族歷來重視治史。世界幾大古代文明，只有中華文明沒有中斷地延續下來，這同我們這個民族始終注重治史有著直接的關係。幾千年來，中華文明得以不斷傳承和光大，一個重要原因就是我們的

---

51 趙桐茂：《中國人免疫球蛋白同種異型的研究：中華民族起源的假說》，《遺傳學報》，1991 年第 2 期；《免疫球蛋白同種異型 GM 因子在 40 個中國人群中的分布》，《人類學學報》，1987 年第 1 期。
52 《論語·為政》。

先人懂得從總結歷史中不斷開拓前進。」[53]這是十分深刻的論斷。同時，需要指出的是，中國文化得以一脈相承，傳之久遠，還得益於作為文化重要載體的漢字。大汶口陶文的發現，證明漢字至少可以溯源到五千五百年前。漢字是世界上唯一從古到今不斷發展、一直使用並富有強大生命力的文字。古巴比倫的楔形文字、古埃及和古印度的象形文字，都先後銷聲匿跡了，唯有方塊漢字歷盡滄桑，長盛不衰。正是由於漢字的特殊性質與功能，才使得我們祖先創造的燦爛文化能夠記述和傳承，古代和現代的漢族書面語言能夠統一。奇特的漢字在保持文化傳統、溝通全國人民的情感和維繫中華民族的統一諸方面所起到的巨大作用，實在是怎樣估計也不會過分的。

上述中國文化的特質，不僅往往彼此互為因果，難以截然分開；而且也無須諱言，內中純駁互見，精華與糟粕雜陳。例如，家國同構和注重倫理的文化範型，固然有益於社會穩定和提升人們的精神境界，但濃重的宗法等級觀念和道德的泛化，又易於造成對獨立人格的束縛和形成重德輕藝、重義輕利價值觀上的偏差；尚「和」的精神固然助益了社會和諧與民族的融合，但又易於導致鄉愿式的苟安心理；追求大一統和慎終追遠的情懷，固然促進了中華民族的統一和傳之久遠，但也易於造成封建專制的傳統和形成因襲循環的思維定式，如此等等。然而，儘管如此，中國文化的特質畢竟顯示了中華民族的特殊智慧，並從根本上成就了中國文化的獨立體系和燦爛輝煌的風貌。毫無疑問，它是我們今天應當加以批判繼承的珍貴文化遺產。

五、弘揚優秀的中國文化傳統，
##　　助益社會主義的文化建設

法國著名的「年鑒學派」的史學家們指出：「歷史知識取得進步不是依靠總體化，而是依靠（借用攝影的比喻來說）鏡頭移動和變焦。……對視角作不同調

---

53 《中共中央總書記江澤民給白壽彝同志的賀信》，《史學史研究》，1999 年第 3 期。

整，既會顯出新的面貌，又會突出所掌握的概念範疇的局部不適應即縮減性，提出新的解釋原則；在每個認識層次上，現實的網狀結構圖以不同方式顯示出來。這就要求除了方法以外，必須對觀察者及其進行分析的手段所起的作用給予特別注意。」[54]這即是說，對於特定歷史文化現象的認識與判斷，歸根結柢，是取決於觀察者的立場、觀點與方法。在近代，志士仁人對於中西文化問題長期爭論不休：激進者多主隆西抑中，以為欲救國，只有學習西方，更有甚者，則倡全盤西化；保守者多隆中抑西，以為文化是民族的根，「學亡則國亡」，故欲救國，必先保國粹，更有甚者，則倡世界「中國化」。二者各有所是，亦各有所蔽。究其致蔽的原因，除了缺乏科學史觀的指導外，端在受民族危亡的時局制約，不免心理緊張，缺乏從容探討文化問題的心態。時柳詒徵曾大聲疾呼：「學者必先大其心量以治吾史，進而求聖哲立人極、參天地者何在，是為認識中國文化之正軌。」[55]所謂「大其心量」，實含大度從容之意。但是，問題在於柳詒徵自己也不能免俗。

時移勢異。我們現在的情況完全不同了。社會主義的新中國久已屹立在世界的東方，尤其經過三十多年的改革開放和中國特色社會主義現代化的建設，不僅綜合國力大為增強，而且國人的文化心態也愈趨成熟。江澤民同志在黨的十五大報告中，提出了建設「有中國特色社會主義的文化」的任務。胡錦濤同志在黨的十七大報告中，進一步提出了「推動社會主義文化大發展大繁榮」的要求。他說：「當今時代，文化越來越成為民族凝聚力和創造力的重要源泉、越來越成為綜合國力競爭的重要因素，豐富精神文化生活越來越成為中國人民的熱切願望。要堅持社會主義先進文化前進方向，興起社會主義文化建設新高潮，激發全民族文化創造活力，提高國家文化軟實力，使人民基本文化權益得到更好保障，使社會文化生活更加豐富多彩，使人民精神風貌更加昂揚向上。」又說：「中華文化是中華民族生生不息、團結奮進的不竭動力。要全面認識祖國傳統文化，取其精華，去其糟粕，使之與當代社會相適應、與現代文明相協調，保持民族性，體現

---

54 《年鑑》編輯部：《我們在進行實驗：再論歷史學與社會科學》，《國外社會科學》，1990 年第 9 期。
55 柳詒徵：《中國文化史·弁言》。

時代性。加強中華優秀文化傳統教育，運用現代科技手段開發利用民族文化豐厚資源。加強對各民族文化的挖掘和保護，重視文物和非物質文化遺產保護，做好文化典籍整理工作。加強對外文化交流，吸收各國優秀文明成果，增強中華文化國際影響力。」黨的十七大突出強調了加強文化建設、提高國家文化軟實力的極端重要性，對興起社會主義文化建設新高潮、推動社會主義文化大發展大繁榮作出全面部署。這是我們黨總結歷史、立足現實、著眼未來作出的重大戰略決策，充分反映了對當今時代發展趨勢和中國文化發展方位的科學把握，體現了我們黨在新的歷史條件下的高度文化自覺。

要加快發展國家軟實力，關鍵就在於要更加自覺、更加主動地推動文化大發展大繁榮。要努力繼承和發揚中國悠久歷史文化中源遠流長、博大精深的寶貴遺產，借鑒當今世界一切有價值的思想理論成果，深刻認識國家硬實力與軟實力的辯證關係，高度重視和加快發展國家軟實力。有了新時代文化建設的目標和十七大精神的指引，我們今天對中國文化史的研究，也便有了最佳的焦距，可以更從容、更全面、更客觀即更科學地看待中華五千年的文明史，從而獲致歷史的教益。

編纂這部多卷本《中國文化通史》，目的正在於助益推動社會主義文化大發展大繁榮。

本書研究中國文化的發展歷程，揭示其發展規律，彰顯中國文化的民族精神。

本書堅持以馬克思主義歷史唯物論為指導，同時積極吸收和借鑒當代社會科學的各種相關的理論與方法。

中國是一個多民族的國家。中華民族源遠流長的歷史和文化是各族人民共同創造的。因之，本書不僅寫漢民族的文化，同時也重視各少數民族的文化創造及其特色，尤其注意突出不同的歷史階段中，各民族間的文化互相滲透、交流與融合。

中國文化是世界文化的一個有機組成部分。本書將中國文化置於世界文化發

展的總體格局中去考察，既注意中外文化的交流、衝突與融合，也注意中國文化在世界文化發展過程中的地位與作用。堅持實事求是的精神，避免民族虛無主義與民族虛驕情緒。

從目前已出版的有關文化史的著作看，編纂體例不一，其中大致可分為兩類：一是重宏觀把握，突出問題，以論說為主；一是重微觀透視，突出部門文化，以描述為主。前者的優點是脈絡清楚，簡潔明快，論說有深度，但歷史信息量小，失之抽象；後者的優點是具體翔實，便於查閱，但頭緒紛繁，失之散漫。文化史究竟應當怎樣編寫，是一個不易解決的大問題。當年常乃德曾說：「有時具體記錄所表現不出的內在精神，非有抽象的理論加以解釋不可。故理想的文化史必多少帶有史論的性質，不過不可空論太多，影響事實的真相罷了。」[56] 足見他已深感到了困惑。今天學術界的意見仍不統一。我們以為，編纂一部大型的文化通史著作，當有理論框架一以貫之。該書既要具有能幫助廣大讀者從中學得豐富的中國文化史知識的功能，又應是視野開闊，脈絡清晰，有助於人們理解和把握中國文化發展的自身規律與特點。為此，須將宏觀與微觀、抽象與具體、問題論說與部門描述很好地結合起來。

總之，本書力圖突出一個「通」字：從縱向上說，要求全書各卷之間脈絡貫通，要於沿革流變之中體現中國文化自身的發展規律和一以貫之的民族精神；從橫向上說，當避免寫成部門文化的簡單拼盤，要注重時代精神對文化現象的整合，注重諸文化部門的內在聯繫及其不平衡的發展。同時注意文化的層間、空間差異，以及二者間的互動關係。

本書共分十卷，即：先秦卷、秦漢卷、魏晉南北朝卷、隋唐五代卷、兩宋卷、遼西、夏、金元卷、明代卷、清前期卷、晚清卷、民國卷。各卷附有參考書目。

本書實行各卷主編負責制。編委會同仁通力合作，歷時四年，備嘗艱辛。但

---

56 常乃德：《中國文化小史》第 1 章。

因中國文化通史的編纂工作本身難度甚大，加之主編來自京城內外不同的單位，作者為數較多，聯繫不便和學養有限等原因，著者雖然盡了很大的努力，各卷水準仍難一致，全書與既定的目標，也存在著差距。我們敬祈讀者批評指正。

本書借鑒和吸收了學術界已有的研究成果，不敢掠美，這裡謹表謝意。

本總序是在集體討論的基礎上完成的。

鄭師渠
一九九九年八月初稿
二○○九年六月修改於北京師範大學

目錄
CONTENTS

第二章　華夏文化和三代興亡

第三章　從神本走向人本

第四章　三代夷夏文化的承襲、交融和影響

第五章　文字的創制和發展

第六章 「形而上」和「形而下」的哲學思索

第七章 政治層級和血緣層次同構的倫理、宗法

第九章　奠基階段的史學

第十章　衣被百代的多彩文學

第十一章　原始、神秘、高超、輝煌的民族藝術

第十二章　自然科學最早的探索

中國是世界上歷史悠久的文明古國之一，也是世界上文明綿延最長的文明大國。幾千年來，中華民族的祖先以其特有的勤勞和智慧創造了輝煌燦爛的歷史文化，為人類的文明作出了卓越的貢獻。世界上的文明古國都為人類文化的發展作出過積極的貢獻，但隨著歷史的發展，有的中斷了，有的落伍了，只有中國文化從古到今一脈相承、歷久而彌新，仍然屹立於世界民族文化之林，繼續為世界和人類文化作著貢獻。這是中國文化一個突出的特點。

先秦文化是中國傳統文化的形成期、奠基期，也是中國文化的第一個高潮期。幾百萬、幾十萬年的文化積澱，促成了中國傳統文化的形成。從遠古洪荒到秦以氣吞山河的氣魄建成多民族的統一國家，它身後留下的是一條光輝的足跡。從時間上計算，這一段文化的跨越度最大，從一百幾十萬年到西元前二二一年；從社會發展上說，它經歷了整個原始社會和封建社會的前期。原始社會時期，經過舊石器時代到新石器時代的演進，在新石器時代中後期，已經或正在向文明邁進的中國古文化如滿天星斗，分布在中國九百六十萬平方公里的土地上，後來它們逐漸形成若干各具特色又互相聯繫的文化區域：中原文化區、山東文化區、甘青文化區、長江中游文化區、長江下游文化區、燕遼文化區等。這些不同文化區域孕育出來的部落、酋邦在與周圍區域文化的交匯、碰撞中不斷地發展，並先後通過聯盟、征服等途徑向國家轉化。中國最早出現的國家——夏是在中原文化的基礎上形成的。中原文化成熟較早，它所處的相對中央的位置，對四方文化的輻射力量和融匯、涵化四方文化的包容力量都比較強，加以當時黃河中游地區自然環境優越，所以從文明初萌的時代起，中原地區就一直是四方部落、酋邦遷徙、爭奪的中心。爭奪、遷徙的結果，加速了四方文化與中原文化的融匯，也加速了文明國家在中原實現的進程——這是中國史前文化的基本進程。

中國古代是在基本保留氏族結構的情況下進入階級社會的，因而它在政治架構上還保留著氏族社會的許多特點。在國家體制上，夏、商時代基本上還是方國、部落聯盟的國家；在政權構造上，它們實行的基本上是氏族封建。西周以後，「封建親戚，以藩屏周」，周人在新開闢的地區建立有血緣關係的二級子國並把這種分封制度作為國家的基本制度，標誌著周人已經進入宗法封建的時期。氏族封建時期的文化特色是巫術神權文化，「殷人尊神，率民以事神，先鬼而後禮」，鬼神在人們的心目中有絕對的權威，文化、藝術都充滿著溝通人神的神話或巫術的意義。宗法封建時期的文化特色是禮樂文化，禮樂文化承認「天命」但又強調執政者用「明德」、「保民」去維持「天命」，強調道德的內涵和禮樂的規範、潛移默化作用，這實際上是中國理性文化思想的開始。它的出現，標誌著中國文化進入一個新的時期。

春秋而後，隨著爭霸各國為了富國強兵而進行的政治、經濟、文化變革，不同的政治主張競相活躍，理性文化空前高漲。統治階級對文化的重視和私人講學、私人著述的發展，促進了哲學、倫理、史學、文學的繁榮；經濟改革的實踐，也加速了科學技術的發展。戰國時期，戰爭頻仍，政治、經濟、文化獲得較大的發展。當時，新成長起來的居於統治地位的地主階級還沒有形成地主封建社會的統治思想，他們希望從思想家那裡吸取新的學說和營養，這就在客觀上為諸子百家的形成和爭鳴提供了有利的條件。百家爭鳴的出現，標誌著中國古代理性文化即華夏文化已經達到了博大的、難以攀登的高峰。它的出現，不僅為統一的多民族國家的出現奠定了思想和文化的基礎，也為中國幾千年政治文化的發展蓄積了足夠的營養。

百家爭鳴也推動了哲學、史學、文化藝術和科學技術的發展。當時雍容博大、富贍恢弘的哲學、史學、文學著作齊出並起，許多科技成果居於當時世界的前列，反映了這一個時期思想解放帶來的學術成就。

中國古代文化的發展與民族文化的融合和影響也有很大的關係。古代蠻、夷、戎、狄的融合，促成了有夏國家在中原的出現；西周到春秋尤其是春秋民族的融合，促進了以中原文化為主、融合四方文化而成的華夏文化的形成；戰國民

族交融的進一步發展，為統一的多民族的封建國家的形成準備了民族條件。這也說明，中國自古以來就是一個多民族的國家，我們的民族文化是以華夏民族為主的多民族人民共同創造的，我們歷史上的每一個重大成就，都凝結著各族人民的心血。

中國古代文化對華夏民族的形成和三代政制的發展也起過很大的促進作用。國家建立之初，王權是進步的因素。雖然當時王權是通過神權發揮作用，但巫術神權的著眼點是維護王權、維護氏族封建和方國聯盟的鞏固，這在當時是向前的、進步的力量。西周禮樂文化促進了西周宗族政權的鞏固和地域性的發展，加速了中原文化對四方文化的同化和融合，促進了理性批判精神的發展，這是歷史的一個大進步。春秋諸侯爭霸時期仍以「尊王攘夷」為號召維護國家的統一，這不能不說是禮樂文化的遺澤。戰國百家爭鳴，百家看問題的切入點並不一樣，但他們的大多數都主張統一和君主專制。雖然他們常常各引一端，互相辯難，但他們的思想從總體上卻匯成一股促進君主專制主義和大一統的洪流，成為統一的多民族國家形成的輿論先導，這個作用不能低估。

本卷由王冠英主編。緒言，第二、第三、第四、第五、第六、第十一、第十二章由王冠英撰寫，並負責全書的框架、綱目設計；第一章由孫其剛撰寫；第七、第九、第十三章由王暉撰寫；第八章由朱耀廷撰寫；第十章由劉素琴撰寫。最後由王冠英統稿、定稿。

先秦文化是華夏民族文化的先河。限於學識，也限於篇幅，我們在這裡不可能表述得很詳細。寫作中我們參考了不少專家的文化史著作和有關著作，都在參考書目和注釋中注明。借此我們對他們表示深深的感謝。由於是幾個人執筆，行文詳略和文字風格不甚一致，缺點錯誤一定不少，敬請讀者批評指正。

第一章

中國文化
的起源

　　論述文化的起源，我們自然要追溯到舊石器時代。舊石器時代是人類的童年時代，舊石器時代原始人創造的文化是我們人類的文化之源。

　　考古學家習慣上把人類開始出現一直到農業、畜牧業、製陶業出現以前的這一漫長時代稱作舊石器時代。就世界範圍來講，舊石器時代始於二百多萬年前，止於一萬年前，占迄今為止的人類歷史總長的百分之九十九點八以上。舊石器時代的人類所創造的文化就叫作舊石器文化。

舊石器時代，人類的體質在演化上經歷了直立人階段、早期智人階段和晚期智人階段。與人類體質的演化相適應，舊石器時代文化也被考古學家劃分為早期、中期、晚期三個階段。

　　直立人和智人使用的生產工具，主要是用石頭打石頭的方法製成的石器。可以這樣說，整個舊石器時代都以人類打製石器作為重要的時代標誌。

　　舊石器文化在世界範圍內分布非常廣泛，由於地域及時代的不同，文化面貌存在著相當大的差異，因而有許多不同的文化類型。中國境內的舊石器文化非常豐富，並且自成系統。下面我們依據考古學家的分期方法，對中國境內舊石器時代直立人、早期智人和晚期智人創造的文化做一概述。

第一節 ·

中國境內直立
人創造的文化

　　直立人是舊石器時代早期的人類。舊石器時代早期是指從人類開始出現到距今二十萬年為止的這一段時間。舊石器時代早期是人類發展的幼年期，人類剛從猿演變成人，在體質上還存在許多原始性，遺留著若干古猿的特徵，但人類已會直立行走，因此考古學家把舊石器時代早期的人類稱為直立人（Homo erectus），俗稱猿人。

一、元謀人及其文化遺物

　　一九六五年五月一日，幾位地質工作者在雲南元謀盆地進行野外考察時，在位於盆地邊緣的上那蚌村附近的小丘梁上發現兩枚人牙化石，為同一個體的左右上內側門齒。這兩枚人牙化石呈鏟形，代表一個青年男性個體，被命名為直立人元謀亞種（Homo erectus yuanmouensis），俗稱元謀猿人或元謀人。發現元謀人牙齒化石的地點，有一套連續的河湖相沉積，可分四段二十八層，元謀人牙齒化石發現於第四段二十二層中。根據古地磁學方法測定，這套連續的河湖相沉積物形成於距今一百五十萬至三百一十萬年間，根據元謀人牙齒化石所在的層位來推算，元謀人生活的年代為距今一百六十至一百八十萬年前。

元謀人刮削器

在發現元謀人牙齒化石的同一地點的同一層位中，還發掘出少量的石器、大量的炭屑和哺乳動物化石。炭屑直徑最大的十五毫米，最小的僅一毫米，分布不均勻，有的地方很集中，有的地方很分散，星星點點，從其分布看，炭屑應是自然火的散落灰燼。與元謀人共存的哺乳動物化石，有泥河灣劍齒虎、桑氏縞鬣狗、雲南馬、爪蹄獸、中國犀等二十九種，其中上新世和早更新世的動物占百分之三十八點八，這表明元謀人的生存時代不會晚於早更新世。從植物孢粉分析看，當時的植物以松屬為主，此外還有落羽杉科、樫木屬、榆屬等，而草本植物如藜科、艾屬等草甸植物也較多。根據動物化石和植物孢粉分析，我們可以知道，元謀人生活在溫暖、濕潤的森林——草原環境之中。

在元謀人化石層中出土了三件石器，均為用石英岩製成的刮削器，依照形狀，可分為兩刃、複刃和端刃刮削器。兩刃刮削器是用石片砸擊修理而成的，正反兩面可見碎屑剝落的痕跡，一側有細而淺平的小石片疤，刃口銳利。複刃刮削器用小石塊複向加工而成，左側和前端為凹刃，右側為凸刃，修理痕跡明顯。端刃刮削器也是用小石塊複向加工而成，修理得很好，器身保留有自然面，前端加工成緩弧形凸刃，是典型的端刃刮削器。

元謀人的文化歸納起來有兩個特點：一是石質工具的類型以刮削器為主；二是石器的修理採用錘擊法中的複向加工。另外元謀人兩刃刮削器的一側係砸擊而成，過去考古學家認為東非坦桑尼亞奧杜威峽谷第二層發現的距今約一百二十萬年前的石器是最早使用砸擊技術製成的石器，現在看來，元謀人的兩刃刮削器是

目前所知時代最早的砸擊標本，這件兩刃刮削器為研究砸擊技術的起源提供了有價值的材料。

　　元謀人的石器發現得很少，我們還很難判斷元謀人的生產水準。儘管如此，元謀人化石和石器的出土仍有其重要的意義，距今一百七十萬年前的元謀人是目前確認的中國境內最早的古人類，其製造和使用的石器當然是目前所知中國境內古人類最早的文化遺物。眾所周知，有了人及人的創造，也就有了文化，研究中國古代文化，追根溯源自然就會上溯到元謀人及其文化遺物。目前撰寫中國文化史，應該從元謀人及其文化遺物寫起。

二、藍田人及其物質文化

　　一九六三年在陝西藍田縣城西北約十公里的泄湖鎮陳家窩村出土了一個猿人的下頷骨化石。一九六四年在陝西藍田縣城以東十多公里的九間房公王嶺又發掘出一枚猿人牙齒化石和一個頭蓋骨化石。陳家窩和公王嶺相距二十九公里，我們所說的藍田人及其物質文化實際上包括上述兩個地點的材料。

　　藍田公王嶺的猿人牙齒和頭蓋骨化石發現於中更新世紅色土底部鈣質結核中，頭蓋骨化石和牙齒化石屬於同一個體，代表一個三十多歲的成年女性。藍田陳家窩的猿人下頷骨化石發現於中更新世紅色土下部淡紅色埋藏土層，下頷骨附連十三顆牙齒，屬於一個老年女性。公王嶺和陳家窩兩地出土的古人類化石同屬猿人類型，被定名為直立人藍田亞種（Homo erectus lantianensis），簡稱藍田直立人，俗稱藍田猿人或藍田人。

　　與藍田猿人化石共存的動物化石也發現了很多。公王嶺的動物群包括大熊貓、東方劍齒象、中國貘、華南巨貘等，具有強烈的南方動物色彩。陳家窩的動物群北方類型動物成員占很大比重，大角鹿、斑鹿等都是華北的種類。公王嶺和陳家窩兩地相距很近，而動物群卻有明顯的區別，這是因為兩地猿人生活時代早晚不同的緣故。一九八三年對公王嶺和陳家窩的地層剖面進行古地磁法測定結果

為：公王嶺藍田猿人化石層位的年代距今約一百一十萬至一百一十五萬年，陳家窩藍田猿人化石層位的年代距今約六十五萬年。另外有些學者認為，公王嶺藍田猿人的生活年代在距今七十萬至八十萬年前。

在公王嶺藍田猿人化石出土地點的層位裡共發掘出二十件石製品，另外在公王嶺及其附近幾公里範圍內與猿人化石同時代的地層中還採集到五十多件石製品。公王嶺藍田猿人使用的石器原料主要是石英岩、脈石英和石英砂岩的礫石，石器種類有石核、石片、刮削器、球形石、砍砸器、手斧等。石核比較粗大，都有自然檯面，從打擊點、放射線和半錐體陰痕等人工特點分析，它們是用錘擊法打片後留下來的石核，並且石核的利用率不高。石片也比較粗大，石片是從石核上用錘擊法生產的，打擊點較集中，形狀不規則。刮削器可分單直刃、單凸刃、端刃、圓端刃刮削器，除圓端刃刮削器用小石塊製成外，其餘均用石片加工而成。球形石表面保留小部分礫石面，其餘部分布滿小石片疤，係多向錘擊打成。砍砸器均用粗大礫石採取錘擊法打製而成，有單刃和複刃兩種。手斧發現兩件，是將整塊石英岩礫石採用交互錘擊法打製成的，呈三角形，後部保留礫石面，下部寬厚易於手握，器身布滿小石片疤，從形態上看，與歐洲舊石器時代早期的阿布維利文化的手斧相似。從生產技術上看，公王嶺藍田人打製和加工石器均採用錘擊法，且以單面加工為主，許多石片未經第二步加工就直接使用，修製技術簡單粗糙，器型不太規整，原料的利用率很低，這說明公王嶺藍田人的文化還比較原始。但我們也要看到，公王嶺藍田人的石製工具類型已較多，且有一定程度的分化，打製石片和修製石器已具備某種程式和方法，這又反映出其文化也有一定的進步性。

綜合公王嶺和陳家窩兩地的材料看，藍田人在藍田地區至少生活了幾十萬年。公王嶺藍田人生活的時代介於元謀猿人和北京猿人之間，從空間分布上也位於二者之間，這樣就把中國舊石器時代早期文化進一步連接起來。藍田人在時空上是中國舊石器時代早期文化的一個重要環節。

從藍田人使用手斧、球形石等器物判斷，藍田人文化與時代稍晚的晉南匼河文化存在一定的傳承關係。

三、北京猿人及其文化

北京猿人遺址位於北京房山周口店的龍骨山。最早在周口店一帶調查和採集化石的是瑞典地質學家和考古學家安特生（J.G.Andersson）。一九一八年二月安特生第一次到周口店的雞骨山考察動物化石。一九二一年安特生與奧地利古生物學家師丹斯基（O.Zdansky）合作，開始對雞骨山進行發掘，同年八月，安特生等得到當地老鄉提供的有關龍骨山的重要線索，馬上讓老鄉引導去龍骨山考察，立刻採集到豬和腫骨鹿的下頜骨化石，並發現堆積物中有石英碎片，安特生認為這些石英碎片非自然營

北京猿人尖狀器和雕刻器

力搬運所致，肯定是遠古人類的行為結果，安特生當時就斷言，這裡曾經有原始人生存。於是安特生毅然停止了在雞骨山的發掘，把發掘工作轉向龍骨山。

一九二一年至一九二三年師丹斯基在龍骨山的試掘中獲取二枚人類牙齒化石，一枚是磨蝕嚴重的臼齒，代表一個老年個體；一枚是尚未萌出的前臼齒，代表一個幼年個體。一九二六年十月，安特生在歡迎瑞典皇太子夫婦環球旅行到達北京舉行的學術會上，首次報導了北京周口店龍骨山發現古人類牙齒化石，這個重大發現立刻轟動世界。

龍骨山出土古人類牙齒化石的地點被編為周口店第一地點，這個地點即著名的北京猿人遺址。一九二七年對周口店第一地點進行正式發掘，並於當年出土一枚保存完好的左側下臼齒，加拿大解剖學家步達生（Davidson Black）對這枚牙齒進行了研究，並結合師丹斯基發現的兩枚牙齒，將龍骨山出土化石所代表的人類定名為「中國猿人北京種」（Sinanthropus pekinensis），通常稱為「中國猿人」或「北京猿人」，這就是「北京猿人」一詞的由來。

一九二八年中國古生物學家楊鍾健和裴文中參加了北京猿人遺址的發掘。一九二九年發掘工作由裴文中主持，同年十二月，裴文中發掘出了第一個北京猿

人頭蓋骨化石。一九三六年中國考古學家賈蘭坡主持發掘工作時，又發現了三個北京猿人的頭蓋骨化石。

從一九二七年正式發掘到一九三七年抗日戰爭全面爆發停止發掘為止，北京猿人遺址共出土頭蓋骨五個，牙齒一百四十七顆，下頜骨十四塊，顱骨碎片十五塊，股骨殘段七塊，肱骨殘段二塊，鎖骨一根以及月骨等其他殘塊。這些化石代表四十多個不同年齡的男女個體，是研究人類發展、進化的珍貴群體資料。令人痛心的是，這批珍貴的人類化石資料在一九四一年十二月全部遺失，如今我們只能看到一部分化石標本模型。

一九四九年，在裴文中、賈蘭坡的指導和主持下，對北京猿人遺址重新開始發掘。一九五一年第一次出土了北京猿人的脛骨殘塊，同時還出土了二顆牙齒和肱骨殘塊。一九五九年發掘出一塊保存較好的下頜骨，屬一老年女性個體。一九六六年發掘出屬於同一個體的額骨和枕骨，與一九三四年出土的兩塊顱骨碎片標本模型拼接，恰好復原成一個完整的頭蓋骨。隨著新資料的發現，有的學者又對北京猿人重新命名，稱之為「北京直立人」（Homo erectus pekinensis）。

北京猿人遺址是一個很大的洞穴堆積，東西長約一百四十米，中部寬約二十米，由中部向西越來越窄，西端為盡頭；洞穴上大下小，呈漏斗狀，堆積很厚。經半個多世紀斷斷續續的發掘，已發掘五十米深，但仍未見到底。到目前為止，共發掘了十七層，但自十四層以下沒有化石和遺物出土。根據古地磁法、裂變徑跡法、鈾系法等多種方法測定：第一、二、三層的年代為二十三萬至二十七萬年前，第四層的年代為二十七萬至三十三萬年前，第七層的年代為四十萬年前，第十層的年代為五十萬年前，第十一層的年代為五十七萬年前，第十三層的年代為七十萬年前，第十四層至第十七層的年代為七十萬至一百萬年前。總的來說，北京猿人遺址的文化堆積從七十萬年前到二十三萬年前，持續了四十多萬年。根據目前出土人類化石的層位看（人類化石僅發現於第 11 層至第 3 層），北京猿人是從五十多萬年前開始生活於此，前後生活了大約三十萬年。

由於北京猿人的化石出土較多，使我們對北京猿人的體質特徵有了較多的了解。北京猿人頭蓋骨的骨壁比現代人的厚一倍，腦容量平均為一千零四十三毫

升，介於猿和現代人之間。北京猿人頭蓋骨低平，額向後傾，眉脊粗壯，面部較短，鼻骨和顴骨扁而寬，吻部突出，沒有明顯的下頜，牙齒比現代人的粗大。從北京猿人的頭部看，他們保留了許多猿的特徵，顯得比較落後。而北京猿人的肢骨卻較為進步。下肢骨除骨髓腔較小、管壁較厚以外，在尺寸、形狀、比例和肌肉附著點等方面與現代人大致相同，並有股骨脊，這表明北京猿人已能直立行走。北京猿人的上肢骨與下肢骨相比，更接近於現代人，他們的上肢已能從事與現代人上肢相似的活動。

北京猿人頭部的落後和肢骨的進步反映出其體質進化的不平衡性。這種不平衡性是由於在從猿到人的進化過程中，四肢的進化先於頭部的進化。十九世紀末二十世紀初在印尼發現的爪哇人化石、在德國發現的海德堡人和尼安德特人化石也存在體質進化不一致的奇怪特徵，因為沒有共存的文化遺物，其進化地位一直未被科學界所公認，甚至許多學者不承認他們屬於人。由於北京猿人的化石與豐富的文化遺物共存，因此無人懷疑他們屬於人。可以這樣說，北京猿人化石的發現，使包括爪哇人、海德堡人和尼安德特人在內的直立人的存在得到了肯定，使學術界基本明確了人類進化的序列。

與北京猿人化石共存的石器，出土的總數已超過十萬件，這使我們對北京猿人文化的特點有比較清楚的認識。

北京猿人製造石器的石料基本上採自遺址附近，採取石料的範圍半徑不超過五公里。石料主要有石英、水晶、砂岩和燧石。北京猿人主要用砸擊法、錘擊法和碰砧法打製石片，他們對不同的石料採用不同的方法打製。砸擊法主要用於打製石英原料，用這種方法產生的兩極石核和兩極石片，在全部石製品中占有很大的比重。錘擊法主要用於打製礫石和石英。碰砧法主要打製砂岩。值得注意的是，北京猿人修理石器也是使用砸擊法、錘擊法和碰砧法。

北京猿人的石器可以分為兩大類：第一類是用於製造石器的工具；第二類是用於從事生產活動的工具。

第一類工具主要有砸擊石砧、砸擊石錘、錘擊石錘等。石砧是砸擊石核打製

石片時使用的墊石，為整塊礫石，一面有坑疤，坑疤呈盆狀和條狀。其中有條狀坑疤的石砧為北京猿人文化所特有，條狀坑疤是將大而厚的砸擊石片再砸薄的過程中形成的，在堆積中發現了許多小而薄的砸擊石片，可以印證石砧的條狀坑疤，這也反映出北京猿人砸擊技術的進步。石錘的作用是用其一端或兩端打製石片或修理石器。砸擊石錘為橢圓形礫石，錘擊石錘多為條形礫石。

第二類工具有刮削器、尖狀器、石錐、砍砸器、雕刻器等。刮削器出土的最多，體積都較小，長度一般為三十至五十毫米，重量不超過二十克。刮削器又可分為單刃、雙刃、端刃和複刃刮削器。尖狀器用石片製成，體積較小，長度為二十至四十毫米，重量不超過十克。尖狀器的修理比較細緻，大多用錘擊法加工，採用背面加工和錯向加工，形制規整，可分為正尖、角尖和雙尖尖狀器。正尖尖狀器的器尖位於器物的正上端，器尖修理精緻，兩側邊緣修理得比較對稱。石錐有長尖和短尖之分。長尖石錐用薄而長的石片加工而成，加工出單肩或雙肩，加工較為精緻。短尖石錐器身較短，加工較為粗糙。砍砸器為礫石、石核或大塊石片加工而成，是大型工具，採用碰砧法和錘擊法加工，以後者為主，加工方式多樣，有背面加工及錯向、複向和交互打擊等多種修理方法。砍砸器可分為單邊、雙邊、多邊、尖刃和盤狀砍砸器，其中盤狀砍砸器是北京猿人使用的較有特色的石器，器身周邊經過加工，刃緣連續無明顯轉折，器物呈圓盤狀。雕刻器是北京猿人使用的較為特殊的工具，用途尚不明。雕刻器的加工方法是在器身及刃緣基本修理好之後，在器身的一端或一角打製出一條平直的鑿形刃。雕刻器可分為笛嘴形雕刻器、角雕刻器和平刃雕刻器三種。

北京猿人的石器工藝有自己顯著的特點，我們可以做出如下的歸納：（1）採用砸擊、錘擊和碰砧法打石片，其中砸擊法是主要的打片方法，用該方法打石片在世界上同時代遺址中十分罕見。（2）以石片工具為主，石核工具很少。（3）工具種類較多，工具組合以刮削器為主。（4）有些工具，如端刃刮削器、石錐、雕刻器為同時代遺址中少有，這些工具通常見於較晚期的遺址中。（5）修理工具的方法也採用了同打片一樣的三種方法，即砸擊、錘擊和碰砧法，其中砸擊修理法為北京猿人所獨有，在世界各地舊石器時代早、中、晚期的遺址中均未見到。另外碰砧修理法在舊石器時代早期也只有北京猿人使用。（6）以小型工具為主，長

度在四十毫米以下，重量在二十克以下的工具占工具總數的百分之七十。

北京猿人的發展階段可分為早、中、晚三個文化期。

早期包括第十一層至第八層，年代在五十七萬年前至四十萬年前。這時期石器的原料雖以石英居多，但主要生產工具都是用砂岩或礫石製作的，砂岩的成品率比石英高。三種打片方法中以錘擊法為主；砸擊石片不多，且不規整；用碰砧法打下的石片很少，且比較粗大。這時期中、大型的石器較多，砍砸器占半數以上，其次為刮削器，尖狀器和雕刻器很少，尚處於萌芽狀態。從材料上看，用石片製成的石器不足半數，用礫石、石核或小石塊加工的石器超過半數。修理石器的三種方法也是以錘擊法為主。

中期包括第七層和第六層，年代在四十萬年前至三十五萬年前。這時期在石器用料上，石英用量大增，水晶用量也明顯增加，砂岩的用量驟減。打片方法也發生重大變化，砸擊法已成為主要的打片方法，錘擊法退居次要地位，砸擊石片比錘擊石片的一倍還多。這時期打片技術趨於成熟，砸擊石片較早期的要小，形制也變得規整，長而薄的兩端石片比較常見。用石片製成的石器已占主要地位，與此相反，用塊狀毛坯製成的石器大大減少。在器類上，砍砸器明顯減少，尖狀器、刮削器數量大大增加，並且加工修理精緻，出現端刃刮削器，雕刻器的數量也有所增加。石器明顯向小型化方向發展，這時北京猿人文化已進入以小工具為主體的時代。

晚期包括第五層至第一層，年代在三十五萬年前至二十三萬年前。這時期北京猿人文化進一步提高，發展速度呈加快趨勢。這時期石器原料仍以石英為主，但乳白色和半透明的質地細密的優質石英用量大增，水晶用量僅次於石英，燧石用量也有所增加。在打片方法中砸擊法仍是主要方法，技術更加熟練，不僅打製出大量形制規整的兩端石片，而且還能將大的兩端石片再砸薄，生產出形似石葉的砸擊石片。另外錘擊法的使用也更加熟練。這時期存在相當數量的用於製造石器的工具——砸擊石砧和石錘，這是此時期重要的文化特徵之一。石片工具占有絕對優勢地位。出現新型工具——石錐。尖狀器數量驟增，修理精緻，形態多樣。雕刻器進一步發展，砍砸器再度衰落。刮削器的品質有很大提高。石器進一

步小型化，並有微型工具出現。從遺址內涵反映的情況看，北京猿人文化既有連續發展的統一性，也有其發展的階段性。

在北京猿人遺址中曾發現五個灰燼層，其中最厚的堆積可達六米。灰燼分布在一定範圍內，因長期燃燒，灰燼下面的地面已變硬呈磚紅色。灰燼層中存在大量的燒骨、燒石以及樸樹籽、木炭等。北京猿人遺址的灰燼不僅厚而且成堆，灰燼內又有大量的用火證據，因此可以肯定灰燼是北京猿人長燃的篝火堆積，表明北京猿人已有控制火、管理火和使用火的能力。沒有跡象表明北京猿人能夠人工取火，北京猿人使用的火取自天然火，但他們已會保存火，並且保存火的時間很長，正因為長時間不間斷的燃燒，才產生了厚達六米的灰燼堆積。在北京猿人遺址的地層中，並非每個層位都有灰燼層，說明存在用火中斷的現象。我們可以理解為：由於意外原因，不慎使北京猿人保存的火種熄滅，而在相當長的一段時間內又無自然火種可取，以至北京猿人無火可用。也正是因為採取自然火種不易，北京猿人才格外珍惜取來的火種，盡最大可能保存火種，儘量不使篝火熄滅，因此才會出現灰燼堆積厚達六米的情況。過去考古學家一直認為，屬於舊石器時代中期的歐洲莫斯特文化才出現人類用火的情況，而北京猿人遺址用火遺跡的發現，使人類用火的歷史上溯到了舊石器時代早期。北京猿人使用火的意義十分重大。火可以熟食、取暖、防潮，有利於人類的身體健康和體質進化。火可以照明和驅逐野獸，使人類在夜晚有了安全感。

與北京猿人化石共存的動物化石發現很多，可分九十六個種屬，其中有第三紀的殘存種劍齒虎，但更多的是中更新世的常見種，如碩獼猴、丁氏鼢鼠、居氏大河狸、翁氏兔、腫骨大角鹿、葛氏斑鹿、德氏水牛、李氏野豬、楊氏虎、梅氏犀、中華縞鬣狗、三門馬等等。根據動物群的變化，可以把北京猿人生活的時期劃為三個階段：早期草原型動物多於森林型動物，反映出當時是森林—草原型為主的溫帶氣候；中期森林動物多於草原動物，且喜潮濕和喜水的動物較多，反映出當時是溫暖濕潤的森林型氣候；晚期森林動物減少，草原動物增加，喜乾燥環境的動物較多，反映出當時是半乾旱的溫帶氣候。北京猿人生活在周口店的漫長歲月裡，氣候發生過幾次變化，但總的來說沒有過於惡劣的氣候，比較適合人類生存，北京猿人就在這矮山、小河與平原交匯地帶的周口店生活了幾十萬年。

四、金牛山人及其文化

金牛山遺址位於遼寧營口田屯村，是中國東北地區的一處舊石器時代早期遺址。金牛山共有三處化石地點，自一九七四年以來一直在進行發掘。一九八四年在 A 地點出土了人類的頭骨、脊椎骨、髕骨、肋骨、髖骨、尺骨、腕骨等五十餘件化石，這些化石集中在一平方米的範圍內，屬於同一個體，為一成年男性。金牛山人的頭骨與北京猿人的頭骨比較，眉脊上溝要淺，顱骨的壁較薄，腦容量約一千三百九十毫升，比北京猿人明顯進步。金牛山人屬晚期直立人向早期智人的過渡類型。根據鈾系法測定，金牛山人的生活年代大約在距今二十八萬年前，與北京猿人生活年代的下限相當。

考古學家發現了金牛山人的用火遺跡。用火遺跡均發現於洞內，與人類化石和石器共存。如在 A 地點發現一個灰燼層，長四點一米，厚零點三米，其上還有兩處呈圓錐形的灰堆遺存，灰堆中有灰燼、燒土、燒骨等。在 C 地點也發現有灰燼層，內有木炭、燒骨、燒土等。毫無疑問，金牛山人會使用火、管理火。燒骨中多兔類、鼠類和鹿類的骨骼，表明這些動物是金牛山人的主要肉食來源。

金牛山人的石器原料多為脈石英。金牛山人採用錘擊法和砸擊法打石片，用砸擊法打石片後產生的兩極石核與北京猿人的兩極石核相似。金牛山人的石質工具主要是刮削器、尖狀器和雕刻器。刮削器有單刃、雙刃和端刃刮削器，刮削器刃緣的加工以單向加工為主，亦有複向加工的。尖狀器有角尖和正尖尖狀器。雕刻器只發現一件，鑿形刃，屬笛嘴形雕刻器。

金牛山遺址出土的哺乳動物化石較為豐富。其動物群中的一些種屬見於北京猿人遺址，但動物群的主要成員生活年代偏晚，如赤鹿和腫骨大角鹿的共存只見於北京猿人遺址的第四層以上。哺乳動物化石表明金牛山人生活的時代相當於更新世中期之後的一段時間，可能已進入更新世晚期。當時遼南地區的氣候與華北差不多，冬季比現在略暖，氣候溫暖濕潤，山上森林茂密，灌木叢生，山下有遼闊的草原，從出土較多的河狸化石看，金牛山附近肯定有開闊的水域。

金牛山人的全部石器都很小，打片方法主要是砸擊法，石器類型以刮削器為

主，並有尖狀器和雕刻器，這些文化特點與北京猿人晚期文化的特點相同，反映出金牛山人與北京猿人有密切的文化聯繫。我們可以認為，北京猿人在北京周口店生活的晚期，開始向外傳播其文化，這種文化的傳播可能是北京猿人遷徙所至，在與北京相距幾百公里的金牛山，我們找到了北京猿人文化向東北傳播的證據。

五、其他直立人的文化遺存

考古學家在陝晉豫一帶的紅色土層中發現了幾十處舊石器時代早期的石器地點，在每個地點都採集了少量的石器，並對山西芮城匼河6054地點和6055地點進行了發掘，與石器共存的哺乳動物化石有十三種，屬於中更新世的典型動物較多，如扁角鹿、腫骨鹿、德氏水牛、東方劍齒象等。由此可知，陝晉豫一帶紅色土層中舊石器時代早期石器地點的地質時代屬於中更新世。

匼河遺址出土了二百多件石器，石器原料主要是石英岩，打片技術除錘擊法、碰砧法外，還採用了一種獨具特色的方法──投擊法。錘擊法是打石片的主要方法，錘擊法產生的石片和石核都比較粗大，長度都在六十毫米以上，石片形制不太規整，多數保留自然面和打擊檯面，只要邊緣鋒利，不經第二步加工直接使用。用投擊法打下的石片體積很大，其中長三百毫米、寬二百毫米的特大石片在中國舊石器文化中十分罕見。加工過的石器只發現十九件，修理方法均為錘擊法，多為背面加工，加工比較粗糙，刃緣不平齊，刃口或鈍或銳。石器的種類有砍砸器、刮削器、大三棱尖狀器、小尖狀器和石球。大三棱尖狀器用厚大的石片加工而成，有三面和三緣，與藍田人的手斧差不多大，當為挖掘和砍琢工具。石球呈多面體，不太圓，與藍田人的球形石類似。從匼河文化石器的類型和打片方法看，當與藍田人文化有某種傳承關係。

一九五八年考古學家在山西垣曲南海峪發掘了一處舊石器時代早期的洞穴遺址，發現了用火遺跡，出土了犀牛、鹿、豪豬、獼猴等哺乳動物化石和十九件石器。石器的原料主要是脈石英和燧石。八件石片係直接打製，未見修理。四件尖

狀器修理精緻，沿邊刃向上加工出正銳尖和正鈍尖。七件刮削器均為單刃刮削器，但有單直刃和單凸刃之分，都是在石片的邊緣向一面或兩面加工而成。總的來講，南海峪洞穴遺址石器的打片方法、石片形狀、石器大小和修理方式與北京猿人晚期文化相類似。

一九七五年在湖北鄖縣梅鋪鄉杜家溝口的龍骨洞中發掘出了三枚直立人的牙齒化石，被定名為直立人鄖縣亞種（Homo erectus yunxianensis），俗稱鄖縣猿人。同時還發現一件與鄖縣猿人共存的石核，石核上人工打擊的痕跡非常清楚，鄖縣猿人利用平整的礫石為檯面連續打擊，打擊點集中，放射線清晰，係用錘擊法打片後在石核上留下的特徵。與鄖縣猿人共存的哺乳動物化石有嵌齒象、桑氏縞鬣狗和小豬等，它們代表的地質時代較早，不晚於中更新世早期，鄖縣人生活的時代可能早於北京猿人。

二十世紀七〇年代末至八〇年代初，考古學家在湖北鄖西神霧嶺白龍洞發掘出八枚直立人牙齒化石，與人牙化石共存的動物化石有竹鼠、虎、靈貓、果子狸、狼、麂等，所代表的地質時代晚於鄖縣猿人，與北京猿人的時代大致相當。另外在白龍洞還發掘出二百多件石器，石料多為脈石英，器類以刮削器為主，也可見小型盤狀砍砸器。

二十世紀七〇年代初，湖北大冶章山石龍頭洞穴遺址出土了八十八件直立人打製的石製品，石料主要是石英岩。打石片的方法主要用錘擊法，偶爾用砸擊法，一般是利用石核的天然面打片，石片粗大，打片技術較低。石製工具只有刮削器和砍砸器兩類。刮削器有單刃、端刃和複刃之分，用大石片修整而成，採用複向加工，形狀不規則，修整技術較粗糙。砍砸器器體粗大厚重，用礫石和石核製成，可分單刃、端刃和多刃三種，修理工作相當粗糙，多用複向加工，刃緣凹凸不平，刃口較鈍。石龍頭石器文化的一個重要特點是粗大化，與同時代洞穴遺址所出石器相比，形體偏大。石龍頭文化的石器不僅本身粗大厚重，而且加工也粗糙。石龍頭石器文化的粗大化對後來中南地區的舊石器文化有一定的影響。石龍頭遺址的時代與北京猿人相當或稍晚一點，根據出土的大熊貓、東方劍齒象等十種哺乳動物化石分析，其地質時代為中更新世。

一九六四年至一九七三年，考古學家先後四次對貴州黔西沙井觀音洞遺址進行了發掘。觀音洞是東西向窄長的洞穴，洞內有上下兩層堆積。兩層堆積中的哺乳動物化石都屬於大熊貓—劍齒象動物群，均屬中更新世時代。遺址上下層的石器，特徵基本一致。石器原料多為燧石，打石片的方法主要是錘擊法，偶爾用碰砧法，石片和石核的形狀不規則。石製工具的種類有刮削器、端刮器、砍砸器、尖狀器、雕刻器等，其中刮削器最多，占工具總數的百分之八十以上。石製工具都有第二步加工，通常用石錘修整邊緣，加工角度和方向不穩定，刃緣陡直而不平整，其器物大小懸殊，形狀也不甚規則。中國南方的觀音洞文化與中國北方的北京猿人文化相比，存在明顯的差別，反映出在舊石器時代早期，中國境內直立人創造的文化已呈多樣化的趨勢。觀音洞文化對以後南方地區特別是西南地區的舊石器文化產生了很大影響，從石器類型、加工技術和風格看，貴州桐梓、興義貓貓洞、威寧草海、四川銅梁等南方的舊石器時代中、晚期文化都或多或少地繼承了觀音洞文化。

第二節 ·
中國境內早期
智人創造的文化

　　早期智人是舊石器時代中期的人類。舊石器時代中期是指從距今約二十萬年前至四萬年前的這一段時間。早期智人是由直立人演化而來的，體質特徵較直立人進步，但還保留一些較原始的特徵。早期智人在體質上的突出特徵是腦容量較大，都在一千三百毫升以上，人類學家認為他們已經具有一定的智力，因此把他們稱為早期智人（Early Homo Sapiens）。

一、華北地區早期智人的文化

　　山西汾河流域的丁村文化是中國舊石器時代中期早期智人創造的比較典型的文化。丁村文化因發現於山西襄汾丁村而得名。一九五四年在丁村發掘出一個十二、三歲兒童的牙齒，一九七六年又發掘出一個大約兩歲幼兒的右頂骨化石。丁村人頂骨的骨壁較薄，牙齒的齒冠舌面中部低陷呈鏟形，與現代蒙古人種較為接近。丁村文化有二千多件石製品，石器原料百分之九十五是黑色角葉岩，為就地取材。丁村人主要採用碰砧法打石片，用此法打下的石片粗大厚重，寬大於長，長度在六十毫米、寬度在八十毫米、厚度在二十毫米以上。此外，丁村人也用投擊法和錘擊法打石片。石器的種類有刮削器、尖狀器、砍砸器和石球等。刮削器用石片加工而成，修理工作細緻，與同時期的同類工具相比，器體要大得多，均屬

「丁村人」遺址

大、中型工具，可分單刃、兩刃、複刃和端刃幾種。尖狀器也是用石片製成，除幾件長度在四十毫米左右外，其餘都較大，最大的長度可達八十毫米。最典型的是大三棱尖狀器，係用厚大石片打製而成，下端手握部分寬厚，尖端銳利，兩側對稱，器體橫剖面呈三棱形。鶴嘴形尖狀器也是一種大尖狀器，器體厚重而長，尖端較扁呈鶴嘴狀。丁村文化大尖狀器的功能當是挖掘和砍琢，與手斧近似。砍砸器是用交互打擊法製成，粗大厚重，刃緣曲折呈鋸齒狀。有一種多邊砍砸器，幾個邊緣都經加工，是一種具有較大效用的砍砸工具。石球數量較多，多用質地較軟的石灰岩打製而成，石片疤細碎，加工較細緻，已比較定型，通體呈球形。丁村文化的特點是生產大量的粗大石器，以碰砧法為主要打石片的方法，兼以投擊法和錘擊法；在工具組合中，砍砸器、大三棱尖狀器等大型工具居顯著地位。就石器粗大化這一點來講，丁村文化可能與匼河文化有一定的淵源關係，但在打片、修理技術和器類上，丁村文化又遠比匼河文化複雜和進步。丁村人生活的時代大約在距今十萬年前。

二十世紀七〇年代，考古學家對山西陽高許家窯遺址進行了多次發掘，發掘出二十件人骨化石和上萬件石器。許家窯人的化石屬於十多個不同的個體。許家窯人對石器原料的選擇較多，石料主要有石英、火石、火山岩、石英岩、變質灰岩、矽質岩等，均為就地取材。許家窯人採用錘擊法和砸擊法打石片，石片小而薄。打片後的石核呈原始棱柱狀和漏斗狀。原始柱狀石核是從打製的檯面周圍邊緣剝落石片，學者認為原始柱狀石核是舊石器晚期常見的典型棱柱狀石核和鉛筆頭形石核的母型。石質工具的種類有刮削器、尖狀器、石錐、雕刻器、砍砸器和石球。刮削器數量最多，占工具總數的一半多，用片狀毛坯製成，器體較小，亦較輕，修理細緻，刃口較銳，有單凸凹刃、雙凸凹刃、複刃、端刃幾種。尖狀器用小石片製成，最大的只重十三克，最小的僅重一克，修理工作很細緻，刃緣比較勻稱，有正尖形和角尖形兩種。石錐也用小石片製成，長度在二十毫米左右，短尖，有雙肩，刃緣勻稱，形制規整。雕刻器較小，長度在十九至三十毫米，係用小石片製成，前端有鑿形口，一側邊修理成凸刃或直刃，可分為笛嘴形雕刻器、角雕刻器和平刃雕刻器。砍砸器用礫石和石核製成，加工較粗糙，刃口厚鈍，刃緣曲折。石球是許家窯文化最有特色的石器，許家窯遺址出土了上千件石球，大小不一，最大的石球重一千五百多克，直徑一百多毫米，最小的石球重不到一百克，直徑在五十毫米以下。許家窯文化的石球遠比丁村文化的石球要精緻，許家窯文化的石球呈滾圓形，周身布滿小石片疤。在發掘中發現有的地方石球成堆放置。鑒於許家窯文化存在大量的石球，有的學者甚至把許家窯文化稱之為石球製造者的文化。石球究竟有什麼用途呢？學者認為舊石器時代的工具較少，當時的原始人總是儘量發揮某一種器物的最大用途，因此存在一器多用的現象，石球也是如此，石球至少有兩種用途，一種是作為錘砸工具使用，一種是作為狩獵工具——飛石索使用。有一個現象值得注意，在許家窯遺址中出土了大量的鹿類、羚羊類、野驢、野馬的化石，其中僅野馬的化石就有三百多個個體，因此有的考古學家把許家窯人譽為「獵馬人」，並認為許家窯人是用飛石索獵取野馬。所謂飛石索就是在繩索的一端或兩端拴上小石球，狩獵者舞動繩索使之高速旋轉，然後把飛石索猛力甩向獵物。用飛石索狩獵，在近代原始民族中廣為使用，據《達爾文日記》記載，印第安人用飛石索狩獵，能擊中幾十米以外的野馬，或將馬腿纏住，或擊斷馬腿。從出土大量野馬化石看，許家窯人肯定是掌握了一種較為先

進的狩獵技術獵取野馬，因此說許家窯人用小石球做成飛石索獵取野馬是比較可信的。許家窯人生活的時代在距今十萬年前左右，與丁村人生活的時代差不多，但許家窯文化與丁村文化卻是差異很大的兩種文化。除石球以外，許家窯文化的石器都較小，加工也較精緻，石器的加工技術和基本類型與北京猿人文化十分相似，明顯繼承了北京猿人文化，另外許家窯人在體質特徵上也與北京猿人存在驚人的相似之處，繼承了北京猿人的體質特徵，以至有的學者認為「把許家窯人看作是中國猿人的後裔似乎是不成問題的」。許家窯文化在繼承北京猿人文化的基礎上又有很大的發展，出現了一些新器型，如原始棱柱狀石核、短身圓頭刮削器等。許家窯文化對舊石器時代晚期的峙峪文化產生了相當大的影響。

在北京周口店的龍骨山，考古學家也發現了早期智人及其文化。一九六七年考古學家在龍骨山新發現了一個洞穴，因此把該洞命名為新洞。新洞位於北京猿人遺址（第 1 地點）以南約七十米的第四地點，洞口被堆積物封實，清理掉洞口的堆積物即發現新洞。一九七三年在新洞發掘出一枚人牙化石，學術界認為新洞人是北京猿人與舊石器時代晚期山頂洞人的中間環節。另外新洞還出土了幾十件石器以及灰燼層和燒骨等。灰燼層裡因熟食而殘留的燒骨中，以鹿類最多，其餘為鼠、象、蛙、鳥等，另外在灰燼層裡還發現有樸樹籽。

北京周口店龍骨山第十五地點也是舊石器時代中期的文化。第十五地點與新洞（第 4 地點）緊鄰，位於新洞的東南，相距僅十米。第十五地點也是一處洞穴遺址，洞內出土了大量的石製品、哺乳動物化石以及灰燼層和燒骨。周口店第十五地點的原始居民做石器使用的石料有石英、水晶、燧石等，與北京猿人晚期文化使用的石料相同。他們打石片的方法有三種：錘擊法、砸擊法和碰砧法，其中錘擊法是主要的方法。石片比較小，多數石片呈梯形，也有的呈三角形和長方形，形狀比較穩定，打石片已形成較為固定的程式。打片後留下的石核比較小，有單檯面和檯面石核，從一些石核上的打擊點推測，當時可能曾用骨、角或木質的軟錘進行打片。第十五地點存在打製石器的石錘。石製工具以小型為主，有刮削器、尖狀器、石錐、雕刻器和砍砸器。周口店第十五地點文化的石器類型、加工方法與北京猿人晚期文化基本相同，可以認定周口店第十五地點文化是北京猿人晚期文化的直接繼承者。第十五地點文化在承襲北京猿人文化的基礎上有所發

展，如發展用錘擊法打片，採用一定程式打片使之形制規整。周口店第十五地點文化的年代距今約十多萬年以前。

　　一九七八年初，在陝西大荔段家鄉解放村甜水溝口的洛河第三階地中更新世晚期的沙礫層中發現一個人類頭蓋骨化石，為一青年男性個體。一九七八年秋和一九八〇年秋先後兩次對出土大荔人化石的地點進行了發掘，獲得了六百多件大荔人製造和使用的石器以及大量的哺乳動物化石。大荔人使用的石器原料多為採自當地的石英岩和燧石。打石片的方法主要是錘擊法，偶爾也使用砸擊法。用錘擊法打下的石片都比較小，長度在二十至四十毫米，石片呈三角形、梯形、長方形或不規則形。用錘擊法打片後留下來的石核也比較小，長度不超過六十毫米，有單檯面石核和多檯面石核，石核形制不規則，利用率不高。大荔人修理石器也是用錘擊法，多向背面加工。大荔人的石製工具絕大多數用石片做成，形體普遍較小，器類有刮削器、尖狀器、石錐和雕刻器。刮削器數量最多，且形狀多樣，可分為單刃、雙刃、複刃和端刃幾種。總的來說，刮削器的修理較粗糙。尖狀器的修理比刮削器稍細些，器型較規整，刃緣頗勻稱，可分為正尖、角尖和雙尖尖狀器。石錐有短尖和長尖兩種，長尖石錐修理較細緻，有雙尖或單尖；短尖石錐修理較粗糙。雕刻器有笛嘴形雕刻器、角雕刻器和平刃雕刻器。大荔人文化明顯受到了北京猿人文化的影響，繼承了北京猿人文化的一些因素，其石器與周口店第十五地點的石器非常相近。但在大荔人文化中未發現砍砸器，可見大荔人文化也有自己的一些特點。從與大荔人共存的腫骨大角鹿、普氏羚羊、犀牛等哺乳動物化石看，其地質時代為中更新世末期，大荔人生活的時代大約在距今十多萬年前，與周口店第十五地點早期智人生活的時代差不多。

二、東北地區早期智人的文化

　　東北地區早期智人的文化發現很少，目前僅在遼寧本溪廟後山和遼寧喀左鴿子洞有所發現。廟後山遺址是一處舊石器時代的洞穴遺址，洞穴堆積共分八層，根據鈾系法、古地磁法和放射性碳素法斷代，其文化堆積的時代在距今四十萬年

前至一萬七千萬年前，包括了舊石器時代早、中、晚期直立人、早期智人、晚期智人創造的文化，文化面貌比較複雜。喀左鴿子洞文化是一處單純的舊石器時代中期早期智人創造的文化，因此我們把喀左鴿子洞文化作為東北地區早期智人文化的代表重點論述。

鴿子洞位於遼寧省西部喀喇沁左翼蒙古族自治縣水泉鄉後城子村，緊靠大淩河，洞口高出大淩河水面三十五米，一九七三年和一九七五年對鴿子洞進行了兩次發掘。鴿子洞洞口朝東，洞深十五米，洞內堆積可分六層，化石和文化遺物出土於二、三層。在鴿子洞內發掘出一枚人類的牙齒化石，為剛露出齒槽的第二前臼齒，代表一個少年個體。與鴿子洞人共存的石器發現了三百多件，另外還發現了鴿子洞人的用火遺跡以及大量的哺乳動物化石。

鴿子洞人製造石器的原料主要是石英岩，其次為燧石和岩漿石。鴿子洞人只用錘擊法打石片，石片大小懸殊，大的長度可達九十四毫米，小的長度僅為十九毫米。石片的檯面缺乏穩定的形狀，既有自然檯面也有打擊檯面，有的檯面經過修理。石片上的打擊點或散漫或集中，半錐體較凸者占多數，放射線較清晰，石片角的變異範圍較大。背面保留有自然面的石片較多，自然面或全部保留，或保留一半，或保留一小塊。石片背面常見有幾塊淺平的石片疤，使石片顯得較薄。有些石片的形狀不規整，也有些石片的形狀較為規整，呈長三角形、梯形、長葉形。打片後留下來的石核形狀較穩定，變異不大，打擊點集中，半錐體陰痕淺凹，放射線較疏但清晰。石核的檯面有天然檯面和打擊檯面，石核上有較多的形制規整的石片疤，可知石核的利用率較高。

發現兩件錘擊石錘，均為呈橢圓形的扁礫石，一件為單端石錘，長九十二毫米；一件為兩端石錘，長七十九毫米，錘端留有明顯的敲砸坑疤或片疤。石錘既用於打石片，也用於加工修理石器。

石製工具有刮削器、尖狀器、雕刻器和砍砸器。

刮削器是最主要的工具，占工具總數的百分之八十一。刮削器大小差異明顯，最小的長二十六毫米，最大的長九十三毫米，多數刮削器長度在四十一至

六十毫米之間。刮削器的修理工作精緻，器邊被修理成不同形狀的刃口，有單刃、雙刃、複刃和端刃多種。單刃刮削器最多，有單凹刃、單凸刃和單直刃之分，以前者為主。兩刃刮削器是將兩側長邊修理成刃，修理得較好，直、凸刃均有。複刃刮削器加工多粗糙，刃口鈍、刃緣曲折。端刃刮削器加工細緻，刃緣勻稱，有圓端刃和橫端刃。刮削器的加工方式多數是向背面加工，也有的向破裂面加工或者錯向加工。

尖狀器的修理較粗糙，只是將兩側長邊的局部加以打擊加工，使其前端生成一個短而鈍的尖刃。依器類的形狀，可分為正尖尖狀器和角尖尖狀器。

雕刻器僅見三件標本，從留下的片疤看，只是具有雕刻器的打法，尚不具備典型器特色。

砍砸器數量不多，是整塊礫石或石核製成，器體粗大，長度都超過一百毫米。砍砸器有單刃和多刃的兩種。單刃砍砸器為單面加工，是將一側長邊修理成較平直的刀口。多刃砍砸器採用交互打擊的方法加工而成，刃緣曲折，刃口鈍厚。

歸納來講，鴿子洞文化的石器採用錘擊法打石片，以石片石器為主，工具組合刮削器占主體地位，以中、小型工具為主，採用錘擊法修理石器並以背面加工為主，偶爾採用交互打擊法修理砍砸器。

鴿子洞文化是一種以小石器為主的舊石器時代中期文化，從文化面貌看，鴿子洞文化與北京猿人文化有密切的關係。

與鴿子洞人和石器共存的哺乳動物化石發現二十二種，其中有狼、小野貓、鬣狗、達呼爾鼠兔、碩旱獺、披毛犀、岩羊等。整個動物群中沒有代表溫暖氣候的種屬。岩羊是高寒地區的動物，披毛犀也是生活在寒冷地區的古動物，這表明當時的氣候是寒冷的。因此使用火對鴿子洞人來說是非常重要的。在鴿子洞文化層的底部有一灰燼層，呈凸鏡體狀分布，中部厚達五十釐米，外側逐漸變薄，當為火堆遺存。灰燼層堆積疏鬆，質細，對灰土進行化學分析後知其含碳量為百分之二十四，因此肯定鴿子洞人懂得使用火。在灰燼層中發現有燒骨、木炭、燒土

塊、哺乳動物化石及少量的石器。燒骨中以羚羊骨為最多，表明羚羊是主要的獵獲物。

鴿子洞人生活在茂密的森林和草原環境之中。鴿子洞文化是舊石器時代中期最晚的一種文化，其時代在距今五萬年前後，已接近於舊石器時代晚期。

三、南方地區早期智人的文化

目前南方地區早期智人的化石已發現不少，但南方地區早期智人的文化卻發現很少。

南方地區早期智人的化石主要有湖北長陽人、安徽巢縣人、貴州桐梓人、貴州水城人、廣東曲江馬壩人等。

貴州桐梓九壩鄉雲峰村有一個山洞，當地人稱之為岩灰洞。一九七一至一九七二年對岩灰洞進行了發掘，出土了兩顆人牙化石，分屬一個老年個體和一個年輕個體，同時還出土了二十多種哺乳動物化石和十多件石器。石器中未見石片，石核呈多面體，可看出是用錘擊法從石核的多個面上打石片。石製工具只有刮削器和尖狀器。桐梓人對石器的加工頗具特色，用石錘敲擊石器的邊緣，打出刃口，加工方向有錯向加工、背面加工和陡向加工。與桐梓人共存的哺乳動物化石反映的是大熊貓—劍齒象動物群，地質時代為中—晚更新世。桐梓人生活的時代為舊石器時代中期。

在貴州水城縣縣城西北二十五公里處的硝灰洞中，出土了一顆屬老年個體的人牙化石和五十三件石器。石器有石片、石錘、刮削器和尖狀器。大多數石片沒有檯面，有粗大的打擊點和清晰的放射線，但沒有半錐體，有些石片的中部有一道橫向的弧形凹，石片的背面基本上保留礫石面，很少有石片疤。這些石片的打製方法很特殊，過去沒見過，經考古學家試驗後，給生產這種石片的方法定名為銳稜砸擊法。刮削器均用銳稜砸擊石片製成，刃緣曲折。尖狀器均屬角尖尖狀器，尖較銳。水城人生活的時代比桐梓人晚，可能在舊石器時代中期的晚期。

一九五八年在廣東曲江馬壩鄉獅子岩的一個石灰岩溶洞中發掘出一塊中年男性的顱骨化石和十多種哺乳動物化石。一九八四年在清理馬壩人化石產地的堆積物時，又發現兩件馬壩人的打製石器，一件是圓扁形礫石，頂端的同一部位疊壓有三片石片疤，似為打擊檯面，可歸為石核類；一件是砍砸器，用錘擊法加工，一條邊和尾部保留有礫石面。由於馬壩人的石器發現太少，我們很難認識馬壩人創造的文化。馬壩人生活的時代據鈾系法測定，大約在距今十三萬年前。

一九八六至一九八七年在湖北枝城九道河舊石器時代中期遺址中發掘出三百九十五件石器和一批哺乳動物化石，但未發現早期智人的化石。石器原料以石英岩為主，器型有石核、石片、砍砸器和刮削器，總的來說石器比較粗大。採用錘擊法打石片，大部分石片保留礫石面，形狀不太規則，較厚，有的石片未經加工即使用。砍砸器多用厚大的石片加工而成，可分為單邊、雙邊和多邊砍砸器。刮削器可分為單刃、雙刃和多刃刮削器，多為正向加工，加工較粗糙。九道河文化與大冶石龍頭文化有密切的聯繫。二者的石料都以石英岩為主，缺少石英，石器都呈粗大化，沒有太小的標本，沒有尖狀器，石器加工粗糙，存在未經加工就使用的石片。可見九道河文化與石龍頭文化有共同的文化內涵，九道河文化承襲了石龍頭文化。

第三節 ·

中國境內晚期
智人創造的文化

晚期智人（Late Homo Sapiens）是舊石器時代晚期的人類。舊石器時代晚期

是指從距今約四萬年前至一萬年前的這一段時間。人類經直立人、早期智人演化到晚期智人時，其體質特徵已經和現代人完全相同，在解剖結構上屬於現代人。在這個時期，人種已經分化和形成，人類的活動範圍越來越大。直立人和早期智人只生活在非洲、歐洲和亞洲，而晚期智人則把人類的活動範圍擴大到了美洲和澳洲。

在舊石器時代晚期，人類的生產技術有了突飛猛進的發展，晚期智人發明了弓箭，使用了磨光技術和鑽孔技術，並用這些技術製造骨角器和裝飾品，能夠縫製衣服，掌握了人工取火技術，出現了原始宗教意識。

中國境內晚期智人文化的地點已經發現數百處，分布在二十多個省、市、自治區，並形成了區域性文化特點。

一、南方地區晚期智人的文化

南方地區晚期智人的文化呈兩種發展趨勢：一種發展成了以粗大石器為代表的文化，一種發展成了以小石器為代表的文化。

（一）以粗大石器為代表的文化

一九七六年在四川銅梁縣張二塘村地下八米深的沼澤相地層中，發現了三百多件石器以及許多哺乳動物化石和植物化石。根據對木化石和核桃殼測定的放射性碳素斷代資料，可知銅梁文化的年代在距今二萬五千至二萬一千五百年前後。銅梁文化石器的原料主要是石英岩。打石片的方法是錘擊法和碰砧法，石片較大，最大的可達一百三十八毫米。石製工具有錘擊石錘、刮削器、尖狀器和砍砸器。錘擊石錘是兩端石錘。刮削器用大石片製成，加工粗糙。尖狀器亦是用石片製成，最長的可達九十七毫米，形似小石斧。砍砸器器體粗大厚重，最長的可達二百一十三毫米，重一千九百六十五克，多採用複向加工和陡向加工，刃緣曲折。銅梁文化的砍砸器占工具總數的三分之一，比例之高在舊石器時代遺址中十

分罕見，在舊石器時代晚期遺址中更是絕無僅有。銅梁文化是以大、中型工具占絕對優勢的舊石器時代晚期的一種文化，其石器簡單、粗糙、體大，很像舊石器時代早、中期的石器，與其所處的時代很不相符，我們也由此可知在舊石器時代晚期，各地的文化發展是不平衡的，也是複雜的。銅梁文化石器粗大、端刃工具多的特點與大冶石龍頭文化石器的特點有相似之處。銅梁文化石製工具複刃多於單刃，常用複向和陡向加工的特點可在觀音洞文化中見到。追溯銅梁文化的起源，可知它繼承了觀音洞文化和大冶石龍頭文化的一些特點，石器有明顯的粗化現象，缺少創新。

一九八二年在貴州威寧草海遺址發掘出了一百多件石器。石器原料較好，主要是燧石和石髓。打石片只採用錘擊法，石片形狀規則，多呈三角形、長梯形和長方形。石製工具類型簡單，只有刮削器和尖狀器，修理方式多樣，但以複向加工為主，大多數工具是採用陡向加工法修理而成。草海石器的加工方法與銅梁文化存在相似之處，但銅梁文化中砍砸器占有重要地位，而草海石器中不見砍砸器，這又與銅梁文化明顯不同。草海地點的石器與觀音洞文化更為接近，刮削器和尖狀器的形狀和加工方法與觀音洞文化一致。觀音洞文化中砍砸器僅占百分之六，作用微弱，且從早期到晚期又趨於不斷減少，草海地點的石器中沒有砍砸器，符合觀音洞文化的發展規律。可以認為草海地點的石器與觀音洞文化屬一個系統，它繼承了觀音洞文化並有所發展。

一九七五年考古學家在貴州興義貓貓洞發掘出了一千多件石器和七件人骨化石、十件骨角器。貓貓洞文化的石器原料質地較軟，主要為變質粉砂岩、砂岩和泥質岩，根據石質的特點，貓貓洞人採用銳稜砸擊法作為主要的打石片方法。貓貓洞出土了一百多件銳稜砸擊石核，石核的利用率很低，多數僅有一塊石片疤，這與採用原始的打片方法有關。用銳稜砸擊法打片雖然耗費石料，但可以使質軟的岩石生產出粗大實用的石片，石片較大，最長的達一〇七毫米。貓貓洞出土的石製工具很多，僅製作石器的工具——石錘和石砧就有一百多件，生產工具有刮削器、尖狀器和砍砸器。貓貓洞文化的石器均是大型的，絕大多數長度在五十毫米以上。貓貓洞出土的十件骨角器有骨錐、骨刀和角鏟。五件骨錐均用長角片刮削、磨製而成，尖部加工精細，表面磨光。骨刀一件，殘，通體磨光，刃口磨

薄。八件骨鏟，均用鹿角加工而成，有單面刃和雙面刃之分。貓貓洞文化的年代根據鹿牙作鈾系法測定，為距今一萬四千年前。貓貓洞文化繼承了貴州水城硝灰洞遺址用銳棱砸擊法打石片的傳統，同時貓貓洞文化又對貴州普定穿洞上層文化產生了影響。貓貓洞文化是黔西南地區有代表性的一種區域性文化。

一九七八至一九八二年對貴州普定穿洞進行了三次發掘，出土了大量的石器和骨角器。穿洞洞內的文化堆積從上往下共有十層，第一層為擾亂層，第二層至第四層為上文化層，第五層至第十層為下文化層。下文化層的石器少且器體小，主要採用錘擊法打片。上文化層的石器多且器體大，打石片的方法主要是銳棱砸擊法，存在一定數量的骨角器，在第四層還出土一塊屬青年女性的顱骨化石。穿洞上層文化與貓貓洞文化時代相同，二者在文化內涵上也一致。

位於右江第二和第三臺地上的廣西百色舊石器時代地點群出土了數以千計的石器，均非常粗大，加工粗糙，大多數是砍砸器。

臺灣島臺東長濱鄉的山上分布著十幾個洞穴，合稱八仙洞，在其中的乾元洞、海雷洞和潮音洞中發現了舊石器時代晚期的文化遺存，考古學家稱之為長濱文化，根據放射性碳素斷代，長濱文化在距今一萬五千年左右。長濱文化的原始人打石片最常採用的方法是銳棱砸擊法，用該法產生的石片粗大，一面保留有原來的石皮。石製工具有刮削器、尖狀器和砍砸器，其中砍砸器最多。骨角器發現較多，有長尖狀器、骨針、骨錐、長形骨鏟等等，其中長尖狀器發現九十件，一般為三、四件集中出土，學者認為當時是一起裝於柄上，作為漁叉之用。長濱文化的原始人以洞穴為住所，從事採集、狩獵和捕撈。長濱文化與大陸南方的舊石器時代晚期文化有密切的聯繫。長濱文化中常見的銳棱砸擊石片和石核是貴州貓貓洞文化的代表性器物，長濱文化的砍砸器與廣西百色舊石器地點群的砍砸器接近。由此可見，在舊石器時代晚期，大陸南方的舊石器文化已經傳到臺灣島，對臺灣的舊石器文化產生了深遠的影響。

（二）以小型石器為代表的文化

中國南方地區晚期智人創造的文化，絕大多數是以粗大石器為代表，以小型石器為代表的文化很少。南方地區以小型石器為代表的文化，最典型的是富林文化。

富林文化因四川漢源富林遺址而得名，遺址位於大渡河和流沙河匯合處的第二階地上，一九七二年進行了系統發掘，發掘出五千多件石器、少量的動植物化石以及用火遺跡。

富林文化的石器原料絕大多數是燧石，打石片採用錘擊法和砸擊法，但以錘擊法為主。富林文化最重要的特點是小石片、小石核和小工具占絕大多數，長度超過三十毫米的標本絕少。

用錘擊法打下的石片短、寬、薄，檯面小，打擊點清楚，呈不規則形、梯形和三角形，其中梯形石片與北京周口店第十五地點的梯形石片非常相像。用砸擊法打下的長方形石片與北京猿人的同類石片基本一致。

富林文化的生產工具有刮削器、尖狀器和雕刻器。刮削器數量最多，占工具總數的百分之七十九，其中大多數是單刃刮削器。尖狀器有正尖尖狀器和角尖尖狀器。刮削器和尖狀器均以背面加工為主，修理加工精緻，刃部銳利。雕刻器加工較粗糙，多為笛嘴形雕刻器，個別的為平刃雕刻器。

富林文化的年代大約在距今二萬年左右，目前在中國南方還沒有發現與富林文化面貌相近的重要遺址，僅在川西和黔西北的一些地點發現過與粗大石器共存的小型石製品。富林文化的發現使我們了解到南方地區也存在著與北方以小石器為主的文化傳統很接近的文化。富林文化在石器工藝上與北方舊石器時代晚期的山西峙峪文化、內蒙古的薩拉烏蘇文化、河南的小南海文化等有很多的相似之處，同屬小石器傳統，這種傳統當源於北京猿人文化。

考古學家在世界屋脊的青藏高原也發現了晚期智人留下的文化遺跡。

在西藏定日縣蘇熱山南坡採集到四十件石製品，石器原料主要是片麻岩，石

核的檯面先經修理，用錘擊法打片，打下的石片呈三角形或梯形。工具有刮削器和尖狀器。刮削器可分單刃和兩刃刮削器，以背面加工為主，亦有錯向加工。尖狀器沿兩邊修理成粗短鈍尖。定日地點的石器風格，如用錘擊法打片、工具為小型、以背面加工為主、刮削器居多、存在尖狀器等特點，與中國北方以小石器為主的文化相近，尤其與甘肅鎮原張家灣的石器和遼寧喀左鴿子洞的石器更為接近。

在位於西藏色林錯東南的盧令地點，採集到二十多件石器標本。石器原料均為燧石，石片有長石片和三角形石片，採用錘擊法打片，工具有刮削器和尖狀器，二者都是向背面加工而成的。盧令地點最具代表性的長石片和長石片做的端刃刮削器與寧夏靈武水洞溝遺址同類器型類似。

在西藏申扎縣雄梅區珠洛河畔山麓採集到十四件石片石器，原料均為角葉岩，工具類型有長邊刮削器、圓頭刮削器、雙邊刮削器和尖狀器，類型固定，具有典型性，在北方地區可以找到近似的類型。

自第四紀以後，青藏高原由於地殼大幅度上升，自然環境發生了劇烈變化，更新世時期的自然條件遠比現在優越，舊石器遺存的發現說明適於古人類生存。定日、盧令和申扎地點的石器製作工藝較為固定，具有一定的共性，其刮削器、尖狀器的器型大量存在於北方地區，表明青藏高原與北方地區存在一定的文化聯繫。

二、北方地區晚期智人的文化

中國北方地區晚期智人文化的突出特點是石器向小型化發展。石器向小型化發展的過程中又呈現兩種發展趨勢：一是以一般小石器為主，即石器雖然變小了，但其長寬指數變化不大，向著長度和寬度等比小型化方向發展；二是以長石片——細石器為主，即石器變窄的幅度很大，而變短的幅度很小，向著長度和寬度不等比的細化方向發展。

（一）以小石器為主的晚期智人文化

　　一九六三年考古學家在黑駝山東麓的山西朔縣峙峪遺址發掘出一件人類的枕骨化石、一萬五千多件石器以及許多哺乳動物化石。峙峪文化的石器原料以燧石為主，用砸擊法產生的兩極石核和兩極石片沿用了北京猿人的某些文化傳統。生產工具有刮削器、尖狀器、雕刻器以及石箭頭、鉞形小石刀等複合工具。石器明顯小型化，其中刮削器數量最多，長度多在二十至三十毫米，絕大多數是向背面加工，修理較好，有單刃、兩刃、複刃多種，其類型有圓頭刮削器、盤狀刮削器、端刃刮削器、雙邊刮削器等，以圓頭刮削器最為常見。尖狀器一般不超過三十毫米，用小而薄的石片製成，以背面加工為主，修理精製，有鑿形、菱形尖狀器。雕刻器用石片製成，器型很小，有笛嘴形雕刻器和鑿形雕刻器。出土一件燧石箭頭，用石片製成，尖端周正，肩部兩側變窄呈鋌狀。由此可知，舊石器時代晚期，中國境內的晚期智人已會使用弓箭。發現一件鉞形小石刀，用半透明的水晶製成，弧形刃口，寬三十毫米，兩平肩之間有短柄狀凸出，當為鑲嵌在骨、木柄內使用的複合工具。還發現一件裝飾品——穿孔石珠，用石墨製成，一面鑽孔，經過磨製。峙峪文化在打片方法、石器類型、工具組合以及加工方式上，與許家窯文化一致。很明顯，峙峪文化繼承了許家窯文化的傳統，但峙峪文化在繼承的基礎上也有很大發展，如不再使用石球和砍砸器，工具進一步變小變精，使用了弓箭等等。在峙峪遺址出土的哺乳動物化石中，野驢和野馬最多，僅馬的牙齒化石就有一百二十多個個體，可知野驢和野馬是峙峪人的主要狩獵對象，故峙峪人有「黑駝山下獵馬人」之稱，弓箭的使用使峙峪人的狩獵水準大大提高。據放射性碳素斷代，峙峪文化的年代為距今二萬七千五百七十五至三萬零三百一十五年。峙峪文化在中國舊石器文化發展序列上有極其重要的意義，縱觀以小石器為主的舊石器文化傳統，其脈絡是從北京猿人文化，經周口店第十五地點等文化，達許家窯文化，進而發展成峙峪文化。峙峪文化是中國舊石器時代晚期以小石器為主的文化傳統中最具代表性、最典型的一個文化，它對北方舊石器時代晚期文化產生了重要影響。

　　一九六〇年在河南安陽小南海的一處洞穴遺址中，發掘出七千多件石器。小南海文化的石器原料主要是燧石，打石片採用錘擊法和砸擊法，石片多是小型

的。砸擊石片有一端石片和兩端石片，與北京猿人文化的相近。工具以刮削器為主，次為尖狀器，全部工具均用錘擊法修理而成。刮削器形制複雜，有圓刃、長邊、複刃、雙邊、多邊刮削器，其中弧背長邊刮削器數量最多，類型固定，是小南海文化中最具代表性的器物。小南海文化的石器製作工藝與北京猿人文化和周口店第十五地點有許多共同之處，但工藝上更顯進步，小南海文化遠承北京猿人文化傳統發展而來並形成了自己的特點。小南海遺址的文化堆積有七層，據放射性碳素斷代，下部第六層的年代為距今二萬三千六百至二萬四千六百年，上部第二至第三層的年代為距今一萬零五百至一萬一千五百年。

在河北陽原虎頭梁村一帶，沿桑乾河左岸近十公里的範圍內發現了九處舊石器時代晚期的石器地點。各地點的石器原料均以石英岩為主。石核很多，其中以楔形石核占絕對優勢。石製工具有刮削器、尖狀器、雕刻器等，其中以刮削器，特別是圓頭刮削器為最多。尖狀器有圓底、平底、凹底和尖底等多種，值得注意的是有三件凹底尖狀器上有簡單的磨痕。有些圓底或尖底尖狀器可能是作為複合工具的投射器頭。還出土了十三件裝飾品，有穿孔貝殼、鑽孔石珠、鴕鳥蛋皮和鳥骨製成的扁珠，在裝飾品上使用了鑽孔和磨光技術。在 73101 地點，發現了處於同一平面的三個篝火遺跡，內有大量的木炭粒和燒骨、鴕鳥蛋皮等，篝火遺跡周圍散布著石片、石核和經加工的石器，這處地點可能是臨時宿營地。虎頭梁遺址是舊石器時代晚期較晚階段的一處文化遺址，從石器和製作工藝上看，它繼承了許家窯文化和峙峪文化的傳統，屬華北以小石器為顯著特徵的文化傳統。

一九三〇年在北京周口店龍骨山頂部發現一個新的洞口，此洞被稱之為山頂洞。山頂洞分為洞口、上室、下室和下窨四個部分，上室是山頂洞人居住的地方，下室是葬地。山頂洞出土的石器很少，總共才二十五件，石器原料以脈石英為主，工具主要是刮削器，存在兩極石片，這種石片在北京猿人遺址中發現很多，為山頂洞人所沿用。出土的裝飾品較多，有石珠、穿孔礫石、穿孔魚骨、穿孔獸牙、骨管、穿孔海蚶殼、骨針等。骨針長八十二毫米，針眼直徑三點一毫米，骨針為刮削磨製而成，通體光滑，針尖銳利，針眼用尖狀器挖成。在下室發現了對死人的埋葬現象，下室是男女老少合葬的公共墓地，屍骨有青年婦女、中年婦女和老年男子各一，在老年男子頭骨左側發現有穿孔海蚶殼和穿孔獸牙，在

屍骨上有一塊赤鐵礦，在骨盆和股骨周圍撒有赤鐵礦粉。山頂洞人的石製工具雖然發現很少，但山頂洞文化卻有重要的意義。山頂洞人對鑽孔和磨光技術已經有了廣泛的應用，並且技藝已比較熟練，這種進步的技藝為新石器時代磨製工具的出現提供了一定的技術基礎。穿孔裝飾品的發達，表明人們已有趨利避邪的巫術概念和愛美的意識。使用穿孔骨針，說明已掌握縫紉技術，人們已知穿衣禦寒和遮羞。海蚶殼的出土，表明山頂洞人與海邊居民有間接或直接的交換。

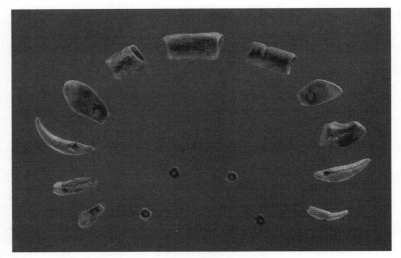

山頂洞人裝飾品

（二）以長石片——細石器為主的晚期智人文化

以長石片——細石器為主的文化特點是石器沿著長寬不等比的細化方向發展，並採用間接打片法和壓製修理法等新的技術生產石器。

二十世紀六十年代考古學家對寧夏靈武水洞溝遺址進行了發掘。水洞溝文化打石片的方法以錘擊法為主，存在相當數量的柱狀石核和長石片。長石片的長度多在三十至六十毫米，最長者可超過一百毫米，寬度約十五至三十毫米。長石片的背面往往有一個或兩個稜脊，加工方法一致，均是自劈裂面向背面修理邊刃或尖端。工具普遍加工精緻，器型以尖狀器、刮削器為主，另有少量的雕刻器和砍

砸器。尖狀器均嚴格選用底寬頭窄、長而薄、背面有一條縱脊的長石片經第二步加工製成，加工方法為單面加工或錯向加工，有的採用指墊法修理而成，器型穩定，左右對稱，有正尖尖狀器和角尖尖狀器兩種。刮削器以圓頭刮削器和半圓形刮削器最具代表性。雕刻器有笛嘴形、角形、平刃、多刃雕刻器。砍砸器用大石片製成。還出土一件骨錐和一件穿孔鴕鳥蛋皮裝飾品。水洞溝文化的年代，大約距今二萬年左右。西方學者認為水洞溝文化與歐洲舊石器時代晚期的莫斯特文化有一定的聯繫，水洞溝文化存在類似莫斯特文化的尖狀器和莫斯特文化的修理技術，並且有大量的長石片和長石片做的工具，據此推測水洞溝文化的時代處於發達的莫斯特文化和剛產生的奧瑞納文化之間。水洞溝文化的發現，說明中國境內的舊石器時代晚期文化與外界文化存在交流，並構成了新的文化傳統，為中國北方以小石器為主的文化增加了新的內容，並對其後文化的發展產生了影響。

二十世紀七〇年代，考古學家對山西沁水下川遺址進行了多次發掘，出土了上萬件石製品。下川文化的石器原料多為燧石，以細小石器為主，種類多達四十餘種。下川文化存在大量用間接剝片法產生的細石葉和石核。用間接剝片法產生的細石葉，長而薄，有很小的檯面，背面有平遠的石片疤，橫斷面呈三角形或梯形，是細石器文化的一種典型器物。與細石葉相適應，還有許多形制規整的石核，比較典型的有楔狀石核和錐狀石核，這些石核均是經過細緻的修整，使之具有一定的形狀後，再進行打片，石核上可見韭葉似的石葉疤。下川文化的工具大多十分細小，修理方法多為壓製修理，多數類別的工具留有壓製修理的痕跡。下川文化中存在不少將長石葉兩端截去的細長石片，這種長石片實際上是鑲嵌在骨刀梗長刃槽內的石刃，說明當時已使用複合工具——骨梗石刃刀。下川文化的工具主要有刮削器、尖狀器、雕刻器等，均細小，修理精製。在下川文化中還發現石箭頭、琢背小刀、石鋸等器物。石箭頭用壓製法製出銳尖和周邊，有圓底形和平底形兩種。琢背小刀是下川文化的典型器物，加工方法是在石片一邊輕敲細琢，使其變鈍變厚，成為刀背，另一邊緣則保留原石片鋒利的邊刃。琢背小刀可能是嵌入柄內使用的一種中型刀刃。石鋸是在一側或兩側修出幾個鋸齒，有的還帶短把，用於鋸割。下川文化的年代據放射性碳素斷代，為距今二萬四千至一萬六千年前。下川文化是典型的細石器文化，這表明細石器技術傳統在中國舊石器時代晚期起過重要作用。

三、東北地區晚期智人的文化

東北地區晚期智人的文化受到了華北地區的強烈影響，與華北地區晚期智人的文化存在密切的聯繫。

在遼寧淩源西八間房舊石器地點，出土了四十九件石製品，工具有尖狀器、刮削器和琢背小刀，而琢背小刀則是華北地區下川文化的典型器物。另外還發現了兩端被截斷、長緣邊刃留有使用痕跡的長石片，這種石片顯然是作為複合工具骨梗石刃刀的刀刃使用的。這種作為複合工具刀刃的長石片也起源於華北地區。這類長石片傳入東北地區後，在東北地區傳播得很快，得到了廣泛的應用。

一九八三年對遼寧海城小孤山遺址進行了發掘，出土了大量的哺乳動物化石和石製品、骨製品、裝飾品等文化遺物。石製品有上萬件，原料主要是脈石英，採用錘擊法和砸擊法打石片，工具以刮削器、尖狀器、雕刻器等細小石器為最多，另有石球、砍砸器、手斧等器型較大的石器。出土的骨製品有骨漁叉、骨錐和骨針。裝飾品有穿孔獸牙和穿孔蚌殼。小孤山遺址的石器工藝與以北京猿人文化、許家窯文化為代表的華北地區細小石器文化傳統存在淵源關係，如石器以小型為主，刮削器所占比重最大等等。小孤山的尖狀器採用指墊法修整，這種技法可在水洞溝文化中見到。小孤山的骨針和穿孔獸牙，在器型和製法上與山頂洞出土的同類器物基本一致。

一九七五年考古學家發掘了黑龍江呼瑪十八站遺址，這是迄今為止發現的中國最北的一處舊石器地點。所出石製品具有明顯的細石器傳統，如楔狀石核、細石葉、圓頭刮削器等。細石器的形狀、類型和製作工藝具有典型性，與華北地區的下川文化、虎頭梁文化的同類石器很相近。

在對中國舊石器時代文化有了比較全面的了解之後，我們可以對中國舊石器時代文化的發展脈絡有一個總的認識。

中國舊石器文化從早期到晚期，分布範圍逐漸擴大。到舊石器時代晚期，晚期智人的足跡幾乎遍布中國大地，甚至在青藏高原和臺灣島也有晚期智人的文化。

中國舊石器文化在發展過程中，形成了不同的技術風格。在華北地區明顯地存在兩大文化傳統：一是以大型石器為特徵的「匼河—丁村系」，一是以小型石器為特徵的「北京猿人遺址—峙峪系」。「匼河—丁村系」包括藍田、匼河、丁村等文化，此系的文化傳統以大型石器為主，主要採用碰砧法打石片，石器的基本類型有砍砸器、三稜大尖狀器、手斧和石球等等，砍砸器數量最多。「北京猿人遺址—峙峪系」包括周口店第一地點、周口店第十五地點、許家窯、薩拉烏蘇、峙峪、小南海等文化。此系的文化傳統以小型石器為主，主要採用砸擊法打石片，石器的基本類型有刮削器、尖狀器、雕刻器等，其中刮削器數量最多，式樣也最豐富。另外在舊石器時代晚期，華北地區還出現了以水洞溝和下川文化為代表的細石器工藝，即用間接打擊法生產製作複合工具的細石葉和使用壓製法修理工具。細石器工藝可能是在小型石器傳統的基礎上發展起來的。華北地區以小型石器為特徵的文化傳統和細石器工藝傳播得很廣泛，首先直接向北傳到東北地區，繼而對東北亞的舊石器時代晚期文化產生了一定影響，甚至穿過當時還是陸橋的白令海峽對北美洲的舊石器時代晚期文化產生了影響。考古學家和人類學家認為，北美洲的古代居民正是從亞洲通過白令海峽陸橋遷移過去的。華北地區以小石器為特徵的文化傳統對南方地區也產生了一定影響，青藏高原上的舊石器時代晚期文化即與華北地區存在一定的文化聯繫。

總的來說，中國南方地區的舊石器時代文化與北方地區區別明顯，獨具特色。從舊石器時代早期至晚期，南方地區都是以大型石器為主的文化占主導地位，一直用直接打擊法打石片，其中銳稜砸擊法為南方地區所獨有，砍砸器在石器組合中所占的比例遠比北方高，且從早期到晚期數量變化不大，不像華北地區那樣砍砸器逐漸消失。臺灣島的長濱文化與南方地區以大型石器為主的文化一致。南方地區以大型石器為主的舊石器文化，不僅跨越臺灣海峽陸橋傳播到臺灣島，還繼續向南，對東南亞的舊石器文化產生了深遠的影響。

第四節・
中國新石器時代
文化多元的發生和發展

　　所謂新石器時代，是考古學家對舊石器時代之後文明、國家出現之前這一史前時期的習慣叫法，這一叫法是相對舊石器時代而言的。在一些有關史前文化的書中曾強調過這樣一種說法：舊石器時代文化以打製石器為代表，新石器文化以磨製石器為代表。其實這是拘泥於舊石器、新石器字面含義的一種迂腐、錯誤的說法。隨著考古工作的不斷發展和認識水準的不斷提高，現在考古學家已把農業、畜牧業的產生和製陶、紡織等生產的出現作為新石器時代文化產生的標誌和基本特徵。新石器時代，人們已從舊石器時代純粹依賴自然的攫取經濟過渡，發展為可以改造自然的生產經濟。

　　根據目前的考古材料，中國的新石器時代文化起源於距今一萬多年以前，終結於西元前二十一世紀夏朝的建立。

一、新石器時代早期文化

　　新石器時代早期文化是指從新石器文化出現至距今約七千年前這一段時期史前人類創造的文化。尋找新石器時代早期文化遺址，探尋新石器文化的起源，一

直是中國考古工作者的重要使命。「上窮碧落下黃泉」，新中國成立以來在考古工作者的不懈努力下，新石器時代早期文化遺址不斷被發現，對新石器時代早期文化的研究取得了突破性的進展。

（一）南方地區

一九六二年，考古學家在江西省萬年縣大源鄉發現了一處原始人居住過的洞穴——仙人洞，並於一九六二年至一九六四年進行了三次小型發掘。仙人洞東距鄱陽湖大約五十公里，當地的地形為一典型的喀斯特盆地，仙人洞坐落於盆地邊緣的一座小山上，山下有一條小河蜿蜒流過。仙人洞內的文化堆積均為新石器時代，可分上、下兩大層，代表前後兩個階段的文化遺存。仙人洞下層出土了一些石質生產工具，其中打製石器較多，器型有砍砸器、刮削器、盤狀器等，打製方法較簡單，一般只打出刃部即使用，磨製石器較少。骨、角器比較發達，有錐、針、鑿、刀、鏃、矛形器、魚鏢等，絕大部分經過磨製，特別是骨錐和魚鏢，加工得十分精緻。仙人洞下層還出土了一些陶片，均為火候很低的夾粗砂紅陶，質地疏鬆，器壁凹凸薄厚不均，製陶技術相當原始。值得注意的是復原了一件陶罐。據測定，仙人洞下層的陶片燒成年代在一萬多年以前，而所復原的陶罐是迄今為止中國所見最早的成型陶器，彌足珍貴。從發掘情況看，仙人洞人主要在比較開闊的、呈岩廈狀的洞口活動。洞口有燒火堆遺跡，有的洞口周圍還散布著扁平大石塊，可以想像仙人洞人當時圍坐於篝火旁飲饗、進餐和取暖的情景。仙人洞文化層中還出土了大量的斑鹿、野豬、羊、獐等野生動物的碎骨及魚、鱉、螃蟹等遺骸。受二十世紀六十年代的技術水準和認識水準所限，沒有發現農作物的遺跡，因此過去一直認為仙人洞人以漁獵和採集為生。

一九九五年中美聯合考古隊再次對仙人洞遺址以及吊桶環遺址進行了發掘，並採集了一批用於植矽石、孢粉分析和碳-14 年代測定的樣品。這次發掘是把一九六四年發掘的第六探方的西壁揭開向內掘進五十釐米，辨明第二層為上層堆積，第三、四層為下層堆積。上層出有夾粗砂陶片、磨製石器，並有較多的螺、蚌殼之類的水生動物；而下層只出打製石器；上層的年代大約在距今九千至一萬

四千年前；下層的年代大約在距今一萬五千至二萬年前。仙人洞和吊桶環遺址存在從舊石器時代向新石器時代過渡的清晰地層關係證據。孢粉分析表明，上層禾本科植物陡然增加，花粉粒度較大，接近於水稻花粉的粒度。植矽石分析上層有類似水稻的扇形體，這為探索稻作農業的起源提供了重要線索。

探尋舊石器時代向新石器時代的過渡，尋找新石器文化的起源，考古學家似乎把南方地區作為工作重點。一九六四年至一九七八年考古學家曾先後對廣東陽春獨石仔洞穴、廣西桂林獨山甑皮岩洞穴遺址進行了發掘，取得了一些成果。一九九三年和一九九五年對湖南道縣玉蟾岩洞穴的發掘，是中國新石器時代早期文化最重要的發現之一。玉蟾岩俗稱蛤蟆洞，位於道縣壽雁鎮白石寨村。洞穴高出現代地面五米，洞口部分呈寬敞的洞廳狀，寬約十二至十五米，進深六至八米。洞口朝東南，洞廳自然光線充沛，洞前地勢平坦開闊，自然條件適宜人類長期棲息。洞穴堆積厚達一點二至一點八米，地面有燒火的灰堆，有的灰堆內富集炭屑和動物燒骨。洞內出土的生產工具有石器和骨、角、牙、蚌器。石器全部為打製，以中小型石器為主，缺乏細小石器。骨器有骨錐和骨鏟。兩次發掘均發現了陶片，陶片呈黑褐色，火候很低，質地疏鬆，夾粗砂，橫斷面可見交錯層理，可知陶器為貼塑而成，陶片內外均飾類似繩紋的編織印痕，可見清晰的經編和緯編。洞內還出土了大量的動物殘骸，共有二十多種哺乳動物，其中最多的是鹿類，其次為大靈貓、小靈貓、鼬、水獺、貉、豬獾、狗獾、果子狸等小型食肉動物，亦有熊、豬、豪豬等雜食動物和牛、羊、兔等食草動物。另外還發現了十餘種鳥禽類的骨骼以及鯉、草、青等多種魚類的骨骼。發掘者對每層堆積物的土樣都進行了浮選和篩洗工作，收集的植物種、核、莖、葉有四十多種，其中以樸樹籽最為豐富。最令人興奮的是在玉蟾岩洞穴內文化膠結堆積的層面中發現了水稻穀殼。一九九三年在發掘的三個層位中發現了有稻屬的矽質體，證實了玉蟾岩存在水稻的事實。一九九五年又發掘出兩枚稻殼，這兩枚稻殼在層位上晚於一九九三年出土的稻殼。農學家對兩次發掘出土的稻殼進行了電鏡分析，鑒定結果為：一九九三年出土的稻穀為普通野生稻；一九九五年出土的稻穀為栽培稻，但兼備野、秈、粳的特徵，是一種由野生稻向栽培稻演化的古栽培稻類型。現代實驗證明，由野生稻培化成栽培稻的過程僅需一、二百年即可完成，因此尋找考古證據是非

常困難的。如今，中國的考古學家在玉蟾岩遺存找到了我們祖先把野生稻培育成栽培稻的證據是十分難得、十分幸運的。玉蟾岩遺址的年代在距今一萬年以前。

一九八八年考古學家發掘了湖南澧縣彭頭山新石器時代早期遺址。遺址地處澧水北岸的澧陽平原，介於武陵山餘脈與洞庭湖盆地之間，海拔三十六至四十米，屬河湖沖積平原。彭頭山遺址存在居住址和墓葬。居住址遭嚴重破壞，房址整體形制保存清楚的極少，但尚可看出有大型地面建築和小型半地穴式建築兩種建築形式。墓葬共發現十八座，墓坑小而淺，有方形、長條形、圓形、不規則形等多種，多屬二次葬，也有一次葬。一次葬的墓內保留有人骨架，並隨葬石質裝飾品。在彭頭山遺址發掘出了大量的陶片，可修復的器物就達百餘件。陶器很有特色，製陶時在陶泥內摻入大量的稻穀、稻殼，燒成後陶胎呈黑色或深灰色，但內、外器表卻呈紅色，似塗一層陶衣，陶衣厚約一毫米，質地細膩，可能是打磨胎壁滲出的泥漿經焙燒氧化後形成的。陶器上多飾繩紋，繩紋主要採取拍印和滾壓兩種方法，拍印的繩紋數量最多。陶器的成型主要用直接捏塑法和泥片貼塑法，器型主要有深腹罐、雙耳高領罐、盤、缽、釜、支座、碗、碟、盆、三足罐等。彭頭山遺址還出土了不少石器，可分為細小燧石器、大型打製石器和磨製石器三類。彭頭山遺址的陶片用碳-14 測定法測定的年代為距今八千九百至九千三百年、八千至八千四百年；木炭和竹炭標本測定為距今七千七百一十五至七千九百一十五年、七千七百七十五至八千一百一十五年。綜合所測資料，彭頭山遺址的年代當在距今八千年左右。考古學家已把彭頭山遺址所代表的文化命名為彭頭山文化。從彭頭山文化把大量的稻穀、稻殼作為陶泥的摻和料看，當時水稻已有一定的產量。由於遺址出土的陶器比較多，彭頭山文化展現的內涵較仙人洞、甑皮岩、玉蟾岩等遺址要豐富得多，如今彭頭山文化已成為南方新石器時代早期文化的一個尺規。

（二）北方地區

一九八六年考古工作者在河北徐水縣高林村鄉南莊頭村東北二公里處南莊頭磚廠使土區內發現了一處新石器時代早期文化遺址，並於一九八七年八月做了小

規模試掘。由於是試掘，只發掘了四十五平方米，所以出土的文化遺物不多，但反映的文化現象卻十分重要。南莊頭遺址出土了十五件陶片，胎壁較厚，厚約零點八至一釐米，火候低，質疏鬆，胎質皆為夾砂深灰陶和夾砂紅陶，陶片多屬罐、缽類，特點與彭頭山文化的陶器類別接近。南莊頭遺址還出土了一件石磨盤和一件石磨棒，它的功能是碾碎堅果和植物種子。南莊頭遺址文化層中發現了較多的禾本科植物花粉，反映出當時氣候偏涼乾，適合禾本科植物的生長和馴化，為人類馴化禾本科原始糧食作物（如粟類）的祖源提供了前提。由此推測，距今一萬年前的南莊頭人很可能已使用石磨盤、石磨棒加工初經馴化的穀物了。在南莊頭遺址文化層中出土了豬、狗的骨骸，經鑒定，可能是家畜。另外，還發現了大量的鹿科動物骨骸，反映出狩獵在經濟生活中占有很重要的地位，人們以獵取鹿科動物為主，並用鹿類動物的骨、角製作骨錐、角錐等生產工具。南莊頭遺址還發現了直徑約一米範圍的炭灰、紅燒土構成的火燒痕跡，周圍散布有豬骨、豬牙、鹿骨、木炭、燒土塊、石片等，其上還壓有許多朽壞的樹枝、樹皮等，這可能是當時南莊頭人燃起篝火燒烤食物、製作骨角器、從事食物加工的場所。目前還沒有發現居住遺址，但在平原上生活的南莊頭人肯定已營造住所，推測當時的住所是不用挖柱洞的窩棚式建築。南莊頭遺址是目前北方地區最早的新石器時代遺址，它說明，北方地區同南方地區一樣，新石器文化都起源於距今一萬年前。

考古學家在西迄甘肅東至河北的黃河中游的廣大地區，發現了許多距今八千年前至距今七千年前的新石器時代早期文化遺存。在關中地區主要有大地灣一期文化、北首嶺下層類型和李家村文化，在中原地區主要有磁山文化和裴李崗文化。

大地灣遺址位於甘肅省東部的秦安縣北四十公里。遺址內發掘出的主要是豐富的仰韶文化遺存，但在下文化層發現了早於仰韶文化的遺存，即大地灣一期文化。在大地灣下文化層發掘出十餘座墓葬，葬式均為單人仰身直肢葬，並隨葬有豬下頜骨、生產工具以及陶器等生活用品。大地灣一期文化的石器以打製為主，有的略加磨製，器型有斧、刀、鏟、砍砸器和刮削器。陶器主要是夾細砂圓底缽或三足缽、筒狀深腹三足或圈足罐、圈足碗、球腹壺和杯等。大部分的器腹外壁拍印交錯的細繩紋，部分器物的口沿作鋸齒狀。最引人注意的是出現了彩陶，發

現在陶缽的口沿外壁繪有紅色寬頻紋，雖然彩繪十分簡單，但這卻是中國新石器時代文化中最早的彩陶之一。大地灣一期文化經校正的年代資料為西元前五八五○年。

陝西寶雞北首嶺遺址存在三大文化層，上層為仰韶文化晚期遺存，中層為仰韶文化半坡類型遺存，下層是早於半坡類型的文化遺存。北首嶺下層經校正的兩個年代資料為西元前五一五○年和西元前五○二○年。北首嶺下層的陶器均為手製，器壁較薄，以砂質紅陶、褐陶和泥質紅陶為主。器型以砂質陶的各種三足器最具特色，泥質陶缽的口沿被削薄並飾有細密的剔刺紋，在缽的口部發現有塗一周紅彩的現象，個別的陶缽內壁也有簡單彩紋。在北首嶺下層還發現了墓葬，以單人仰身直肢葬為主，也有多人二次合葬，隨葬品以三足器和陶缽為組合。

李家村遺址位於陝西省南部的西鄉縣城西一點五公里。李家村文化的陶器以圈足缽和三足器為主。陶器分泥質陶和砂質陶兩類。泥質陶的器型以內黑外紅的圈足缽最富特色，外壁均飾線紋或細繩紋。砂質陶的器型以灰白色的大型筒狀三足罐最具特色，器壁薄、火候低、遍飾細繩紋，三足矮小，呈三角形或乳頭狀。李家村遺址還發現了房基殘跡一處、陶窯一座、墓葬一座、甕棺葬三個及一些灰坑。李家村文化與北首嶺下層類型和大地灣一期文化存在許多共同的特徵，當屬同一時期的文化。

在華北地區，考古學家發現了早於仰韶文化的磁山文化和裴李崗文化。

磁山遺址位於河北省武安縣西南二十公里，地處太行山與華北平原的交界處。一九七六至一九七七年在磁山遺址的範圍內發掘了一千多平方米，出土了大量的文化遺物。磁山文化的陶器以夾砂紅褐陶為主，質地粗糙，燒成溫度在攝氏七百度至九百度之間，均為手製，器表多素面，約有三分之一的陶器帶紋飾，紋飾有淺細繩紋、劃紋、剔刺紋，器型有橢圓陶盂、靴形支架、敞口深腹罐、小口雙耳壺、圈足碗、敞口圓底缽、錐足缽形鼎等等。在磁山遺址中清理了一百二十多個灰坑，在一些灰坑中發現了大量的粟，磁山文化的粟作經濟已經較為發達，農業生產工具出土較多，有扁平石鏟、磨製石斧、石鐮、石磨盤和石磨棒等。磁山遺址出土了豬、狗、牛、雞等家畜的骨骼，與農業的進步相適應，家畜飼養也

開始發展起來。在一些灰坑的坑口外沿發現有對稱的柱洞，並有上下臺階，坑底有硬面，並放置陶器和農具，這類灰坑當是磁山文化居民的居穴。據測定磁山文化的年代在西元前六千年至西元前五千六百年之間。

裴李崗遺址位於河南新鄭縣城西北七點五公里，地處華北平原的西部邊緣。裴李崗文化的陶器均為手製，其陶質、紋飾與磁山文化近似，器型有與磁山文化相似的敞口深腹罐、圈足碗、圓底缽、錐足形鼎、小口雙耳壺等，但不見磁山文化最富特色的陶盂和靴形支架。另外裴李崗遺址還出土了陶塑羊頭和豬頭。裴李崗文化的農業生產工具較為發達，製作遠比磁山文化精緻。石鏟有兩種，一種窄長扁薄，兩端均為圓弧刃；一種有肩，亦為圓弧刃。石鐮製作最為精細，通體為拱背長三角形，刃部有細密的鋸齒，柄部較寬而上翹。磨盤前寬後窄呈鞋底形，磨製而成，長約半米以上，底部有四足。石磨盤和石磨棒配套出土，它們是搓磨粟粒，給粟粒脫殼的工具。在裴李崗文化的墓地，清理了一百多座墓葬，均為長方形豎穴墓，排列密集而有規則，以單人仰身直肢葬為主，隨葬品較少，為日用陶器和石斧、石鏟、磨盤、磨棒等生產工具。裴李崗文化的年代與磁山文化相當。

石磨盤、磨棒

磁山文化和裴李崗文化在文化面貌上存在許多相似之處，二者在地域上相隔不遠且時代相同，都屬粟作經濟的文化。二者都出有石斧、石鏟、石鐮、石磨盤和石磨棒，石斧是開荒工具，石鏟是翻地工具，石鐮是收割工具，石磨盤和磨棒是穀物加工工具。從生產工具及窖穴觀察，距今七、八千年以前的磁山文化和裴李崗文化的原始居民已經有了從開荒、播種、收割到加工、儲藏等一套完整的粟作農業生產手段，早已脫離了粟作生產的初級階段。磁山文化和裴李崗文化的一些文化因素在中原地區被當地後來的仰韶文化早期遺存，如後崗類型所繼承。

二、新石器時代中期文化

新石器時代中期文化是指從距今約七千年前後至距今約五千年前後人類創造的文化。由於各地文化的發展不平衡，有的文化延續的時間稍長些，個別的可延續到距今四千五百年前。

中國新石器時代中期文化已經十分發達，遺址數不勝數，星羅棋布地分布在中國大地上，並且反映的文化內涵十分豐富。

（一）黃河中游地區的仰韶文化

仰韶文化是中國境內最早被確認的新石器文化之一，因一九二一年安特生首次發現於河南省澠池縣仰韶村而得名。新中國成立以來考古學者對仰韶文化遺址進行了重點普查和發掘，四十多年來發現的仰韶文化遺址已有一千多處，基本上明確了仰韶文化的分布範圍。仰韶文化的範圍西迄甘青交界處，東至河北，北抵河套地區，南達湖北西北部，其中心區域在陝西關中地區和河南以及山西南部、河北南部。

由於仰韶文化的分布範圍很大，考古學家把仰韶文化分為若干個類型，各類型之間的文化面貌略有差異。根據對各類型所作的大量碳-14 年代資料，可知仰韶文化開始於距今七千年前左右，結束於距今五千年前左右，大概經歷了兩千多年的發展，然後過渡為黃河中游的龍山文化。

在關中、豫西、晉南仰韶文化的中心區有半坡、廟底溝、西王村三個一脈相承的主要類型。

屬於半坡類型的主要遺址有陝西西安半坡、臨潼姜寨、寶雞北首嶺、華縣元君廟、渭南史家、華陰橫陣、邠縣下孟村、山西芮城東王莊等。甘肅秦安大地灣、湖

彩陶盆

北郟縣大寺亦有屬於半坡類型的遺存。半坡類型的陶器主要為夾砂紅陶和泥質紅陶，火候較高，典型器物有直口尖底瓶、直口圓底缽、卷沿圓底或小平底盆、小口細頸大腹壺、折沿大口弦紋罐、斂口深腹小平底粗繩紋陶甕等。紋飾主要為繩紋、細繩紋、弦紋，最富特徵的是剔刺紋。存在一定數量的彩陶，均為紅陶黑彩，彩繪紋樣主要是魚紋和變體魚紋，如人面魚紋、寫實魚紋、變體成圖案化的魚紋等，另外還有鹿紋、波折紋，彩繪紋飾多飾於盆內壁和腹部，以及盆的口沿處。在半坡類型的一些陶器上和許多陶片上還發現了各種各樣的刻畫符號，不下二十多種。

屬於廟底溝類型的遺址主要有河南陝縣廟底溝、陝西華縣泉護村、邠縣下孟村、山西芮城西王村、甘肅秦安大地灣等。廟底溝類型的典型器物有卷沿曲腹盆、雙唇弇口尖底瓶、斂口曲腹缽、斂口鼓腹罐以及釜、灶等，彩陶較多，以黑彩為主，兼用紅彩，彩陶紋樣主要是由條紋、渦紋、三角渦紋、圓點紋和方格紋組成的花紋帶，另有少量的鳥紋和蛙紋，彩繪紋飾多繪於盆、缽的外壁上部。

西王村類型主要分布在晉西南的汾水和涑水流域以及陝西的渭水流域，主要遺址有山西芮城西王村、陝西西安半坡上層、華縣泉護村中層、寶雞北首嶺上層等。西王村類型的陶器雖然仍以紅陶為主，但灰陶所占比例較高。典型陶器有敞口長頸尖底瓶、寬平沿斜直腹盆、斂口深腹大平底罐、厚唇筒狀甕，並出現了鏤空圈足豆和帶流罐。陶器紋飾以繩紋、附加堆紋為主，籃紋次之，並有少量方格紋。彩繪極少，且花紋簡單，僅有條紋、圓點和波折紋三種。

考古學家在邠縣下孟村找到了半坡類型早於廟底溝類型的地層證據，在芮城西王村又明確了廟底溝類型早於西王村類型的層位關係。三個類型層位反映的年代早晚與碳-14 資料所測的相符。根據碳-14 測定：半坡類型約在西元前四千八百年至西元前三千六百年之間；廟底溝類型約在西元前三千九百年至西元前三千年之間；西王村類型的下限不晚於西元前二千七百年。

洛陽和鄭州地區的仰韶文化是通過對王灣遺址、大河村遺址的發掘得以認識的。

王灣遺址位於河南洛陽城西十五公里，文化堆積厚約三米，可分為三期：一期屬於仰韶文化；二期是仰韶文化向龍山文化的過渡期；三期則屬於河南龍山文化。三期文化一脈相承。

王灣一期的陶器以泥質紅陶為主，夾砂灰褐陶次之。彩陶紋樣多由渦紋、三角渦紋與圓點組合而成，花紋簡單流暢。器型主要有釜、灶、甑、鼎、盆、缽、甕和小口尖底瓶。小口尖底瓶個大而瘦長，多作為葬具使用。

大河村遺址位於河南鄭州市東北六公里，文化堆積厚達七米，可分六期，其中前四期屬仰韶文化。四期之間在鼎、盆、缽、罐等主要器型上表現出了明顯的承襲關係。

王灣、大河村遺址所反映的洛陽和鄭州周圍的仰韶文化具有濃厚的地區特點，如白衣彩陶和雙色彩繪盛行，六角星紋、鋸齒紋、×紋、S紋、太陽紋等彩陶紋樣自成一系。據多項碳-14測定，這一地區仰韶文化的年代約在西元前四千年至西元前三千年左右。

豫北和冀南地區的仰韶文化主要有後岡類型和大司空類型。

後岡類型主要分布於漳河、衛河流域，典型遺址是河南安陽後岡。後岡類型的陶器以泥質紅陶為主，器表多素面，飾有線紋、弦紋、劃紋、堆紋和錐刺紋。彩陶不多，主要繪紅彩，黑彩較少，紋樣多為口沿下的寬頻紋、三至四道為一組的平行豎線紋、垂直相交斜平行線紋、波形紋、同心圓紋等。主要器型有紅頂碗、大口小底罐、折沿圓底鼎、小口細頸大腹瓶、錐刺紋盆等。

大司空類型也分布於衛河、漳河流域，典型遺址是河南安陽大司空。大司空類型的陶器以砂質和泥質灰陶為主，泥質紅陶次之，器表多為素面，多飾籃紋和方格紋，另有畫紋、線紋、錐刺紋。彩陶數量較後岡類型多，主要繪紅、棕彩，黑彩極少，紋樣有二十多種，常見的為水波紋、同心圓紋、弧線三角紋配平行線、蝶鬚紋、眼睫紋、W紋、S紋、螺旋紋等，花紋多繪於盆、缽的上部。器型主要有斂口彩陶缽、無沿直口折腹盆、窄沿折腹彩陶盆、侈口斜腹碗等。

後岡類型的兩個標本據碳-14 測定的年代為西元前四〇四五至四三二五年和西元前四一九〇至四五九〇年。後岡類型的年代大體上與半坡類型相當，有些文化因素也與半坡類型接近。大司空類型可能是漳、衛河流域晚於後岡類型的一個文化類型。

1.仰韶文化居民的生產和生活。

仰韶文化時期，氣候較今溫暖濕潤，樹木也較繁茂，渭河、澧河、漳河水量充沛，在這種自然環境中，仰韶文化居民從事以農業為主的經濟生活。當時種植的穀物主要是適於在黃土地帶生長的粟。在半坡一一五號灰坑中發現貯藏有數鬥的粟，顯然該坑是貯藏糧食的窖穴，貯粟的窖穴在陝西臨潼姜寨、華縣泉護村、邠縣下孟村、河南臨汝大張、鄭州林山砦等遺址都有發現。另外在半坡三十八號房址內的小罐中還發現了菜籽，經鑒定是白菜或芥菜的菜籽，表明當時已出現初級園藝。

仰韶文化的農具主要是石斧、鋤、鏟。其中用於砍伐林木、開墾荒地的石斧最多，僅半坡遺址就出土磨製石斧近三百件。石鋤、石鏟用於翻地。收割則使用兩側帶缺口的石刀和陶刀（爪鐮，或稱捏刀）。仰韶文化的農耕方式可能是生荒輪作制，即在一塊開墾出的耕地上耕種數年，當地力衰竭時，便丟棄休耕，然後又在新開墾的耕地上耕種。生荒輪作制的特點是不斷地休耕，不停地開荒，這也正符合仰韶文化石斧發達的原因。

仰韶文化的家畜能夠確定的只有豬和狗兩種，並且數量不多，個體也不大。總之仰韶文化的家畜飼養不太發達。

仰韶文化的漁獵經濟較為發達，出土了大量的漁獵工具，有的漁鉤還帶倒刺。半坡先民獵獲的動物有斑鹿、獐、竹鼠、野兔、貍、貉、獾、羚羊、雕以及鯉科魚類。

仰韶文化的陶器生產具有相當高的水準。經對陶片作化學成分的分析，得知仰韶文化製陶所用的陶土都是經過精心選擇的。仰韶文化居民製作炊器和大型容器時，特意往陶土內摻入細砂粒，這樣可以改良陶土的成形性，並可以使炊器具

有耐熱抗變性能。

仰韶文化流行用泥條盤築法使陶器成型，此法多用於比較大的器物，其操作方式是先把陶泥搓成條狀，然後將泥條盤圈集疊起來，作出口沿，裡外抹平便大致成形。仰韶文化已使用慢輪修整技術。半坡遺址出土有底部印有布紋和席紋的陶鉢，可知當時把成形的陶坯放置在布、席之類的墊子上晾乾。陶坯晾至一定程度後，需要拍打，一般是用光滑的鵝卵石墊在內壁，用陶拍拍打外壁，這樣可以排出部分水分，使器壁更為堅實緻密。陶拍上大多刻有紋飾，如粗、細繩紋和籃紋，仰韶文化的一些陶器，其外壁有粗、細繩紋和籃紋，就是用陶拍拍打所致。

代表仰韶文化最高製陶水準的是彩陶。經光譜分析可知，仰韶文化繪製陶坯的彩料都是天然礦物質。赭紅彩的主要著色劑是鐵，其原料是赭石。黑彩的主要著色劑是鐵和錳，其原料是一種含鐵量較高的紅土。白彩基本沒有著色劑，只含極少量的鐵，其原料是配入熔劑的瓷土。寶雞北首嶺遺址出有一件雙格石研磨盤，盤中殘留有礦物質顏料，顯然該盤是工匠研磨礦物質顏料的工具。半坡、姜寨的墓葬中還發現過盛有顏料的小罐和帶有紅色顏料的研磨用錘和磨石。

仰韶文化的陶窯已發現上百座，有橫穴窯和豎穴窯兩種，結構比較簡單，燒成溫度可達攝氏九百五十至一千零五十度。陶坯放進陶窯內經燒製後即成為陶器。

仰韶文化的彩陶具有極高的藝術成就。北首嶺的一件彩陶壺整體塑成船形，壺口在正中，兩頭尖尖翹起，在壺身兩側相當於船舷處各繪一張漁網，反映了乘船撒網捕魚的勞動情景。大地灣出有一件人頭彩陶壺，壺口塑成一個人頭，五官清秀，留齊耳短髮，壺身較長，腹部隆起，壺身遍飾花紋，猶如一位年輕的孕婦穿著花衣裳楚楚而立。彩陶上的動物形象也很生動，河南臨汝閻村出有一件鸛魚石斧彩陶缸，缸外壁繪有一隻老鸛叼著一條魚，鸛的前面還豎立一把有柄石斧。鸛眼大膽誇張，顯得炯炯有神，鸛昂首挺胸，頭微後傾，堅硬的長嘴叼著一條魚，魚身直垂，似做無力的掙扎。半坡出土的彩陶盆上多繪魚紋，有寫實的魚，有抽象的魚，有圖案化的魚，魚紋變化無窮，令人目不暇接。最奇妙的當屬人面魚紋彩陶盆，盆內壁繪有一幅人面，圓圓的臉，細長的眼睛，頭頂高聳髮髻，兩條小魚分別抵在人的左右耳，似在與人喁喁私語。

2.仰韶文化的房屋和墓葬。

仰韶文化的房基發現很多，已發掘的不下四百座。依其形制，仰韶文化的房屋可分為圓形半地穴式、方形半地穴式、圓形地面式、方形地面式、方形地面連間式幾種。

圓形半地穴房屋平面近圓形，直徑一般在五至六米，房基凹入地下一米左右，坑壁即為牆壁，設臺階或斜坡門道通往屋外。房屋中央挖有長方形或瓢形灶坑作為火塘，有的灶坑後部嵌有保存火種的砂陶小罐。房屋居住面和牆壁均塗有草拌泥並修整得平整光滑，居住面和牆壁大多經火烘烤，十分堅硬。坑壁沿面上有一周柱洞，房子中央的灶坑周圍也有二至六根柱洞，柱洞用於插木柱支撐屋頂。

鸛魚石斧彩陶缸

方形半地穴房屋的平面為方形或長方形，房基凹入地下，有狹長的坡式或階式門道，門道與居室之間有門檻。室內中央有灶坑，居住面和坑壁經烘烤，室內

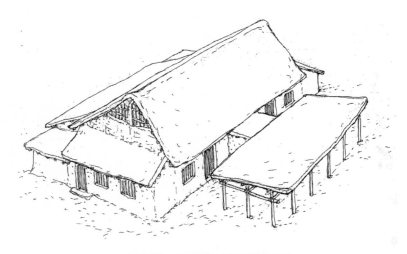

大地灣 901 號房址復原鳥瞰圖

有若干柱洞。大河村十四號房基的周圍有五十個均勻排列的柱洞，居住面用料薑石粉、黃沙和少量黏土混合材料鋪設，砸實、抹光並經烘烤。

一九八三年在甘肅秦安大地灣發掘出一座仰韶文化晚期的大型房屋基址——九〇一號房址，這是迄今為止發現的規模最大、保存最好的新石器時代房屋基址。房屋平地起建，平面呈長方形，居住面積一三一平方米，占地面積四百二十平方米，有主室、側室、後室和房前附屬建築。居住面用混合材料鋪設，表面平整，色澤光亮。牆壁保存較好，四周牆壁留有一百四十二個小柱洞，室內有二根頂梁柱、十六根附壁柱、一根角柱。正面前牆設正門和兩個旁門，東西側牆各開一側門。在九〇一號房子附近近千平方米的範圍內，沒有同期房址，為空曠場地。九〇一號大房子可能是用於氏族部落集會、祭祀或舉行某種儀式的公共活動場所。

仰韶文化的村落遺址也發現了多處，其中以臨潼姜寨和西安半坡的村落布局最清楚。

姜寨遺址的面積約五萬五千平方米，發掘了一萬六千平方米，揭露出一處較完整的史前村落遺址。村落的中心為一大廣場，廣場周圍有五組建築群環繞，每組建築群均以一個大型房屋為主體建築，大型房屋附近分布著十幾座或二十幾座中、小型房屋，整個村落共有上百座房屋，所有房屋的門都朝向中心廣場，體現了氏族部落的向心力。有些房屋附近分布有窖穴和幼兒甕棺葬。村落周圍挖有寬、深各二米的護村壕溝環繞，東部留有通道。壕溝以外的東北和東南部有三片墓地，共有一百七十多座成人墓葬。窯址群也在村外，位於西南方向。在村外燒窯可能是出於安全考慮，以免村落因燒窯而失火。

半坡史前村落的面積約三萬萬平方米。村落的中心為一座方形大型房屋，在這所大型房屋的北面發掘出了四十五座中、小型房址，門向大體都朝南，形成面向大型房屋的半月形。村落內有二百多個窖穴和七十多個幼兒甕棺葬，並有兩處營造簡陋的欄圈，當為牲畜夜宿場所。村落週邊挖有深、寬各五至六米的壕溝，壕溝的北面為公共墓地，共有一百七十多座成人墓葬，壕溝的東面是燒窯區。

仰韶文化的墓葬有兩類，一類是兒童葬，一類是成人葬。

仰韶文化居民對夭折的兒童實行甕棺葬。甕棺都埋在村落內的房屋附近，用作甕棺之蓋的盆、缽均在底部正中有意地鑿出一個孔，學術界認為這是供夭折的兒童靈魂出入所用。

成人死後埋在公共墓地，墓地在村落的外面，墓坑排列整齊，縱橫成行。西安半坡、寶雞北首嶺、臨潼姜寨的墓地多是單人豎穴土坑墓，葬式以仰身直肢葬最多，僅有個別的是單人屈肢葬和合葬。有些地區盛行集體合葬。例如橫陣一號大墓坑長十點四米、寬二點八米，內套五個方形小坑，小坑內放置人骨架，少的放四具，最多的放十二具，總共放置了四十四具人骨架，橫陣二號大坑，內套七個小坑，共放置了四十二具人骨架，人骨架分二至三層疊壓。這些集體合葬的人骨架多為二次葬。在河南地區仰韶文化的墓葬中還流行成人甕棺葬之風。洛陽王灣一期發現了四十三座成人甕棺葬。一九八〇年河南臨汝閻村出土一個成人甕棺葬，葬具為一個大陶缸，陶缸外壁繪有上述鸛魚石斧圖，這可能是氏族部落的首領所用的葬具。

（二）黃河下游的大汶口文化

大汶口文化因一九五九年發掘山東泰安大汶口遺址而得名。之後經過三十多年的調查、發掘和研究，基本上搞清了大汶口文化的分布範圍：北抵渤海南岸、東達黃海之濱、西到魯西平原、南至江蘇、安徽淮北一帶，另外在河南地區也有零星發現。

大汶口文化的陶器特點非常鮮明。以夾砂紅陶和泥質紅陶為主，也有灰陶、黑陶及少量的硬質白陶。泥質陶器上常飾鏤孔、畫紋，還有彩陶和簡單的朱繪陶。砂質陶器上有的附飾加堆紋和籃紋。典型器物有釜形鼎、缽形鼎、罐形鼎、瓠形器、鏤孔圈足豆、雙鼻壺、背壺、寬肩壺、實足鬶、袋足鬶、高柄杯、瓶、大口尊等，三足器和圈足器非常發達。

大汶口文化的經濟以農業為主，種植粟，在山東膠縣三里河的一個窖穴中出土了約一立方米的粟粒。農業生產工具有石斧、石鏟、鹿角鋤、骨鐮、蚌鐮以及加工穀物的石杵和石磨棒。

家畜飼養較為發達，遺址內出有豬、狗、牛、雞等家畜的骨骼。其中以飼養豬最為突出。在劉林遺址的一條早期灰溝中堆放了二十六個豬牙床，在文化層中出土的豬牙床達一百七十多個。大汶口文化中期以後盛行用豬殉葬的習俗，三里河的一座墓中隨葬豬下頜骨多達三十二個。說明當時飼養豬的數量已相當多。

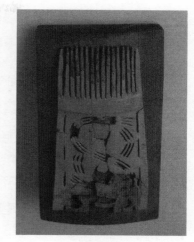
象牙梳

漁獵在經濟生活中占有相當重要的地位。遺址中有大量的獐、斑鹿、狸、麋鹿等動物的殘骸。在王因遺址出土了分屬二十多個個體的揚子鱷殘骸，與魚、龜、鱉、蚌等同棄於垃圾之中。大汶口文化的漁獵工具不但數量多，而且形制也較為先進，出土了雙翼起脊長鋌的骨鏃、牙質漁鉤、石匕首、骨匕首以及石矛、骨矛等大型投刺獵具。

大汶口文化製骨、製玉的工藝水準較高，其中尤以製骨工藝最為突出。早期流行精緻的小型骨雕工藝品，如邳縣大墩子出土的一串十粒的雕花骨珠，骨珠皆鑽孔。大汶口墓葬所出的獐牙鉤形器的器柄上往往刻有纖細的花紋。到中、晚期，剔地透雕技術和鑲嵌技術已成熟，大汶口墓地出土的透雕十七齒象牙梳、花瓣紋象牙筒、雕花骨匕及鑲嵌綠松石的骨雕筒等代表了中國新石器時代製骨工藝的最高水準。

大汶口文化的陶器生產也很有特色。特別是到中期，開始使用輪製技術生產少量的小件陶器，燒製出火候較高且質地細膩的灰白色陶器。晚期已使用快輪技術生產大件陶器，白陶湧現。白陶是用一種新的製陶原料——坩子土經攝氏一千二百度的窯溫燒製而成的，白陶器皿胎薄、質硬、色澤明麗。晚期所燒的薄胎磨光黑陶高柄杯代表了當時製陶工藝的最高水準，它為以後山東龍山文化蛋殼黑陶杯的出現奠定了工藝

白陶長頸壺

基礎。大汶口文化的陶塑藝術品較多，獸形提梁壺、豬鬶、狗鬶等仿動物造型的陶製容器反映出了陶塑技術的純熟。

　　大汶口文化的墓葬遺址較多，已清理出的墓葬達二千多座，多為土坑墓，葬式一般為仰身直肢葬，兒童與成人的葬法一樣，未見兒童甕棺葬。早期墓葬無葬具，中、晚期有結構複雜呈「井」字形的木槨。在早期的兗州王因墓地存在多人一次合葬墓和多人二次合葬墓，多為同性合葬，少的葬二人，多的葬二十人，這種合葬方式曾見於關中地區仰韶文化墓地。在中期的諸城呈子墓地既有同性合葬墓也有男女合葬墓。中、晚期出現了明顯的夫妻合葬墓，大汶口墓地經性別鑒定的四座均為男左女右，其中三十五號墓還有一幼女合葬，這類墓葬的隨葬品較為豐富。大汶口文化早期墓葬的隨葬品在數量和品質上差別不大。到中、晚期，在墓的規模和隨葬品方面顯示出貧富差別，有的墓狹小簡陋，隨葬品很少甚至空無一物；而有的墓卻十分寬大，如大汶口十號墓，有「井」字形木槨，死者頭頸部佩戴三串玉石裝飾品，還另佩玉臂環、玉指環，隨葬有玉鏟、象牙雕筒、象牙梳、骨雕筒及九十多件精美的彩陶、白陶、黑陶。大墓與小墓已形成強烈的貧富對照。

　　大汶口文化居民盛行佩戴飾物，如男女均佩戴由成對豬獠牙製成的束髮器；王因墓地上有的墓主人雙臂佩戴著十餘對陶鐲；大汶口墓地一百三十多座墓中，半數以上的墓主人隨葬飾物，飾物有臂環、戒指、成串的管珠項飾和玉笄、骨笄、象牙梳等頭飾。大汶口文化居民還有一種特殊的佩戴物——龜甲，有的背、腹甲成對，有的穿孔，有的內置石子或骨針，這實際上是佩在腰上的甲囊，具有靈龜崇拜的宗教意義。在一些墓主人的手骨旁，還發現有獐牙和獐牙鉤形器，當時手持獐牙和獐牙鉤形器也是一種具有宗教含義的習俗。根據對墓葬人骨鑒定發現，大汶口文化居民流行頭部枕骨人工變形和在青春期拔除上側門齒的奇特習俗。《淮南子·地形篇》云：「凡海外三十六國……自西南至東南方……（有）鑿齒民。」大汶口文化居民拔除上側門齒的習俗印證了遠古確有鑿齒之民。傳說中的鑿齒民是不是就是指分布在黃淮之間的大汶口文化居民？尚不得而知。另外在兗州王因、邳縣大墩子墓地中，還發現有些死者齒弓嚴重變形，並且在變形處置有小石球或陶球，可知變形是死者生前長期口含小球所致，說明當時還存在一

種口含石球或陶球的習俗。

根據碳-14 測定的年代資料，可知大汶口文化始於西元前四千三百年前，經歷了近二千年的發展，約在西元前二四○○年前後過渡為山東龍山文化。

（三）長江中游地區的大溪文化和屈家嶺文化

大溪文化和屈家嶺文化是長江中游地區前後有直接繼承關係的兩個文化。大溪文化的年代約在西元前四四○○至前三三○○年，之後發展為屈家嶺文化，約在西元前二六○○年前後，屈家嶺文化又過渡為青龍泉三期文化，即湖北龍山文化。

1. 大溪文化。

大溪文化因發掘四川巫山大溪遺址而得名。大溪文化的分布範圍東起鄂中南，西至川東，北達漢水中游沿岸，南抵洞庭湖北岸，其中心區域在長江中游西段的兩岸地區。主要遺址有四川巫山大溪，湖北宜都紅花套、枝江關廟山、秭歸朝天嘴、松滋桂花樹，湖南澧縣三元宮、安鄉湯家崗等等。

大溪文化的陶器以紅陶為主，普遍塗紅陶衣，一般略帶橙紅顏色。有的炊器外表呈紅色，而內表則為灰黑色，這是將陶器扣燒，因內壁不接觸空氣而還原成灰黑色所致。有少量的彩陶、白陶和薄胎橙黃陶。陶器均為手製，多用稻殼作羼和料，燒成溫度較低，不超過攝氏八百八十度。陶器的表面多素面磨光，紋飾主要有戳印紋、弦紋、刻畫紋、堆紋和鏤孔等，其中戳印紋最具特色，係用圓形、新月形、長方形、三角形、工字形等多種式樣的小戳子在器表深深戳印而成，一般成組地飾於陶器圈足部位。主要器型有釜、鼎、缽、小口直領罐、圈足盤、弧腹盆、筒形瓶、曲腹杯、斂口簋等等。

大溪文化居民從事以種植水稻為主的農業生產。大溪文化的陶器多以稻殼作為羼和料，另外在紅花套、關廟山、三元宮等遺址的房基紅燒土塊中，也發現羼和有稻殼和稻草末。紅花套燒土塊中的稻殼標本，經鑑定為粳稻。大溪文化居民飼養的家畜有豬和狗。

生產工具主要有打製石斧、打製石鋤、磨製石斧及石錛、石鑿。磨製石斧有大、中、小三種，最大的是紅花套所出的一件扁平石斧，長達四十三點一釐米。石錛、石鑿是木工工具。

大溪文化的房屋基址有圓形半地穴式和圓形、方形、長方形地面建築幾種。室內有柱洞，圍築灶坑和火塘，居住面下部用紅燒土塊鋪成厚實的墊層，表面敷塗細泥並經火燒烤。房子的四周牆壁普遍是在立柱之間編紮竹片竹竿，裡外抹泥，成為編竹夾泥牆。有的房屋還有撐簷柱洞或專門的簷廊，牆外鋪墊一段紅燒土渣地面，形成原始的散水。

大溪文化的墓葬遺址發現多處，僅巫山大溪墓地就有二百多座墓葬。大溪墓地的兒童與成人葬俗一樣，除個別為成年女性和兒童的合葬墓外，絕大多數實行豎穴單人葬，死者頭朝南，多為仰身直肢葬，也有相當數量的屈肢葬。屈肢葬死者的下肢彎曲程度很大，為中國新石器文化所罕見，特點十分鮮明。這些下肢彎屈程度很大的屈肢葬，是將死者捆綁後埋葬的。絕大多數墓有隨葬品，女性墓比男性墓豐富。隨葬品有陶器、生產工具、裝飾品等。

2.屈家嶺文化。

屈家嶺文化因發掘湖北京山屈家嶺遺址而得名。屈家嶺文化的分布範圍東起大別山南麓，西至三峽，北達豫西南，南抵洞庭湖北岸，其中心區域在江漢平原。屈家嶺文化是繼承大溪文化發展而來的，其分布範圍也與大溪文化差不多，但向北稍有擴展。屈家嶺文化的主要遺址有：湖北京山屈家嶺、朱家嘴、武昌放鷹臺、天門石家河、鄖縣青龍泉、枝江關廟山、安鄉劃城崗、河南淅川黃楝樹等等。

屈家嶺文化的陶器多為黑陶或灰陶，夾砂陶只有少量的陶器仍屬和稻殼，絕大多數屬和砂粒或陶末。圈足器、凹底器較為發達，多飾弦紋和鏤孔，主要器型有：鴨嘴形足小鼎、寬扁足雙腹盆形鼎、短柱足罐形鼎、三矮足陶碟、雙腹圈足碗、圈足杯、圈足壺、雙腹豆等。暈染彩陶是屈家嶺文化獨具風格的彩陶。

屈家嶺文化的居民以種植水稻為主。經鑑定確認，屈家嶺文化的水稻屬於粳

稻，並且是中國顆粒較大的粳稻品種，與近代長江流域普遍栽培的稻品相近。

屈家嶺文化存在一定數量形制規整的石製農具和小型斧、錛、鑿等木作工藝加工工具。屈家嶺文化的紡織業較發達，出土了許多彩陶紡輪，彩陶紡輪已成為屈家嶺文化的一種重要文化特徵。彩陶紡輪一般塗抹橙黃色陶衣，並在單面繪紅褐色或紅色花紋。

屈家嶺文化的房屋多為方形、長方形的地面建築。建房時外牆先挖基槽，立柱填土砸實，再以黏土或草拌泥摻燒土碎塊培築牆壁。居住面下層鋪墊紅燒土或黃砂土，表面塗抹白灰面或細泥，使之平整光滑，然後再經燒烤。室內柱洞排列有序，有的柱洞底部墊碎陶片，起到了柱礎的作用。屈家嶺文化房屋的最大特點是出現了以隔牆分間的大房子，多為橫列雙間式房子，有的兩間分別向外開門，隔牆上無門或有小門相通；有的是裡外間共走一門的套間房子。這反映了家庭結構的變化。屈家嶺文化存在口徑達八十六釐米的大陶鍋，這顯然是適應人口較多的大家庭所需而製作的。

屈家嶺文化的墓葬多為單人仰身直肢葬，隨葬品數量不等，總的來說比較貧乏，但有少數墓的隨葬品十分豐富。

（四）長江下游地區諸文化

1. 薛家崗文化。

薛家崗文化分布在大別山以東、巢湖以西的江淮之間，其典型遺址是安徽潛山薛家崗遺址。

薛家崗遺址文化可分為四期，二、三期的遺物最為豐富，二期以夾砂灰黑陶為主，以細砂粒和細雲母粉末為羼和料，陶器均為手製。三期陶器以輪製為主，器物基本組合為鼎、豆、壺、盆，陶器群別具風格，具有濃厚的地方特色。

薛家崗文化的玉、石製作較為發達。石質生產工具有斧、鏟、錛、鑿、鏃、穿孔大石刀等，其中以奇數多孔，尤其是九孔和十三孔的大石刀最具特色。玉器

主要是裝飾品，有環、璜、管、球形或魚形玉飾等，也有玉琮、玉鑱等禮器。玉器的切割和鑽孔技術較為熟練，有的小件玉器，鑽孔很細，僅可容置一針尖，表現出較高的鑽孔水準。

薛家崗二期墓葬均為長方形豎穴土坑墓，隨葬品很少。三期的墓葬發掘出八十座，均未發現墓壙和葬具，但有明顯的貧富分化現象。

2.北陰陽營文化。

北陰陽營文化因發掘江蘇南京北陰陽遺址而得名。該文化主要分布在江蘇省的寧鎮山脈和秦淮河流域連接成的丘陵地帶，其年代在西元前四〇〇〇年至西元前三〇〇〇年之間。

北陰陽營文化的陶器以夾砂紅陶和泥質紅陶為主，三足器和圈足器較發達，紋飾有壓劃紋、弦紋、堆紋、鏤孔、渦點紋、彩繪等。彩陶一般先抹橙色或白色陶衣，再以紅彩或黑彩繪出寬頻、網狀、十字紋、弧線紋、圓圈等紋樣，有的彩陶不僅在外壁繪彩，還在內壁繪彩。陶器的主要器型有罐式鼎、雙耳罐、三足盃、高柄豆、圓底缽、圈足碗等等。

北陰陽營文化的居民種植水稻，飼養豬和狗，並從事漁獵生產。

北陰陽營文化的生產工具數量很多，有石斧、石錛、石鑿、石鑱、石鋤、石刀、石紡輪、陶紡輪、陶紡錘等，其中最多的是錛、斧、紡輪和紡錘。

玉、瑪瑙和綠松石裝飾品豐富，有璜、管、玦、環、珠、墜等。

北陰陽營遺址盛行單人仰身直肢葬，絕大多數墓有隨葬品，隨葬品為陶器、生產工具和裝飾品。但以生產工具較為突出。

3.太湖平原和杭州灣地區的河姆渡文化、馬家濱文化和崧澤文化。

（1）河姆渡文化。

河姆渡文化因二十世紀七〇年代發掘浙江餘姚河姆渡遺址而得名，主要分布

在杭州灣以南的寧紹平原，向東越海可達舟山島。

河姆渡遺址在一九七三至一九七四年和一九七七至一九七八年進行了兩次發掘，發掘面積有二千六百三十平方米，共有四個文化層，我們所說的河姆渡文化是指第三、四層遺存，即早期遺存，其年代約在西元前五〇〇〇至前四〇〇〇年之前。

河姆渡文化的陶器以夾炭黑陶為主，紋飾多為繩紋，刻畫的幾何圖案花紋和動植物圖案突出。主要器型有斂口或敞口肩脊釜、直口筒式釜、雙耳大口罐、寬沿淺盤、斜腹盆、環形單把缽、大圈足豆、盆形甑、支座等。

河姆渡的稻作遺存十分豐富。在第四層居住區的大面積範圍內，普遍存在稻穀、稻殼和稻葉的混雜堆積，一般稻作遺存堆積厚二十至五十釐米，最厚處超過一米。稻穀雖已炭化，但稻殼和莖葉大多保持原來的外形，有的稻殼上可見清晰的稃毛，一些葉脈和根須也很清楚，經鑒定，河姆渡文化的水稻屬於人工栽培稻，並且有秈稻和粳稻兩種。遺址出土的水生草本植物孢粉表明，當時居住區周圍有大片的沼澤地帶，對種植水稻非常有利。

河姆渡文化居民飼養豬、狗和水牛，尤以養豬最為突出。採集和漁獵經濟也比較發達。河姆渡遺址有成堆的橡子、菱角、酸棗、桃子、薏仁米、菌類、藻類、葫蘆等採集來的植物。出土的野生動物遺骨數量很多，有哺乳類、爬行類、鳥類、魚類等共四十多種。其中鹿科動物最多，僅鹿角就有四百多件，可辨認的鹿科動物有梅花鹿、水鹿、四不像、麋、獐等，顯然鹿科動物是當時人們主要的狩獵對象。鳥、魚、龜、鱉的遺骨也較多，淡水魚骨在遺址中隨處散落，濱海河口的鯔魚骨也常見。

河姆渡文化的生產工具種類和數量都十分豐富，有農業工具、漁獵工具、紡織工具、木工工具等幾千件。

農業生產工具最突出的是骨耜。骨耜成批出土，僅河姆渡遺址第四層就出土了一百七十多件。耜是翻地農具，河姆渡文化居民地處沼澤水鄉，田地多淤而鬆軟，因此不用石耜，骨耜是河姆渡文化最有代表性的器物之一。除骨耜外，河姆

渡文化還有少量的木耜。另外，舂米用的木杵也有出土。

漁獵工具有骨鏃、骨哨、木矛、石丸、陶丸等。

紡織工具有輕重不一的木紡輪、陶紡輪、石紡輪。發現了一些原始腰機的部件，如卷布木軸、梳經木齒、打緯木機刀等。用於縫紉的骨針也有出土。另外還發現了編織的蘆葦席殘片，採用二經二緯的編織法。

河姆渡文化的木作手工藝水準較高，有多種形制的石斧、石錛、石鑿。梯形不對稱刃石斧和厚重的拱背狀石錛特點鮮明。

河姆渡文化的房屋是栽椿架板高於地面的干欄式建築。這種建築形式是先打椿木作為基礎，然後其上架龍骨承托樓板，構成架空的建築基座，上邊再立柱、架梁、蓋頂。河姆渡遺址第四層有一座干欄式長屋，相互平行地排列四行椿木，作東西一南北走向，長約二十三米，進深約七米，總面積在一百六十平方米以上，面向東北的一邊還設有寬約一點三米的前廊過道，在長屋遺跡範圍內，散落有蘆席殘片、陶片和人們食用後丟棄的植物皮殼、動物碎骨等。從遠古至近代，干欄式建築一直是長江以南地區的一種重要建築形式，河姆渡文化的干欄式建築是迄今所見中國最早的干欄式建築。

陶象

河姆渡文化的藝術品較為發達，尤以雕刻和雕塑藝術品最讓人矚目。圓雕木魚、雙頭連體鳥紋骨匕、編織紋骨匕、陶塑魚、陶塑豬、陶塑人頭像等工藝品豐富多彩。引人注目的是河姆渡文化已出現象牙雕刻工藝，鳥形象牙圓雕、雙鳥朝陽象牙雕刻等象牙製品製作精美，是迄今所見中國最早的象牙雕刻藝術品之一。

（2）馬家濱文化。

馬家濱文化因發掘浙江嘉興馬家濱遺址而得名。該文化主要分布在太湖平原，南至錢塘江北岸，西北抵常州一帶。馬家濱文化的年代在西元前五〇〇〇至

前四〇〇〇年之間，之後發展為崧澤文化。馬家濱文化的主要遺址有浙江嘉興馬家濱、桐鄉羅家角、吳興邱城、江蘇吳縣草鞋山、常州圩墩、吳江梅墊袁家埭、上海青浦崧澤等。

馬家濱文化的陶器以夾砂紅陶和泥質紅陶為主，陶器外表大多塗抹紅色陶衣，紋飾有弦紋、堆紋、小鏤孔等。

馬家濱文化居民主要從事稻作農業生產，飼養的家畜有豬、狗、水牛。漁獵和採集經濟也占重要地位。在草鞋山遺址下層發現了距今六千多年前的三塊殘布片，經鑒定原料為野生葛。三塊布片均為緯線提花的羅紋織物，並有山形和菱形花紋，織造工藝較為進步。

（3）崧澤文化。

崧澤文化由馬家濱文化發展而來，因發掘上海青浦崧澤遺址而得名，其分布範圍大體與馬家濱文化的分布範圍一致。

崧澤文化的陶器以夾砂紅褐陶和泥質灰陶居多，也有一些泥質紅陶和泥質黑皮陶，陶質細膩，火候較高。主要紋飾有堆紋、弦紋、畫紋、鏤孔、繩紋、彩繪等。

崧澤文化的石質生產工具一般通體磨光，製作精細。

（五）東北地區諸文化

1.新樂文化。

一九七三年考古學家在遼寧瀋陽北郊新樂工廠附近發掘了一處遺址，該遺址有兩種不同文化的疊壓地層，上層為銅器時代遺存，下層為新石器時代遺存，即我們所說的新樂文化。一九七八年又對新樂遺址進行了第二次發掘。

新樂文化的陶器絕大多數是夾砂紅褐陶，均手製，火候較低，陶質疏鬆。紋飾以豎壓「之」字紋和絃紋為主。

當時的經濟生活以農業為主，存在較多的細石器，多為長條形石片。發現一件已炭化的鳥形木雕杖，可能是權杖。引人注目的是還出土了幾件煤精工藝品，有耳璫形飾、圓珠、圓泡形飾等，製作精巧，烏黑光亮。這是目前中國所見最早的煤精製品。

2.小珠山文化。

小珠山文化因發掘遼寧長海縣廣鹿島中部吳家村西邊的小珠山遺址而得名。

小珠山下層文化的陶器皆為手製，以含滑石的黑褐陶為主，器型主要是直口筒形罐，紋飾多為縱「之」字形壓印線紋。石器多為打製，有刮削器、盤狀器、網墜、石球以及石磨盤和磨棒。

中層文化的陶器以夾砂紅褐陶為主，器表多飾刻畫紋，也有少量的壓印紋和彩陶。刻畫紋有斜線三角紋、人字紋。磨製石器已占多數，有斧、錛、鏃等，其中石鏃數量最多。這時期遺址中海產貝殼的數量極多，種類有牡蠣、青蛤、鏽凹螺、荔枝螺、毛蚶等，這些貝殼是當時人們食用後拋棄的，因數量巨大，以至堆積成丘。

小珠山中層出土的彩陶與山東大汶口文化的器型相同，說明小珠山中層文化受到大汶口文化的強烈影響，同時也表明遼東半島和山東半島的新石器文化聯繫密切。

三、新石器時代晚期文化

中國新石器時代晚期的文化是指約從西元前三〇〇〇至前二〇〇〇年之間各地氏族部落創造的文化。因各地文化發展不太平衡，有的地區始於西元前三〇〇〇年，有的地區始於西元前二五〇〇年。

這一個時期的文化是野蠻向文明時代過渡的文化，大體相當於西方史學家所說的英雄時代或軍事民主制時代。這時期已形成幾大集團，如中原龍山文化集

團、山東龍山文化集團、良渚文化集團、紅山文化集團等。古史傳說中的炎黃大戰、黃帝戰蚩尤、舜伐三苗等部落集團間的戰爭即發生在這個時期。這時期出現了具有一定規模的城堡，出現了集軍權、神權於一身的顯貴，出現了禮制。因此有的學者把這時期的一些文化因素稱之為「文明的曙光」。

（一）山東龍山文化

該文化即一九二八年吳金鼎先生在山東章丘龍山鎮城子崖下層發現的龍山文化。新中國成立後，考古學家為了把它與後來各地的龍山文化區別開來，特意將之命名為典型龍山文化，又稱山東龍山文化。

山東龍山文化是由大汶口文化發展而來的，主要分布在山東省中部、東部和江蘇省的淮北地區，與大汶口文化的分布範圍大體一致。到目前為止，山東龍山文化的遺址已發現二百多處，經發掘的主要遺址有山東章丘城子崖、濰坊姚官莊和魯家口、膠縣三里河、日照兩城鎮和東海峪、諸城呈子、荏平尚莊、泗水尹家城以及江蘇徐州高皇廟等。

山東龍山文化農業生產以種植粟為主，農具中用於翻土和收割的工具種類增多，主要有扁平穿孔石鏟、蚌鏟、骨鏟、雙孔半月形或長方形石刀、蚌刀、石鐮、帶齒蚌鐮等。飼養的家畜有豬、狗、牛、羊，從遺骸數量上看，比大汶口文化有明顯的發展。

山東龍山文化的製陶工藝在中國新石器文化中較為突出。從魯中南地區到蘇北、到渤海海峽的島嶼，在山東龍山文化的分布範圍內的各地，普遍出土有精緻的蛋殼黑陶高柄杯和其他薄胎磨光黑陶器。黑色陶器群成為山東龍山文化的顯著特徵。黑陶的製作方法大致是：用快輪拉坯成形，並把陶坯磨光，磨光後的陶坯放入陶窯中用木柴燒，窯溫可達攝氏一千度，

蛋殼黑陶瓶

陶坯燒透後，減火降溫，當窯內溫度降至攝氏五百度左右時，往火門裡加濕的松木，由此產生的濃煙經火膛瀰漫窯室，濃煙中的碳元素便滲入窯室內的陶器器體中，待撤火窯涼時，陶器器體遇冷緊縮，便把碳元素密封於器壁中，形成通體漆黑光亮的黑陶。這種燒製黑陶的方法叫滲碳法。用滲碳法燒製的蛋殼磨光黑陶高柄杯代表了山東龍山文化製陶的最高工藝水準。蛋殼黑陶高柄杯的器壁僅厚零點五毫米，薄如蛋殼，並且還在柄上刻出鏤孔和裝飾纖細的劃紋。最讓人驚奇的是，有的蛋殼黑陶高柄杯的高柄和深腹盤形口的杯身分別製作，然後深腹杯身套入空心高柄中，可從外部又看不出是套接，套接後的外形呈高柄盤形口杯。這種套接稍不合適，就會把薄如蛋殼的器壁硌碎。可以說，蛋殼黑陶高柄杯代表了中國新石器時代製陶工藝的最高水準。除黑陶外，山東龍山文化也存在少量精美的白陶，白陶的代表性器物是鬹。白陶鬹多為粗高頸沖天流式，高頸頂端的流昂起，猶如雄雞引頸高歌。

山東龍山文化的製玉工藝也比較發達，膠縣三里河墓地出有成組的玉器，如扁平穿孔玉鏟、三牙璧及鳥形、鳥頭形等各種玉飾。兩城鎮出土一件玉錛，錛身上部兩面均刻有纖細的獸面紋。

在山東龍山文化的許多遺址中都發現了墓地。墓葬均為長方形土坑豎穴墓。在三里河、呈子墓地發現少數墓以木槨為葬具，在東海峪墓地則發現了以石槨為葬具的墓。葬式以單人仰身直肢葬為主，個別為屈肢葬和俯身葬。半數以上的墓無隨葬品，有隨葬品的墓一般數量也不多，僅隨葬三五件而已。但少數墓隨葬品卻十分豐富，一九八九年底，中國社會科學院考古研究所在山東臨朐朱封發掘出兩座龍山文化的大墓，其中二○二號墓有二層臺，為一棺一槨，墓主人仰身直肢葬於棺內。在北側棺、槨之間置有一邊箱，其上有彩繪，邊箱內放有蛋殼黑陶杯、鱷魚骨板等。在棺內、棺槨之間和槨外壁等處，也有成片或零星的彩繪發現，可能當時的棺槨是塗有彩繪圖案的。該墓隨葬的陶器可復原的有十九件，種類有鼎、鬹、罍、罐、盆、單耳杯、器蓋等，還有許多蛋殼黑陶的碎片，尚無法復原。該墓還隨葬了不少玉器，計二件玉鉞、一件玉刀、一件玉簪、四件玉墜飾、十八件玉串飾、一套玉冠飾。玉冠飾通長二十三釐米，由竹節狀玉笄和鑲綠石的透雕玉牌插嵌組合而成，其墓主人無疑是地位高高在上的顯貴人物。

龍山文化的建築技術較大汶口文化有很大的進步。龍山文化的房子有長方形半地穴式、圓形半地穴式、圓形地面式、夯土臺基地面式幾種，其中以後兩種最為常見。

龍山文化居民已能建築城堡。在章丘龍山鎮城子崖遺址，發現有南北約四百五十米長，東西約三百九十米寬的長方形夯築城牆遺跡，牆根厚約十米。一九八四年在山東壽光邊線王遺址也發現一座龍山文化的城堡，呈圓角梯形，東邊長一百七十五米、西邊長二百二十米。另外在臨淄田旺、鄒平丁公也發現了龍山文化的城堡。

一九九一年至一九九二年山東大學考古系在對鄒平丁公遺址進行第四、五次發掘時，發現一座龍山文化城址，總面積在十一萬平方米以上。在東城牆之內發現一座灰坑，編號為 H1235，該坑出土許多龍山文化的陶片，運回室內整理時，意外發現有一件陶片上刻有幾行字。這些文字尚無法識讀，因為它與夏商文字不是一個系統，可能是早已消失的遠古東夷系統的文字。

據碳-14 資料測定，山東龍山文化的年代大致在西元前二五〇〇至前二〇〇〇年之間。

（二）中原龍山文化

所謂中原，包括河南、河北、山西、陝西。中原龍山文化的分布地域較廣，發展時間也較長，考古學家一般把中原龍山文化分為前後兩個階段，前一階段為廟底溝二期文化，後一階段則為河南龍山文化、陝西龍山文化和山西陶寺類型。根據碳-14 資料測定，中原龍山文化的年代約在西元前二八〇〇至前二〇〇〇年之間。

1.廟底溝二期文化。

廟底溝二期文化因一九五六年發掘河南陝縣廟底溝遺址而得名。分布範圍主要在陝晉豫三省的交界地區和洛陽、鄭州地區。

廟底溝二期文化的陶器以夾砂灰陶為主，器型主要有小口廣肩深腹罐、小口尖底瓶、直筒形罐、斝、鼎等，其中前兩種器物有仰韶文化的遺風。彩陶很少，紋飾盛行籃紋、附加堆紋、繩紋。

廟底溝二期文化的經濟以農業生產為主。石斧較為厚重。在一些灰坑的壁上發現有木耒痕跡，耒痕為雙齒，齒長約二十釐米、齒間距約四釐米、齒徑約四釐米。木耒的出現對後來產生了重要影響，一直到商周時期，木耒仍是主要的挖土工具之一。廟底溝二期文化家畜飼養業也有很大發現，飼養的家畜有豬、狗、牛、羊、雞。廟底溝遺址僅二十六個灰坑出土的家畜骨骼就大大超過了同地仰韶文化一百六十八個灰坑出土的家畜骨骼的總和，說明當時家畜的數量較前明顯增多。

2.河南龍山文化、陝西龍山文化和山西陶寺類型。

河南龍山文化分布的地域比較廣，在伊洛水流域有王灣類型，在豫北冀南有後岡類型，在豫東有王油坊類型，在豫晉陝交界處有三里橋類型，在豫西南丹江流域有下王崗類型。河南龍山文化的年代約在西元前二六〇〇至前二〇〇〇年之間。

王灣類型的常見陶器有圓底罐形鼎、束腰盆式斝、平沿鬲、深腹盆式甑、直口鼓腹雙耳罐、擂缽等。紋飾主要為方格紋，其次為籃紋和繩紋。

後岡類型的陶器主要有鬲、甗、斝、罐形鼎、直口鼓腹雙耳罐、大口鼓腹小平底罐、大口雙耳深腹盆等。紋飾以繩紋為主，次為籃紋和方格紋。

王油坊類型的陶器主要有罐形鼎、甗、大口圓腹罐、鏤孔高圈足盤、長流鬶等。飾紋以方格紋為主，次為籃紋和繩紋。

三里橋類型常見陶器有雙腹盆、平沿鬲、深腹盆式甑、雙耳鬲、雙耳束頸深腹罐、罐形斝等。紋飾以繩紋為主，次為籃紋和方格紋。

下王崗類型的陶器主要有扁足罐形鼎、大口深腹罐、淺盤圈足豆、高足杯、小耳廣肩罐、雙耳罐式甑等等。紋飾多為繩紋，次為籃紋、方格紋。

河南龍山文化的幾個地方類型既有共同的文化因素，也有一定的差別。王灣類型的上層是夏代的二里頭文化，二者的陶器有演進關係，因此王灣類型應是二里頭文化的前身。後岡類型和王油坊類型由於與山東龍山文化接壤，因此受到山東龍山文化的影響，三里橋類型受到陝西龍山文化的影響，下王崗類型則繼承了許多屈家嶺文化的因素。

陝西龍山文化因發掘陝西長安客省莊遺址而最早被考古學家認識，因此有的學者也把陝西龍山文化稱為客省莊二期文化。陝西龍山文化的陶器以灰陶為主，器型主要有折肩小平底甕、單把鬲、繩紋罐形斝、大口罐、雙耳罐等等。紋飾以繩紋、籃紋為主。陝西龍山文化中的雙耳罐、高領折肩甕等與甘青地區的齊家文化同類器近似，而鼎、盉等則與河南龍山文化同類器近似，說明陝西龍山文化與西邊的齊家文化和東邊的河南龍山文化之間都有一定的交流。陝西龍山文化的年代約在西元前二三〇〇至前二〇〇〇年。

山西陶寺類型因發掘襄汾陶寺遺址而得名。陶寺類型的陶器以灰陶為主，多飾繩紋，也有籃紋和方格紋。早期陶器主要有扁足鼎、罐形或盆形斝、侈口罐、侈口扁壺及獨具特色的釜、灶套接成一體的炊器。晚期陶器主要有鬲、斝、甗、圈足罐、豆、單耳杯、折沿扁壺等。早期陶器中有接近廟底溝二期文化的器物，但也有接近河南龍山文化的器物。陶寺類型早期可能是繼承廟底溝二期文化發展而來的。晚期的陶器中有接近河南龍山文化三里橋類型的器物，也有與陝西龍山文化相似的器物。據放射性碳素斷代測定，陶寺類型的年代約在西元前二五〇〇至前一九〇〇年。

中原龍山文化的社會經濟在仰韶文化的基礎上有了重大的發展。農業生產工具出現了新的種類，如襄汾陶寺遺址出土了三角形犁形器、有肩石鏟，長安客省莊遺址出土了骨鋤，這些新的農具無疑提高了開墾土地的能力。當時木耒已廣泛使用。收割工具增多，有石鐮、帶齒蚌鐮、長方形穿孔石刀、半月形穿孔石刀、長方形有孔陶刀等等，說明農作物的收割量有所增加，飼養的家畜有豬、狗、牛、羊，飼養的數量可觀，僅邯鄲澗溝一個灰坑就出土了二十一個豬頭骨，且大多數有恆牙，說明一般飼養到成年。

中原龍山文化的居民普遍挖鑿水井。湯陰白營遺址有一口圓角方形的水井，深十一米，井口、井壁用木架加固，木架係用貼靠井壁的木棍用榫卯交叉的方式扣合成井字形，木架依次堆疊四十六層，結構較為複雜。襄汾陶寺遺址的水井，井壁呈圓形，深十三米，近底部也有用圓木棍搭疊起來的護壁木架。

中原龍山文化的建築技術達到了一個較高的水準。長安客省莊遺址流行平面呈呂字形的半地穴雙間房屋。在河南淅川下王崗遺址發現一座長達一百多米的長方形連間大房子，共有三十二個單間，每個單間內均設火塘。安陽後岡遺址的房屋均為圓形地面建築，建房時先在地面墊土，築成稍高於地面的臺基，再在臺基上挖槽，槽內起牆，有土牆、木骨塗泥牆和土坯牆。土牆是用經過篩選、較純的土築成。木骨泥牆是先築矮土牆，然後在矮土牆上以較密的間距插細木棍，木棍間編繩，之後在木棍上塗泥成牆。土坯牆係用土坯砌成，土坯用深褐色的土製成，長約二十至四十五釐米，寬約十五至二十釐米，厚約四至九釐米，砌牆時採用錯縫疊砌法，並以細黃泥為黏合料。室內地面的墊土經夯打，夯實後再抹一層草拌泥，草拌泥上再塗一層白灰面，經拍打平整成為硬地面。讓人驚奇的是，有一間房址的地面鋪一層木條，木條緊密排列，最後鋪成呈放射狀的地板，這是目前中國所見最早的鋪地板房屋。

在山西石樓岔溝遺址還發現了一些窯洞建築。

在河南登封王城崗和淮陽平糧臺發現了龍山時代的城堡。王城崗城堡建在一個高於周圍地面的土臺上，整個城堡由東、西兩城並列套接而成，西城的東牆即東城的西牆。南牆長九十七點六米，西牆長九十四點八米，整個城堡呈方形。王城崗城堡的城牆為挖槽起建，槽口寬約四點四米、底寬約二點五米、深約二米，槽內填土，逐層夯築成牆。在城內臺基下發現有些圓形坑，坑內埋有成年人和兒童的骨架，少則二具，多則七具。這些埋有人骨架的坑顯然是奠基坑。王城崗城堡的所在地河南登封一帶是夏族活動的中心區域，《世本·作篇》說：「鯀作城廓。」鯀是大禹的父親，夏族在建立國家之前已經築城。王城崗古城堡當為夏族建立國家前為防禦敵人進攻而修建的一座城堡。平糧臺城堡呈正方形，城內面積約三萬四千平方米，如果包括城牆，面積可達五萬多平方米。城牆殘高約有三

米，底部寬約十三米，頂部寬約十米。史前城堡能有如此厚度的牆，真可說是堅不可摧了。

中原龍山文化的居民已能生產簡單的銅器。在臨汝煤山的兩座窖穴裡，發現了煉銅用的坩堝殘片。在登封王城崗城堡的一個灰坑裡出土了一塊銅片。一九八三年在襄汾陶寺遺址的一座墓裡，出土一件小銅鈴，呈中空的菱柱形，長六點三釐米、高二點七釐米、壁厚零點三釐米，含銅量為百分之九十七點八，係用紅銅鑄造而成。這件小銅鈴是目前發現的史前銅器中最接近於銅容器的一件，具有特殊的意義。

中原龍山文化的社會形態和意識形態發生了重大變化。在襄汾陶寺墓地發現一千餘座長方形土坑豎穴墓，這些墓大致可分為三類。第一類為小型墓，沒有葬具和隨葬品。占墓葬總數的百分之九十；第二類墓為中型墓，以木棺為葬具，隨葬有成組的陶器、木器和玉石器，隨葬品幾件至幾十件不等，常見有豬下頜骨。中型墓占墓葬總數的百分之九，墓主人多為男性，但一些分布在大墓兩側的中型墓主人則為女性；第三類墓為大型墓，墓坑長三米，寬約二米，以木棺為葬具，隨葬品可達一、二百件，其中有彩繪陶器、彩繪木器、玉石禮器、裝飾品及整豬骨架。大型墓僅發現九座，不到墓葬總數的百分之一，經鑑定，墓主人均為男性。陶寺墓地的情況表明，當時貧富分化嚴重，社會財富高度集中在極少數貴族人物的手中。

在整個中原龍山文化中，流行用卜骨占卜的習俗，卜骨以豬、牛、羊、鹿的肩胛骨為材料，當時依據對卜骨進行燒灼後產生的兆文來占卜吉凶。卜骨的存在，說明已出現專職的巫師。巫師用卜骨占卜的習俗對後來的夏商周王朝產生了重要影響。

中原龍山文化的禮器較為發達。陝西神木石卯遺址出有大批玉器，其中有牙璋、斧、鉞、戚、戈、刀、圭、璧等。在襄汾陶寺的大型墓中，出土了成套的彩繪陶禮器、彩繪木禮器和磬、鉞等玉石禮器。彩繪陶器均為燒後著彩，或以黑陶衣為地，上施紅、白、黃彩；或以紅色為底，上施黃白彩，器型主要有盤、壺、豆等，彩繪紋樣有圓點、條帶、幾何形紋、渦紋、雲紋、回紋、變體動物紋和龍

紋。其中尤以彩繪龍盤最為突出，該陶盤在內壁畫一條盤卷的龍，頗有神韻。彩繪木禮器主要有案、俎、幾、匣、盤、豆、鼓等。木鼓的鼓腔呈直筒形，高達一米，直徑零點四至零點五米，外壁繪有繁縟的紋飾，腔內散落有鼉魚板，可知當時是以鼉魚皮蒙鼓，這種鼓在先秦時期被稱之為鼉鼓。陶寺大型墓中的鼉鼓均成對與大型石磬同出。陶寺大型墓的墓主人不僅掌握著彩繪龍盤、鼉鼓、石磬等重要禮器，也掌握著玉鉞這樣的權杖性兵器，說明這些墓主人是掌握祭祀和軍事權力的首領人物。

（三）馬家窯文化

馬家窯文化因發掘甘肅臨洮馬家窯遺址而得名。該文化主要分布在甘青地區，從早到晚又可分為馬家類型、半山類型和馬廠類型三個連續發展階段。

馬家窯類型的年代約在西元前三一○○至二七○○年。該類型的主要遺址有甘肅臨洮馬家窯、東鄉林家、永登蔣家坪、蘭州曹家嘴、王保保城、西坡呱、青海大通上孫家寨、民和陽窪、貴南尕馬臺等。馬家窯類型的彩陶器主要有盆、壺、罐、尖底瓶等，多為橙黃底黑彩，盛行渦旋紋、水波紋、垂幛紋、圓圈紋等幾何形花紋及鳥紋、魚紋、蛙紋和蝌蚪紋等動物花紋。

半山類型的年代約在西元前二六○○至二三○○年。該類型的主要遺址有甘肅蘭州青崗岔、花寨子、廣河地巴坪、景泰張家臺等。半山類型的彩陶器主要有雙耳罐、單把壺、小口鼓腹甕等，花紋由黑紅兩種顏色相間組成，由紅色居中兩邊黑色鋸齒紋合鑲組成的各種圖案是半山類型彩繪最突出的特點。彩繪圖案多為渦旋紋、水波紋、菱形紋、平行帶紋和棋盤格紋。

馬廠類型的年代約在西元前二二○○至二○○○年。該類型的主要遺址有甘肅永昌鴛鴦池、永靖馬家灣、蘭州白道溝坪、青海樂都柳灣等。馬廠類型的彩陶器主要有雙耳罐、單把筒形杯、壺等，陶器塗紅衣，彩繪主要用黑彩，最常見的圖案是變體蛙紋、幾何形花紋、圓圈紋、波折紋、菱形紋、折線三角紋等。

馬家窯文化居民的經濟生活以農業為主，種植粟和黍。農具有開荒用的石

斧、翻地用的石鏟、收割用的長方形穿孔石刀和兩側帶缺口的陶刀、加工穀物用的石磨盤、石磨棒和石杵、石臼。飼養的家畜有豬、狗、羊、雞。

樂都柳灣一些墓中的人骨附近有麻布印痕。各遺址普遍出有石紡輪、陶紡輪等紡織工具。木作工具石錛、石鑿等也普遍存在。

甘肅東鄉林家遺址出土一件馬家窯類型的小銅刀，經鑑定是青銅，這是目前所見中國最早的青銅製品。在甘肅永登蔣家坪出土一件馬廠類型的殘銅刀，經鑑定，也為青銅。

馬家窯文化的製陶業發達。在蘭州白道溝坪遺址發現一個面積很大的馬廠類型的窯場，共有五組十二座陶窯。窯場還出有彩繪用的工具，如研磨顏料的石板和調配顏料用的雙格陶碟等。

馬家窯文化的村落遺址，一般位於黃河上游及其支流兩岸的臺地上。房屋有方形或長方形半地穴式、圓形地面式、分間式幾種。

從埋葬習俗可以看出馬家窯文化家庭關係和社會關係的變化。馬家窯類型的墓葬沒有合葬，各墓的隨葬品數量都差不多。半山類型的墓葬有成年男女合葬墓。馬廠類型的墓葬既有成年男女合葬墓，也有成年人和小孩的合葬墓、不同性別年齡的集體合葬墓、奴婢對主人的殉葬墓，並且各墓的規模有大小之

舞蹈紋彩陶盆

別。隨葬品的數量相差懸殊。在馬廠類型的墓葬中還可以看到這樣的現象，石斧、石錛、石鑿等多作為男性的隨葬品，而紡輪則多作為女性的隨葬品，表明當時已出現明顯的男女分工。

馬家窯文化的意識形態很值得關注。馬廠類型的彩陶器下腹部常繪有符號，僅在柳灣遺址出土的彩陶器上就發現一百三十餘種符號，常見的有「＋」、「－」、

「×」、「卍」、「○」、「|」等。另外在柳灣遺址的一座墓中出土了四十九片帶缺口的骨片，每片刻一個、三個或五個缺口不等，學者認為這些骨片可能是當時的一種記數工具。一九七三年青海大通上孫家寨遺址出土了一件馬家窯類型舞蹈紋彩陶盆，盆內壁畫有三組內容相同的舞蹈圖案，每組五人，手拉手翩翩起舞，每人臀後均飄動一尾飾，與《呂氏春秋·古樂篇》所說的操牛尾而舞相吻合。一九九六年在青海同德宗日遺址又出土一件馬家窯類型的舞蹈紋盆和一件二人抬物彩陶盆。舞蹈離不開音樂的伴奏。一九八一年青海民和陽山遺址出土兩件馬家窯類型的彩陶腰鼓。在史前時期，擊鼓和跳舞不會是簡單的娛樂，當有以樂舞娛神的宗教意義。

（四）良渚文化

良渚文化因發掘浙江餘杭良渚遺址而得名。二十世紀三〇年代該文化曾被稱為龍山文化，一九五九年正式提出良渚文化的命名。良渚文化主要分布在太湖至杭州灣一帶，即今天的蘇北、浙南和上海地區。良渚文化是承襲崧澤文化發展而來的，其年代約在西元前三一〇〇至前二二〇〇年左右。

良渚文化的陶器以灰黑陶和黑皮陶為主，廣泛採用輪製技術，器壁較薄，器表磨光，有的陶器刻有精細的刻畫花紋和鏤孔。流行圈足器和三足器，主要器型有魚鰭形足的鼎、斷面呈丁字形足的鼎、貫耳壺、竹節形把的豆、大圈足淺腹盤、寬把帶流杯等。

良渚文化的生產較為繁榮，農業、漁獵、竹編紡織、木作、玉器加工等各具特色，就目前的考古發現看，良渚文化的生產達到了中國史前文化的最高水準。

在浙江吳興錢山漾和杭州水田畈遺址發現了大量的水稻遺存。錢山漾遺址的稻穀和稻米成堆，分布範圍很廣。經鑒定可知良渚文化居民種植秈稻和粳稻兩個品種。在錢山漾、水田畈遺址與水稻共存的植物種子還有很多，已鑒別出的有花生、芝麻、蠶豆、兩角菱、甜瓜子、毛桃核、酸棗核、葫蘆等，這些當是良渚文化居民採集的植物，反映出當時對可食植物的利用已較為廣泛，為後來進行人工

選擇和栽培提供了便利條件。良渚文化的農業生產工具較為先進。農具製作精細，種類較多，主要有三角形犁形器、破土器、耘田器、長方形雙孔石刀、石鐮等等。三角形犁形器，器體扁薄，有的學者認為是安裝在木犁床上的石犁鏵。

錢山漾遺址出土有木槳，當時人們已用船進行水上交通和捕魚作業。錢山漾遺址還出土捕魚用的竹編倒梢和魚簍。

良渚文化的竹編技術發達，僅錢山漾遺址就出土有二百多件竹編器物，有竹簍、竹籃、箅子、穀籮、簸箕、倒梢、竹席、篷蓋、門扉、竹繩等等，這些竹編器物廣泛用於生產和生活。竹篾經刮光處理，細薄均勻，編製方法多種多樣。簍、籃等容器的下半部用扁篾編製，接近口沿部分則用較細密的竹絲編製。編織方法有一經一緯的人字形、二經二緯的人字形、多經多緯的人字形以及菱形花格、緯密經疏的十字形，尤其特別的是還出現了編織複雜的梅花眼和辮子口。

良渚文化的紡織業有較高的成就。錢山漾遺址出有苧麻織物和絲織品。苧麻織物為麻布片和細麻繩。麻布片係採用平紋織法，每平方釐米的經緯密度為十六至二十四根。絲織品有絹片、絲帶、絲線等，經鑑定原料是家蠶絲。絹片採用平紋織法，每平方釐米有經緯線各四十七根，蠶絲纖度偏細，是繅而後織的。絲帶為三十根單紗分數股編織而成的圓形帶子，寬約零點五釐米。飼養家蠶和生產絲織品是良渚文化居民對中國古代文化的一大貢獻。

玉琮

良渚文化的玉器加工技術達到了相當高超的水準。在浙江餘杭反山、瑤山、上海福泉山、江蘇武進寺墩、吳縣張陵山、草鞋山等遺址都出土了大量精美的玉器，計有禮器琮、璧、鉞等；裝飾品玉冠狀飾、山形器、璜、玦、瑗、管、墜、鐲、帶鉤等。還有一些蟬、鳥、蛙、魚、龜等小動物。良渚文化的玉器運用了圓雕、浮雕、透雕、線刻等多種技法。玉琮是最具代表性的玉器之

一，其形態為內圓外方的柱體，外壁雕出數條節帶，節帶上多刻橫弦紋，在琮的四個棱角上還刻有獸面紋。有的線刻圖案，線條細若髮絲，並且十分流暢。良渚文化的玉器無論在數量上、種類上、製作工藝上都非其他文化所能比擬。

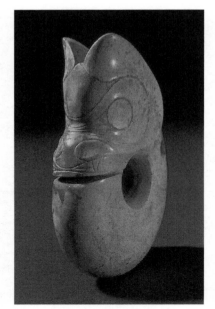

玉豬龍

在餘杭瑤山和反山，發現了人工堆築的祭臺，祭臺上有墓葬，每個墓葬均有大量精美的琮、璧、鉞等玉禮器和各種玉裝飾品。祭臺上的那些墓主人，無疑都是當時掌握宗教權力和軍事權力的顯貴。

良渚文化的遺址大多發現於高地和土墩上，可知當時人們有意選擇地勢較高的地方居住。目前良渚文化的聚落狀況還不太清楚，在水田畈遺址發現了一段寬達三米的水溝，可能是環繞聚落的防禦性設施。在錢山漾遺址發現三座干欄式建築遺跡，木椿排列密集而整齊，正中有起檁脊作用的長木，上面覆蓋竹席、葦席和大幅樹皮。在良渚文化的許多遺址中都發現了水井，有的水井有木構井圈。

良渚文化與大汶口文化晚期和山東龍山文化存在一定的聯繫。大汶口文化晚期的貫耳壺、有段石錛、玉墜等是受良渚文化影響的產物。在屬於良渚文化的上海馬橋、金山亭林遺址中出有渦紋彩陶片，這是受大汶口文化影響的產物。良渚文化中的陶鬶也受到了大汶口文化和山東龍山文化的影響。良渚文化和山東龍山文化都以輪製磨光黑陶為主，流行圈足器和三足器，二者之間存在一定的共性。

（五）紅山文化

紅山文化是東北地區最重要的新石器時代晚期文化，該文化因一九三五年發掘內蒙古赤峰紅山后遺址而得名，其分布範圍以內蒙古東南部和遼寧西部為中

心，北起昭烏達盟的烏爾吉木倫河流域，南抵朝陽、淩源、河北北部，東至哲里木盟、錦州地區。經發掘的主要遺址有赤峰紅山后、水泉、蜘蛛山、敖漢旗四棱山、遼寧淩源三官甸子、喀左東山嘴和建平牛河梁。紅山文化早期的年代約與仰韶文化晚期相當，紅山文化大約起始於西元前三五〇〇年左右，終止於西元前二〇〇〇年以前。

紅山文化的陶器有泥質陶和夾砂陶。泥質陶呈紅色，多為盛食容具，器型有「紅頂碗」式缽、小口雙耳罐、長頸深腹罐、斂口罐、盆、甕等。泥質陶繪黑色和紫色的彩繪，花紋有平行線紋、三角形紋、菱形紋、渦紋、鱗形紋等。夾砂陶呈褐色，多為炊煮器，表面有煙炱，器型有大口深腹罐、折口深腹罐、斜口罐等，夾砂陶的這些罐都有共同的特點：大口、深腹、小平底。夾砂陶的紋飾有壓紋、劃紋、附加堆紋。附加堆紋有條狀和瘤狀兩種。劃紋為平行的直線紋，可看出成組的現象，是用一種齒狀工具自上而下劃成的。壓紋多為橫「之」字形線紋，也有少量的豎「之」字形線紋和「之」字形篦點紋。

紅山文化居民的經濟生活以農業生產為主，所用農具有掘土用呈煙葉形和鞋底形的石耜、收割用的桂葉形雙孔石刀、加工穀物用的石磨盤和磨棒。遺址中常見豬、牛、羊等家畜的骨骼。漁獵也占一定比重，遺址中常見精緻的石鏃和鹿、獐等動物的骨骼。

最能體現紅山文化手工藝水準的是製玉工藝。紅山文化的玉器有玉龍、玉豬龍、勾雲形玉飾、馬蹄形玉髮箍、龍首璜形玉飾、玉鳥、玉蟬、玉龜、玉魚、玉鴞等等。

在喀左東山嘴發現了石砌建築群，其中心部分為一座大型房基，房基的東西兩翼各有幾道石牆基，北部也有兩道相互對稱的石牆基，牆基用加工整齊的砂岩長條石砌成。房基的前面還有石圈形臺址和多圓形石砌基址。東山嘴的石砌建築遺跡，按南北軸線分布，注重對稱，講究布局。考古界認為東山嘴的石砌建築群是原始祭壇，該祭壇出土兩件小型孕婦陶塑像，均為裸體立像，臀部肥大，腹部凸起。這個祭壇可能是當時祈求生育、祈求豐產的原始社壇。

在牛河梁遺址發現一座「女神廟」建築遺跡，由一個多室和一個單室兩組建築構成，多室在北，為主體建築；單室在南，為附屬建築，二者間隔二米多，約在一中軸線上。多室建築南北長十八點四米，包括一個主室和幾個相連的側室、前後室。女神廟出土許多泥塑人像殘塊，有頭、肩、臂、手、乳房等。其中泥塑人頭保存較好，大小相當於真人頭部，面塗紅彩，圓耳朵、低鼻梁、高顴骨、大嘴巴，眼窩內嵌圓形玉片為睛，顯得炯炯有神。女神廟的圍牆也被發現，牆外有埋有大量紅陶片的坑，坑內的陶片經復原，均為紅陶筒形器，並有煙熏痕跡。這些紅陶筒形器兩頭皆開口相通，絕非實用器，當為祭祀女神廟的祭器。

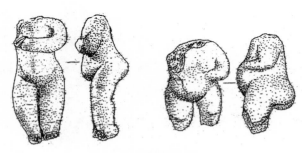

紅山文化陶塑孕婦

在牛河梁遺址還發現三處積石塚。積石塚內分布著許多墓葬，墓室為長方形豎穴，墓內壘砌大石板。墓葬有大、小之分，大墓的墓室砌造規整，隨葬有較多的精美玉器，小墓墓室簡陋，沒有隨葬品或僅有幾件隨葬品，反映出貧富和等級的分化。

東山嘴的祭壇、牛河梁的女神廟和積石塚，反映出紅山文化已出現壇、廟、塚有機結合的高層次的宗教信仰。營建壇、廟、塚需要花費大量的人力、物力，只有在集權制的條件下才能調動如此多的勞動力，顯然這種集權是利用宗教統治號召民眾的。無疑，紅山文化時期已出現凌駕於氏族公社之上的權力機構。

（六）石峽文化

一九七三至一九七六年考古學家對廣東省曲江縣馬壩鎮西南的石峽遺址進行了發掘。石峽遺址的面積約三萬平方米，有上、中、下三層遺存，中、上層為青銅時代遺存，下層為新石器時代遺存。以下層為代表的遺存被考古學家命名為石峽文化，石峽文化的年代約在西元前三〇〇〇至前二〇〇〇年，是嶺南地區最重

要的新石器時代晚期文化。

石峽文化的陶器呈灰褐色或灰黃色，陶質有夾砂陶和泥質陶，採用輪製法和模型法成形，流行三足器、圈足器和圓底器，主要器型有鼎、釜、甌、鬶、盤、豆、壺、罐、器蓋等。

石峽文化的居民從事稻作農業生產，所見農具有石鏟、石钁等。石钁長身、弓背，上寬下窄，兩頭有刃。這種石钁適於在嶺南的紅土上掘土深翻，富有濃郁的地方特色。在石峽遺址的灶坑、窖穴和墓葬中出土了大量稻穀遺跡，有碳化的米粒、稻穀、稻殼、碎稻稈等，經鑒定，屬於人工栽培稻，並且有秈稻和粳稻兩個品種，所取的標本經碳-14 測定，年代在距今四千五百年左右。

石峽文化最突出的手工業是木作。木作工具主要是石錛和石鑿。在石峽遺址四十七號墓中，發現有大小成套、七種形式的卷刃凹口錛和鑿，反映出木作工具和木作手工業的專門化。

石峽文化還有不少玉器，器類有琮、璧、鉞、瑗、環、玦、璜、笄、墜等。其中琮、璧為祭祀天地的宗教禮器，說明當時已有專職的巫師。

在石峽遺址清理出六十多座墓葬，均為長方形土坑墓，單人葬。流行遷葬。遷葬時，先把一次葬的隨葬品放在墓底和炭塊、紅燒土混在一起，然後在這層器物上鋪填一層紅褐色土，再放置遷葬來的屍骨和二次葬的隨葬器物，並在屍骨上撒朱紅粉末。這種在二次葬墓中隨葬新舊兩套隨葬品的現象，為石峽文化所獨有，不見於其他文化。在石峽墓地可以看出明顯的貧富差別。大型墓的隨葬品十分豐富，多達六十至一百件，而中、小型墓的隨葬品只有四至六件。

石峽文化雖然地處南疆、隅居嶺南，但五嶺並沒能阻止石峽文化與其他地區同時代文化的聯繫和交流。石峽文化與江南地區的同時代文化有許多相似之處，比如都存在有段石錛和扁平穿孔石鏟，陶器的形制雖然各具特點，而盛行三足器、圈足器和圓底器以及鏤孔裝飾風格則是相同的。石峽文化的玉璧、玉琮、玉瑗、玉玦、玉笄等玉器與江浙一帶良渚文化的玉器大同小異。一○五號墓出土的大玉琮和江蘇吳縣草鞋山良渚文化遺址出土的大玉琮從玉料、內圓孔的對鑽到淺

雕花紋幾乎一模一樣，這說明石峽文化的對外聯繫已經達到一千多公里之外的長江下游地區。

（七）卡若文化

在內地的龍山時代，當群雄逐鹿，向文明邁進的時候，有一支氏族部落也在青藏高原活動著。

一九七八至一九七九年，考古學家在海拔三千一百米的西藏昌都縣城東南的卡若村發掘了一處新石器時代晚期遺址，考古學家把該遺址遺存所代表的文化命名為卡若文化。據放射性碳素斷代並經校正，卡若文化的年代約在西元前三三〇〇至前二一〇〇年。

卡若文化的陶器呈灰色或紅色，以夾砂陶為主，泥質陶次之，器型主要為小平底的罐、盆、缽，紋飾以刻畫紋組成的圖案為主，個別陶器上有彩繪。發現一件特殊陶器，器表飾劃紋和黑色彩繪，一口雙身，形體似雙獸對立，考古學家稱之為「雙體獸形罐」。

卡若文化的居民已在高原上種植農作物。遺址中出有碳化的粟。農業生產工具有鏟狀器、鋤狀器、石斧、穿孔石刀等。當時人們還飼養豬、牛等家畜。從出土大量獸骨看，狩獵在經濟生活中占有重要位置，狩獵工具是石鏃、石矛和石球，獵獲的動物有狐、獐、鹿、狍、黃羊等。雖然遺址緊鄰瀾滄江及其支流，當地魚類資源豐富，但在遺址中沒有發現魚骨和捕魚工具，當時可能有不食魚的禁忌風俗。

卡若文化的細石器工藝比較發達，錐狀、棱柱狀、扁體小石核和石葉都屬於中國細石器傳統。發現有骨梗石刃複合工具。打製石器有刮削器和敲砸器。石鏟、石鑿出土較多，表明當時經常從事木作生產。出土的大量骨針、骨錐和紡輪說明當時的居民除利用皮毛外，還使用紡織品。在一件陶器底部留有布紋痕跡，可看出織物粗糙，紡織技術水準還較低。

與農業生產相適應，卡若文化居民過著定居的生活。卡若遺址共發現二十八座房屋基址，有方形或長方形半地穴式房屋、方形或長方形地面房屋和半地穴石牆房屋。半地穴石牆房屋是卡若文化獨具特色的房屋，這種房屋在半地穴的穴壁四周用自然卵石壘砌石牆，黃泥抹縫。發現有三座半地穴石牆房屋連成一組的建築，為上、下兩層結構。

在遠離大海的卡若遺址，還出土三枚交換來的稀有物——海貝，反映出卡若文化居民直接或間接的商品交換，已經達到很遠的範圍。

第五節 ·
向文明邁進

一、權力的出現和壟斷

（一）對宗教權力的壟斷

1.中國史前宗教的特點。

中國史前宗教的特點是把世界分成天地人神等不同的層次，並由巫師往來其間，充當溝通天地人神的使者。中國史前宗教有一個形成、發展、成熟的過程。

中國史前宗教是什麼時候出現的？由於材料缺乏，我們很難做出十分確切的回答，但山頂洞遺址的發掘給我們提供了一些線索。北京房山周口店龍骨山山頂

洞是舊石器時代晚期人類居住的洞穴，這個洞穴遺址分上室和下室。上室地面的中間有一堆灰燼，底部的石鐘乳層面和洞壁的一部分被燒炙，說明上室是山頂洞人居住的地方，上室文化層中還發現有骨針、裝飾品、石器等人類活動留下的遺物。下室位於上室的西邊，位置稍低，深約八米。在下室發現三具完整的人頭骨和一些軀幹骨，人骨周圍撒有赤鐵礦粉末並有一些隨葬品，顯然下室是埋葬死人的專用葬地。山頂洞人把死者葬在下室，說明他們已經有了活人世界和死人世界的明確觀念，具有了把世界分成若干層次的原始宗教觀。考古學家普遍認為，在屍體上及周圍撒赤鐵礦粉，是山頂洞人具有靈魂觀念的一種表現，赤鐵礦粉象徵血液，人死血枯，撒上鮮紅的赤鐵礦粉是希望死者在另一個世界中復活。由此可知，至遲在舊石器時代晚期的山頂洞人時期（據放射性碳-14斷代，山頂洞人生活的年代為距今18865±420年），中國已經有了把世界分層的原始宗教觀。

到新石器時代的仰韶文化時期，史前宗教有了很大發展。陝西西安半坡出土有人面魚紋彩陶盆，盆內壁所畫人面的兩側各有一條小魚以頭抵在人的耳部，這對小魚似對著人耳喁喁私語。《山海經》中經常提到巫師「珥兩青蛇」，郭璞注曰：「以蛇貫耳。」半坡彩陶盆內的人面雙耳各抵一條魚，則可以說是以魚貫耳，顯然與《山海經》中「珥兩青蛇」的巫師一樣，半坡彩陶盆內人面所屬的身份是「珥兩游魚」的巫師。中國古代巫師的一個重要特點是借助動物通神，無論蛇還是魚，都是巫師通天地的助手。巫師作法時，可以隨時召喚他的動物助手協助自己上傳下達。人面魚紋彩陶盆實際上是兒童甕棺的蓋子，盆底有一小孔，是供兒童靈魂出入的通道。當陶盆蓋在甕棺上埋入地下時，盆內的巫師便在幽冥世界與夭折的兒童獨處一隅，顯然是在為早逝的兒童招魂。魚翔水底，水底為下界，即冥界，魚具有通達冥界的神性，盆內的巫師召喚游魚貫耳，是借助魚的神性協助自己到冥界安撫兒童弱小的靈魂。

甘肅秦安大地灣仰韶文化遺址四一一號房屋地面有一幅炭黑畫，畫中有兩個人並排，都是右手持法器，左手舉到頭部，雙腿交叉呈舞蹈狀；兩位舞者的前方有一長方形木棺，棺內一前一後葬兩名死者。手持法器的兩位舞者是針對棺內死者作法的巫師，其寓意是為死者招魂，以使死者的靈魂安寧，不兇惡作祟，從而保佑生者平安無事。

在河南濮陽西水坡遺址的仰韶文化地層中，發現三組用蚌殼貼地面擺塑出的具有宗教含義的圖案。第一組蚌塑圖案位於四十五號墓中，墓主人的左右兩側分別用蚌殼擺塑出一虎一龍。虎頭微低，雙目圓睜，張口露齒，虎尾下垂，四肢交遞，如疾走狀。龍昂身，曲頸，弓身，長尾，前爪趴，後爪蹬，狀似騰飛。第二組圖案位於第一組南面二十米處，用蚌殼擺塑出一龍一虎一鹿，龍頭朝南，背朝北；虎頭朝北，面朝西，背朝東；鹿臥於老虎背上，與龍虎和睦相處。第三組圖案位於第二組南面二十五米處，用蚌殼擺塑出一龍一虎一人。龍昂首，長頸，高足，舒身。龍背上騎有一人，兩足跨在龍背上，一手在前，一手在後，面部微側，似回首觀望。虎位於龍的北面，仰首翹尾，四足微張，鬃毛高豎，呈奔跑騰飛狀。西水坡蚌塑圖案中的龍、虎、鹿是巫師通天地的坐騎，即蹻，張光直先生稱它們為濮陽三蹻。虎、鹿是實有的動物，原始巫師可馴化為自己的通神助手。龍是虛幻的動物，剛被幻想出來便被巫師用來為自己服務。《說文》云：「龍，鱗蟲之長，能幽能明，能細能巨，能短能長，春分而登天，秋分而潛淵。」龍的這種神異特性，最適合巫師通天地的需要。被稱為中國古代巫覡之書的《山海經》，有多處巫師乘龍的記載。《海外東經》云：「東方句芒，鳥身人面，乘兩龍。」《海外西經》云：「西方蓐收，左耳有蛇，乘兩龍。」《海外南經》云：「南方祝融，獸身人面，乘兩龍。」西水坡第三組蚌塑圖案表現的就是巫師乘龍升天。西水坡四十五號墓的主人，顯然是駕馭龍虎的巫師。

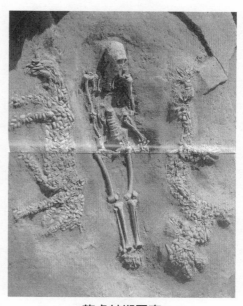

龍虎蚌塑圖案

從目前的考古材料看，仰韶文化時期的巫師尚未成為超越一般氏族成員的顯貴人物。西水坡發現的龍、虎、鹿蚌塑雖然讓考古學家驚奇不已，但只是反映了巫師召喚動物的作法能力，並沒有反映出巫師的尊貴地位。西水坡遺址位於古河道旁，當時有豐富的蚌類資源，遺址地層中有成堆的蚌殼，擺塑圖案時，只需俯身拾取即

可，不會花費太大的勞動量。蚌塑圖案與花費專門工匠大量勞動力的玉製巫師法器，如紅山文化大玉龍、良渚文化大玉琮等在經濟價值上有天壤之別。再者，身體兩側擺塑龍、虎的四十五號墓的主人，隨葬品很少，僅幾件日用陶器和生產工具，隨葬品與同期的墓葬基本一致，未見特殊的珍貴物品。半坡彩陶盆內的巫師是對夭折的兒童招魂，大地灣地畫中的巫師是為死去的氏族成員招魂，均是巫師為氏族服務的表現。

山東莒縣陵陽河出土的大汶口文化陶尊上刻有「⛰」紋，這種陶尊個大，可見煙熏痕跡，是裝酒燎祭的祭器，酒氣達天，以享天神。陶尊上刻的「⛰」紋表示日月山，日月當然代表天界，而山則是巫師乘酒氣致幻時登天通神的工具。《山海經・海內經》載：「有山名曰肇山，有人名曰柏高，柏高上下於此，至於天。」《山海經・海外西經》載：「巫咸國在登葆山，群巫所從上下也。」《山海經・大荒西經》載：「有靈山……十巫從此升降。」可見在遠古時期，山是巫師普遍用來登天的工具，這種被巫師用來上天通神的山，可稱之為天梯。陵陽河出土的大汶口文化陶尊有的還刻有「🌲」紋，代表樹。這種樹也是巫師藉以上天通神的天梯。《淮南子・地形篇》載：「建木……眾帝所自上下。」

以上所述的考古發現，基本上反映了中國史前宗教的特點。

2.通天地手段的獨占。

據《國語・楚語》記載，遠古的時候，「民之精爽不攜貳者」的巫覡具有通天地的能力，到九黎亂德之時，「民神雜糅」，人人都可以通神。通神曾經是一種很普遍的行為，通神的人也是平常之人，沒有什麼特殊之處。隨著社會的發展，原始宗教開始與政治結合在一起，於是通天地的權力被少數人所壟斷。據文獻記載，對通天地權力的壟斷始於顓頊時期。《國語・楚語》說，顓頊帝命令重和黎「絕地天通」，斷絕了天地之間的交通，讓重「司天以屬神」，讓黎「司地以屬民」。

從考古材料看，對通天地宗教權力的壟斷普遍出現於龍山時代。

在良渚文化、山東龍山文化、中原龍山文化中都有玉琮。張光直先生在《考

古學專題六講》中說：「琮的方、圓表示地和天，中間的穿孔表示天地之間的溝通。從孔中穿過的棍子就是天地柱。在許多琮上有動物圖像，表示巫師通過天地柱在動物的協助下溝通天地。」中國歷史博物館藏有一件山東龍山文化的十九節大玉琮，琮高四十九點七釐米，是目前國內所見最高的玉琮，該琮近頂端刻有「☄」紋，這種刻紋在大汶口文化的祭器陶尊上也有，表示日月。琮的上端刻「☄」紋，正反映出巫師可以借助玉琮這種起天地柱作用的法器通天。在浙江餘杭反山和瑤山出土的一些良渚文化大玉琮上，刻有完整的巫師形象，巫師頭戴羽冠，雙手叉腰，穿繁紋衣物，騎在一怪獸身上，怪獸巨眼、大鼻、闊嘴，頗似老虎。玉琮上刻畫的巫師騎獸圖案正是巫師呼喚動物助手、利用玉琮──天地柱通天地。

我們都知道，玉的硬度遠高於石。在沒有金屬工具的史前時期，製作玉器的難度可想而知。製玉必須以水摻解玉砂為介質緩慢地加工，從切割玉料，琢磨成形，到穿孔，雕刻，製作一件精美的大玉琮大約需要花費一個熟練玉工一年的時間，真可謂是螞蟻啃骨頭。正因為如此，玉器才有很高的經濟價值，成為貴重之物。巫師擁有玉琮，表明他已成為氏族部落中的顯貴，因為一般成員絕不會有這種精美貴重的玉器，而巫師用常人不可能有的玉琮作為法器通天地，實際上也就壟斷了通天地的權力。

考古學家在浙江餘杭反山和瑤山發掘出了兩處良渚文化的祭壇。反山祭壇整個為人工堆築，東西長九十米、南北寬三十米，高出地表四米左右，總面積約二千七百平方米，土方達二萬立方米左右。瑤山祭壇位於一座小山頂上，整個祭壇平面呈方形，面積約四百平方米，中心是一座方形紅土臺，紅土臺週邊挖一周圍溝，溝內填灰土，圍溝周邊是用黃土築成的土臺，臺面上散見較多的礫石，估計土臺原鋪礫石石面。祭壇中心紅土臺的紅土、圍溝的灰土是特意從山外搬運來的。瑤山祭壇，特別是反山祭壇，築造工程浩大，只有高度的集權才能調集足夠的人力、物力來建造，自然祭壇也就歸集權者所掌握和控制。

反山祭壇和瑤山祭壇有一個共同的特點，就是在祭壇上都有專門埋葬巫師的墓葬。反山祭壇上有十一座巫師墓。瑤山祭壇上有十二座巫師墓，分南北兩行排列。兩處祭壇上的巫師墓每一座都隨葬有大量的精美玉器，少則幾十件，多則上

百件，除裝飾品外，主要是玉琮、玉璧、玉鉞等禮器和玉冠狀器、玉三叉形器等表示身份的佩器。其中以玉琮、玉璧最為突出，不僅數量多，而且製作十分精細。反山十二號墓出土的一件大玉琮直徑十七點六釐米、高八點八釐米、重六點五公斤，是目前所見良渚文化最大的玉琮，堪稱琮王。這件大玉琮上刻有完整的戴羽冠巫師雙手叉腰騎怪獸形象。反山、瑤山巫師墓所出土的玉琮上，幾乎都在轉角的每節上刻出這種巫師形象的簡化圖案。僅反山二十三號墓就隨葬五十四件玉璧。《周禮·春官·大宗伯》說：「以玉作六器，以禮天地四方。以蒼璧禮天，以黃琮禮地。」璧琮是祭祀天地的禮器，祭壇上的巫師掌管著祭祀天地的權力。在大型祭壇上負責祭祀的巫師，其地位遠遠高於祈福禳災、招魂祛病的一般巫師，是參預甚至決定氏族部落重大事務的祭司。他們留戀由於掌管祭壇而給他們帶來的地位、榮譽和財富，就是死了也要埋葬在他們一手壟斷的祭壇上，在陰間繼續擁有他們的地位和財富。

在反山十二號墓、瑤山七號墓中，精美的玉鉞與玉琮共存。玉鉞是軍事權力的象徵物，玉琮是通天地的祭器，二者共存於一墓中，說明墓主人不僅掌握著通天地的祭祀權力，同時也掌握著氏族部落的軍事權力。從甲骨文中我們可以得知，商王朝的重大軍事行動都要由巫師占卜，看看是否符合天意，因此巫師對軍事行動有很大的決策權。實際上在上古時期，有的王或氏族部落、軍事聯盟的首領本身就是巫師或者可以行使巫師的職能。

《文選·思玄賦》注引《淮南子》云：「湯時，大旱七年，卜，用人祀天。湯曰：『我本卜祭為民，豈乎自當之。』乃使人積薪，剪髮及爪，自潔，居柴上，將自焚以祭天，火將燃，即降大雨。」商湯王這種自焚祭天祈雨的行為是在行使巫師的職能。《春秋繁露·求雨篇》載：「春旱求雨，暴巫聚尫。」《左傳·僖公廿一年》載：「夏大旱，公欲焚巫尫。」

《荀子·非相》載：「禹跳，湯偏。」是說大禹和商湯王都有與常人不一樣的走路姿勢。大禹的走路姿勢很怪，《春秋繁露·三代改制質文》說：禹「形體長……疾行，手左隨以右，勞左佚右也。」後世巫師一直把作法時所跳的步伐稱為禹步。《法言·重黎》云：「姒氏治水土，而巫步多禹。」《洞神八帝元變經·

禹步致靈第四》云:「禹步者,蓋是夏禹所為術,召役神靈之行步。……因禹制作,故曰禹步。」大禹治水之時,確實採用過一些巫術手段。《楚辭·天問》洪興祖補注引《淮南子》云:「禹治洪水,通軒轅山,化為熊。」請動物附身,化身為動物獲取動物的神性是古代巫師慣用的作法手段。《路史·後紀十二》載:禹「乘龍降之」。《繹史》卷十一引《抱朴子》云:「禹乘二龍。」則大禹有巫師之能已顯而易見。

《山海經·海內經》載:「有木,青葉紫莖,玄華黃實,名曰建木,百仞無枝……大皞爰過,黃帝所為。」太昊伏羲氏和黃帝都曾沿天梯建木上下於天。《周易·繫辭下》云:「古者包羲氏之王天下也,仰則觀象於天,俯則觀法於地;觀鳥獸之文,與地之宜,近取諸身,遠取諸物,於是始作八卦,以通神明之德,以類萬物之情。」伏羲、黃帝均為其所在之時天下最大的首領人物,雖權傾天下,可也不忘承擔宗教職能。

以上所舉之例,可以證明上古時期的政治、軍事領袖具有巫師的職能,他們親自從事宗教活動,實際上是對宗教權力的控制和壟斷,從而達到政教合一的目的,使權力高度集中,從而一統天下。

（二）對政治權力的壟斷

從出土銅器、擁有城堡和祭壇、具有文字的萌芽、出現嚴重的貧富分化等方面看,中國考古學所說的龍山時代實際上就是由氏族社會向國家過渡的軍事民主制時代。從古文獻上可以得知,當時戰爭頻繁,鄰近地區的各部落為了自衛和掠奪的需要,結成了部落聯盟。約在西元前三〇〇〇年至西元前二〇〇〇年的這段時期,中國境內曾先後出現過一些規模龐大的部落聯盟,如黃帝集團、炎帝集團、蚩尤集團、三苗集團等。這些集團都是由許多部落結成的聯盟,要想在當時殘酷的環境下生存,一方面要能抵禦和戰勝敵對聯盟;另一方面要加強內部統治,使之更加凝聚,從而發展壯大。

部落聯盟的權力機構由部落首領、軍事領袖和宗教祭司組成,遇重大問題,

權力機構要召開議事會討論決定。《史記·五帝本紀》記載：堯曾召開議事會討論傳位之事，放齊推薦丹朱，堯不同意，讙兜推薦共工，堯也不同意。堯又徵求四岳的意見，四岳一致擁舉舜，於是堯同意對舜進行考驗，最終傳位於舜。堯是部落聯盟的總首領，他對議事會各部落首領的意見有否決權和最終決定權。實際上在軍事民主制時代的後期，議事會已成為一種擺設，權力已高度集中在部落聯盟總首領的手中。

上古時期一些大的部落聯盟總首領，在先秦文獻中已被稱為帝，故司馬遷寫《史記》時有選擇性地寫了「五帝本紀」。上古之帝牢牢掌握著部落聯盟的軍事大權，是最高軍事統帥，黃帝、炎帝自不必說，《尚書·大禹謨》載，大禹剛繼舜帝之位，「乃會群後，誓于師，曰：『濟濟有眾，咸聽朕命，蠢茲有苗，昏迷不恭……予以爾眾士，奉辭伐罪』」。大禹會盟各部落首領，要他們服從自己的命令，並通過伐有苗來樹立自己的威信。

當然，要想保持自己的絕對權力，僅靠率軍隊征伐是不夠的，更重要的是要建立一套符合自己需要而又行之有效的內政措施。有了穩定的內政措施，不但可以牢固地統治本部落聯盟，也可以統治新歸順和俘獲的部落，統治不斷擴大的地盤上的民眾。

《尸子》（輯本）卷下提到黃帝長有四張臉，但黃帝擴張的地盤太大了，即使他真有四張臉也照看不過來。最好的辦法是派四個大主管各管理東南西北一方。《淮南子·天文篇》云：「東方木也，其帝太皞，其佐句芒，執規而治春；南方火也，其帝炎帝，其佐朱明，執衡而治夏；中央土也，其帝黃帝，其佐後土，執繩而制四方；西方金也，其帝少昊，其佐蓐收，執矩而治秋；北方水也，其帝顓頊，其佐玄冥，執權而治冬。」所執規、衡、繩、矩、權等度量衡器，表示把中央和四方治理得有規有矩、有條有理，看來建立官制是最重要的內政措施。

《左傳·昭公十七年》云：「秋，郯子來朝，公與之宴，昭子問焉，曰：『少皞氏以鳥名官，何故也？』郯子曰：『我高祖少皞摯之立也，鳳鳥適至，故紀於鳥，為鳥師而鳥名。』」少皞在他管轄的地區所設的各種鳥官，有歷正、司分、

司至、司啟、司閉、司徒、司馬、司空、司寇、司事等，有些官職被後世所採用，可見少皞所設立的官制是合理有效的，不然不會被後世所效仿。

統治民眾必須恩威並重。刑法最能體現權力的威嚴。顓頊帝曾制定了一條法規，《淮南子·齊俗篇》有記載，云：「帝顓頊之法，婦人不辟男子于路者，拂之于四達之衢。」莊達吉注：「《御覽》引拂作祓，有注云，除其不祥。」顓頊之法的意思是：婦女在路上遇見男子，必須避讓，否則把她拖到十字路口讓巫師祓除她身上的邪氣。這條法律反映出顓頊維護父權制以及男尊女卑現象已經出現的情況。

《史記·五帝本紀》載：舜帝制刑法，「象以典刑，流宥五刑，鞭作官刑，撲作教刑，金作贖刑。眚烖過，赦；怙終賊，刑，欽哉，欽哉，惟刑之靜哉！」舜帝時，刑法已較為豐富，並已體會到唯有刑法才能使社會安定，由此看來，舜是以法治天下的明帝。

不僅中原大帝制刑法，就連南方的苗民也制刑法。《尚書·呂刑篇》載：「苗民弗用靈。制以刑，惟作五虐之刑，曰法。殺戮無辜。爰始謠為劓、刵、椓、黥。」苗民所制的刑法均為酷法，劓是割掉鼻子，刵是割掉耳朵，椓是琢去生殖器，黥是在臉上刺文後塗墨。

制定刑法後，需有鐵面無私的執法施刑之人，刑法才能實施。少皞帝手下掌管刑罰的人叫蓐收，《國語·晉語二》云：「蓐收……天之刑神也。」又云：蓐收「人面，白毛，虎爪，執鉞」。蓐收長相兇猛，手舉大鉞，巡視少皞所轄的地界，看誰敢斗膽犯法。堯帝的刑罰官叫皋陶。皋陶長相奇怪，《荀子·非相篇》云：「皋陶之狀，色如削瓜。」楊倞注：「如削皮之瓜，青綠色。」《淮南子·修務篇》云：「皋陶馬喙，是謂至信，決獄明白，察於人情。」皋陶雖然長得醜陋，卻斷案清楚。皋陶養一神獸，叫獬豸或解廌。《述異記》卷上云：「獬豸者，一角之羊也。性知人有罪。皋陶治獄，其罪疑者，令羊觸之。」《論衡·是應篇》云：「解廌者，一角之羊也，性知有罪。皋陶治獄，其罪疑者，令羊觸之；有罪則觸，無罪則不觸。斯蓋天生一角聖獸，助獄為驗，故皋陶敬羊，起坐事之。」正直無阿的皋陶在神獸的幫助下，斷案準確，沒有冤假錯案，萬民皆服，極大地

樹立了堯政權的威信。

夏商周三代社會上層建築的一個顯著特點是政治與禮樂緊密結合在一起。禮樂是祭祀祖先、上帝等大神祇和宴饗的制度和儀式，統治者通過禮樂制度確定官僚階層的等級尊卑，使之井然有序，各自遵守為其所在等級規定的禮樂制度，嚴禁僭越。王和天子享用最高等的禮器和最隆重的儀式，高高在上，令百官如仰望泰山，從而維護自己不可逾越的權威。《左傳·成公十三年》云：「國之大事，在祀與戎。」國家的祭祀活動展現的是隆重的禮樂制度和儀式，此與軍事活動一起成為國家的頭等大事。縱觀有關上古傳說的記載，我們發現上古的領袖人物已經十分重視禮樂。

黃帝是最早系統制定禮樂的古帝。《世本·作篇》（張澍稡集補注本）載：「黃帝使羲和作占日，常儀作占月，臾區占星氣，伶倫造律呂，大橈作甲子，隸首作算數，容成作調曆，沮誦、倉頡作書。」又載：「胡曹作冕，伯余作衣裳，夷作鼓，伶倫作磬，尹壽作鏡。」文字的創制是最偉大的發明，可謂驚天地、動鬼神。《淮南子·本經篇》云：「倉頡作書而天雨粟、鬼夜哭。」眾所周知，商代甲骨文掌握在巫官的手中，巫官把卜辭刻在甲骨上向神占卜，之後再根據神的旨意把占卜的結果記錄下來。可見中國的早期文字主要是服務於王室，在通神占卜儀式中承擔巫師與神思想交流的載體。所以文字一發明，首先感動的是天地鬼神。山東龍山文化的丁公陶文也應該是巫師用以通神的宗教載體。

黃帝喜歡音樂。《繹史》卷五引《歸藏》說：黃帝誅殺蚩尤後，「作《櫚鼓之曲》十章」，用於勝利的慶典。《韓非子·十過篇》記載：有一次黃帝合鬼神於西泰山之上，作了一首驚天地動鬼神的樂曲，叫《清角》，後來晉平公強令樂師師曠演奏，「師曠不得已而鼓之，裂帷幕，破俎豆，墮廊瓦，坐者散走，公恐懼，伏於廊室之間；晉國大旱，赤地三年，平公之身遂癃病。」黃帝創制的禮樂，豈是晉平公這樣的凡夫俗子所能受用的！

顓頊也讓人創制了一首祭祀上帝的樂曲，叫《承云》。《呂氏春秋·古樂篇》載：「帝顓頊生自若水，實處空桑，乃登為帝，惟天之合，正風乃行，其音若熙熙淒淒鏘鏘。帝顓頊好其音，乃令飛龍作效八風之音，命之曰《承云》，以祭上

帝。乃令鱓先為樂倡，鱓乃偃寢，以其尾鼓其腹，其音英英。」顓頊用《承雲》樂曲祭上帝時又令鱓為鼓，不禁讓人想起龍山時代山西襄汾陶寺大墓出土的鼉鼓。

　　舜帝也非常喜歡音樂。《呂氏春秋・古樂篇》載：「舜立，命延乃拌瞽叟之所為瑟，益之八弦，以為二十三弦之瑟，帝舜乃令質修《九招》、《六列》、《六英》，以明帝德。」舜讓人創制的樂曲中最重要的是《九招》，禹又把《九招》發揚光大，《史記・夏本紀》載：「於是禹乃興《九招》之樂。」索隱曰：「即舜樂簫韶。」《九招》又稱《簫韶》、《九韶》、《韶》，被用作廟祭之樂。孔子曾在廟堂聽過這首樂曲，《論語・八佾》云：「子謂《韶》，盡美矣，又盡善也。」《尚書・益稷》云：「簫《韶》九成，鳳凰來儀。」傳：「《韶》，舜樂名，言簫，見細器之備。」《韶》是用簫類的細管樂器演奏的，美妙動聽，婉轉清揚可達天，吸引得鳳凰都飛來傾聽，難怪孔子說《韶》樂盡善盡美。

　　古史傳說提到黃帝讓夷作鼓、伶倫作磬。作為上古禮樂之器的鼓和磬在中原龍山文化山西襄汾陶寺遺址有所發現。陶寺遺址的木鼉鼓均成對與大型石磬同出於大型墓中，陶寺遺址的大型墓只占全部一千餘座墓的百分之一弱，由此可見，禮樂之器只是掌握在少數人的手中，享用禮樂之器是這些少數人才擁有的特權。

二、英雄時代的兼併戰爭

　　《史記・五帝本紀》云：「軒轅之時，神農氏世衰。諸侯相侵伐，暴虐百姓，而神農氏弗能征。於是軒轅乃慣用干戈，以征不享，諸侯咸來賓從。而蚩尤最為暴，莫能伐。炎帝欲侵陵諸侯，諸侯咸歸軒轅。軒轅乃修德振兵，治五氣，藝五種，撫萬民，度四方，教熊羆貔貅貙虎，以與炎帝戰於阪泉之野。三戰，然後得其志。蚩尤作亂，不用帝命。於是黃帝乃征師諸侯，與蚩尤戰于涿鹿之野，遂禽殺蚩尤。而諸侯咸尊軒轅為天子，代神農氏，是為黃帝。天下有不順者，黃帝從而征之，平者去之，披山通道，未嘗寧居。」太史公的這段記載基本上反映了上古時期各部落聯盟間相互侵陵、征伐、兼併的爭戰局面。

《呂氏春秋‧君守》載：「夏鯀作城。」《世本‧作篇》（茆泮林輯本）亦載：「鯀作城郭。」僅從字面上看，我們還不知道鯀作的城是商業城市還是軍事城堡。但鯀作城的性質在《淮南子‧原道篇》中有記載，「昔者夏鯀作三仞之城，諸侯背之，海外有狡心。禹之天下之叛也，乃壞城平池，散財物焚甲兵，施之以德。」禹毀壞鯀作之城的同時還散財物焚甲冑兵器，說明鯀作之城是屯兵之所，無疑為軍事城堡，正因為如此，才讓諸侯產生恐懼之感和提防之心。考古發現的中原龍山文化的河南登封王城崗古城、淮陽平糧臺古城、山東龍山文化的壽光邊線王古城、章丘城子崖古城等城址，都是當時的一些部落聯盟出於戰爭需要而修築的軍事城堡。

　　良渚文化、中原龍山文化、山東龍山文化、石峽文化中均有玉鉞或石鉞。鉞是由石斧演化成的專門性的兵器，並且這種兵器往往掌握在軍事首領的手中，成為一種軍事權力的象徵物。《尚書‧牧誓》記載周武王伐紂之事云：「王朝至於商郊牧野，乃誓。王左杖黃鉞，右秉白旄以麾。」鉞為權杖是顯而易見的。軍事首領不僅僅是手持大鉞指揮戰鬥，必要時也偶試鉞的鋒芒。《史記‧周本紀》載：牧野之戰，商紂王敗後登鹿臺自殺，周武王「遂入，至紂死所……以黃鉞斬紂頭，懸大白之旗。」浙江餘杭反山良渚文化祭壇十二號墓出有琮王和一件大玉鉞，玉鉞身長十七點九釐米、刃寬十六點八釐米，是目前所見最大的玉鉞，堪稱鉞王。鉞王磨製光潤，製作精美，鉞身上還刻有與琮王身上相同的戴羽冠的巫師騎怪獸紋樣。瑤山良渚文化祭壇的七號墓出土有玉琮、石鉞和玉鉞，出土時玉鉞形態完好，鉞身、鉞冠飾、鉞端飾具全，朽木柄痕跡長約八十釐米，柄上端嵌裝玉質鉞冠飾，柄下端嵌裝玉質鉞端飾，木柄痕跡兩端之側各有一個小小的玉琮。復原可知，瑤山七號墓玉鉞的鉞身後端插入木柄上部的豎槽中捆綁牢固，柄上端裝飾玉冠飾、下端裝飾玉端飾，柄兩端還各繫一個小玉琮。反山十四號墓出土的玉鉞柄部握在死者手中，柄上下端亦飾冠飾和端飾，並且柄上嵌滿小玉珠，熠熠生輝，極盡奢華，珍貴之意十分明顯，反映出對權力的醉心、迷戀和炫耀。

　　軍事民主制時代也被西方的學者稱之為英雄時代。掌握軍事權力的各部落聯盟首領，個個都是胸懷大志的英雄，無不想兼併其他部落聯盟，一統天下。在這個「諸侯相侵伐」的文明前夜，兼併戰爭是極其殘酷的。漢賈誼《新書‧制不

定》載：「炎帝者，黃帝同父異母弟也，各有天下之半。黃帝行道而炎帝不聽，故戰涿鹿之野，血流漂杵。」黃帝和炎帝之間的戰爭使得血流成河，木棒都漂浮起來，其慘烈程度讓人心驚膽寒。《淮南子‧天文篇》載：「昔者共工與顓頊爭為帝，怒而觸不周之山，天柱折，地維絕。」共工和顓頊之間的戰爭驚天動地，令山河失色。《山海經‧海外西經》載：「刑天與帝至此爭神，帝斷其首，葬之常羊之山。乃以乳為目，以臍為口，操干戚以舞。」刑天爭帝被砍頭，仍用一對乳頭當眼睛、肚臍當嘴巴，揮舞斧鉞繼續戰鬥。這種寧死不屈的精神，體現了英雄的鬥志。陶淵明深受感動，在《讀山海經》一詩中讚歎：「刑天舞干戚，猛志固常在。」

古籍中記載的上古時期的戰爭很多，但材料比較零散，難尋頭緒。這裡僅以黃帝為線索，對上古時期兼併戰爭的過程做一簡單概述。

太史公說：「天下有不順者，黃帝從而征之。」黃帝一生身經百戰，我們只講最重要的、對中華民族形成產生過重要作用的兼併戰爭。

黃帝、炎帝、蚩尤是同時代的三個最大的部落聯盟的首領。黃帝先後與炎帝和蚩尤大戰，並且都戰勝和兼併了對方。

黃帝集團和炎帝集團均雄踞於中原地區。《國語‧晉語》云：「昔少典氏娶於有蟜氏，生黃帝、炎帝。黃帝以姬水成；炎帝以姜水成。成而異德，故黃帝為姬，炎帝為姜。」中國古代典籍中記載上古傳說時，有把個人名稱與氏族部落名稱相混淆的情況。《史記‧五帝本紀》云：「黃帝者，少典之子。」司馬貞索隱：「少典者，諸侯國號，非人名也。」郭璞在《山海經‧大荒東經》的一條注中說：「諸言生者，多謂其苗裔，未必是親所產。」我們可以這樣理解，最初的黃帝氏族部落和炎帝氏族部落都是從少典氏族部落分出去的，黃帝氏族部落在姬水流域興旺壯大起來，炎帝氏族部落在姜水流域興旺壯大起來。到黃帝、炎帝為首領時，二人各自征伐四方，兩支氏族部落也發展成兩個規模龐大的部落聯盟。黃帝集團和炎帝集團均發祥於陝西黃土高原，並同時順著黃河兩岸向東擴張發展。據徐旭生先生在《中國古史的傳說時代》一書中考證：黃帝集團東擴的路線偏北，大約順北洛水南下，到今大荔、朝邑一帶，東渡黃河，沿著中條山和太行山邊緣

繼續向東北方向發展。炎帝集團東擴的路線大約是順渭水東下，再順黃河南岸向東走。由於路線偏南，炎帝集團曾與苗蠻集團發生了關係，可能兼併、融合了一些苗蠻氏族部落。另外在西周建國封伯禽、呂尚為魯侯、齊侯之前，山東地區早有姜姓居住，很可能炎帝集團的勢力到達過山東。經過黃帝和炎帝的一番征伐，中原地區的其他勢力均被剷滅，最終只剩下黃帝和炎帝兩大集團的對峙。這就是《新書‧制不定》所說的「炎帝者，黃帝同父異母弟也，各有天下之半。」我們暫且不管黃帝和炎帝是兩個同根氏族部落，還是兩個同父兄弟，反正兩個集團已成水火不容之勢。黃帝、炎帝皆蓋世英雄，不在戰場上見個高低，誰也不會向對方稱臣。戰爭一觸即發，終於黃帝集團和炎帝集團在涿鹿爆發了一場大戰。《新書‧制不定》載：「黃帝行道而炎帝不聽，故戰涿鹿之野，血流漂杵。」《列子‧黃帝》載：「黃帝與炎帝戰於阪泉之野，帥熊、羆、狼、豹、貙、虎為前驅，雕、鶡、鷹、鳶為旗幟。」涿鹿即今河北涿鹿，阪泉位於涿鹿縣礬山鎮，戰場的具體位置當在阪泉附近。太史公在《史記‧五帝本紀》中也記載了這次大戰，云：「軒轅修德振兵……教熊羆貔貅貙虎，以與炎帝戰於阪泉之野。三戰，然後得其志。」張守節正義說黃帝所教之猛獸乃「言教士卒習戰，以猛獸之名名之，用威敵也」。戰場上獵旗飄飄，殺聲震天，似熊吼狼嚎虎嘯，如豹躍羆奔貔竄貙逃，死人無數，血流成河。經過三次慘烈的戰鬥，最終黃帝集團戰勝了炎帝集團，炎帝向黃帝稱臣，歸順於黃帝，至此，黃帝集團和炎帝集團融合在一起形成炎黃集團。炎、黃二帝率眾融合成炎黃集團在中華民族的歷史上具有重要意義。中原地區完全被炎黃集團所控制，炎黃集團的先民們深深地扎根於華夏大地。炎黃集團被視為漢民族的族源，炎黃二帝被漢族尊為祖先，至今海內外的華人都認為自己是炎黃子孫。炎黃二帝已成為一種文化紐帶，把漢民族緊緊凝聚在一起。

　　當黃帝和炎帝在中原地區爭天下的時候，南方的苗蠻集團和東南地區的蚩尤集團也發展壯大起來。蚩尤集團向北擴張時，與黃帝集團碰撞，雙方展開了生死決戰，決戰的地點也是在涿鹿阪泉。

　　《太平御覽》卷十五引《志林》云：「黃帝與蚩尤戰于涿鹿之野。」《史記‧五帝本紀》云：「蚩尤作亂，不用帝命。於是黃帝乃徵師諸侯，與蚩尤戰于涿鹿之野。」黃帝集團與蚩尤集團的戰爭是一場激烈的拉鋸戰，一開始黃帝集團處於

下風，《太平御覽》卷十五引《黃帝元女戰法》云：「黃帝與蚩尤九戰九不勝。」古籍中記載的有關黃帝戰蚩尤的傳說，頗多巫術意味。綜合各種傳說，可知黃帝與蚩尤之戰大致如下：

蚩尤有七八十個兄弟，均銅頭鐵額，善作兵器，故而威震天下。蚩尤還會變幻法術，或呼風喚雨，或吹煙噴霧。在一次戰鬥中，蚩尤施法術降大霧，大霧瀰漫，把黃帝的軍隊圍困了三天，幸虧黃帝臣子風後急中生智，製作一輛指南車才使黃帝軍隊衝出了包圍圈。後來黃帝在戰鬥中讓應龍蓄水沖淹蚩尤，沒想到蚩尤請來風伯雨師率先向黃帝軍隊颳起大風雨，黃帝抵擋不住，趕緊請旱魃作法止住了風雨。為提高軍隊士氣，黃帝製作了號角和戰鼓。號角可以吹出龍吟般的聲音，迎擊蚩尤所率魑魅魍魎的怪嚎。戰鼓是用夔皮蒙製而成，用雷獸的骨頭作鼓槌，戰鼓敲響聲聞五百里，黃帝軍隊士氣大振，而蚩尤軍隊心驚膽寒。終於黃帝戰勝了蚩尤，把蚩尤殺了。

黃帝僥倖得勝，敬畏蚩尤之威，《太平御覽》卷七十九引《龍魚河圖》載：「黃帝遂畫蚩尤形象以威天下。天下咸謂蚩尤不死，八方萬邦皆為殄狀。」黃帝把蚩尤尊為戰神。《史記・天官書》云：「蚩尤之旗，類彗，而後曲象旗，見則王者征伐四方。」《周禮・春官・肆師》云：「祭表貉，則為位。」鄭玄注：「貉，師祭也。……於所立表之處為師祭，祭造軍法者，禱氣勢之增倍也。其神蓋蚩尤，或曰黃帝。」祭祀戰神蚩尤成為中原王朝的一種禮制。一直到唐宋時期，禡牙即出師祭旗仍祭蚩尤或黃帝。《史記・高祖本紀》說高祖劉邦起兵之時「祠黃帝、祭蚩尤於沛庭。」中原王朝能夠接納蚩尤為戰神，把蚩尤和黃帝並祭，表明自黃帝以後已不再把蚩尤視為蠻夷，否則正統的統治者不會對蚩尤崇敬有加。黃帝戰勝蚩尤後，雖然誅殺了蚩尤，但在蚩尤統領下北上的蚩尤集團卻歸順於黃帝集團，被黃帝集團所融合。《韓非子・十過篇》載：「昔者黃帝合鬼神于西泰山之上，駕象車而六蛟龍，畢方並轄，蚩尤居前，風伯進掃，雨師灑道。」蚩尤集團已臣服於黃帝，故當黃帝在西泰山合鬼神時，蚩尤氏族部落和他們昔日的盟友風伯雨師，在黃帝的前後奔忙，以盡臣子的犬馬之勞。

天下有不順者從而征之的黃帝，征戰無數，在戰勝炎帝集團和蚩尤集團後，除苗蠻集團外，史籍所載的與黃帝同時代的各大部落聯盟均歸順於黃帝，形成了

以黃帝為核心的龐大的華夏集團，並擁有了較為廣闊的領土，為國家的出現和文明的誕生奠定了基礎。

三、大禹治水和國家的建立

堯舜禹是中國國家建立以前華夏集團的最後三位首領。堯舜禹在位之時，正是中國上古洪水氾濫的時期，在洪水造成危害的生死存亡關頭，華夏集團的首要任務是治理洪水。當時能與堯舜禹領導的華夏集團抗衡的只有南方的苗蠻集團，因此對苗蠻集團的征伐就成為華夏集團建立國家以前最後的軍事擴張行動。

按照《史記・五帝本紀》的記載，華夏集團首領的世系為：黃帝 —— 顓頊——帝嚳——帝堯——帝舜——帝禹。堯舜禹為連續承位的三個首領，傳位的方式為禪讓。

漢劉向《說苑・君道》載：「當堯之時，舜為司徒，契為司馬，禹為司空，後稷為田疇，夔為樂正，倕為工師，伯夷為秩宗，皋陶為大理，益掌敺禽。」《淮南子・齊俗篇》載：「堯之治天下也，舜為司徒，契為司馬，禹為司空，後稷為大田師，奚仲為工。」堯有一套較完備的官制，部落聯盟的政治制度在堯時已趨完善，進一步發展便是國家的專制體制，不過這個歷史性的轉變是由大禹完成的。

前面我們已經提到過，部落聯盟的權力機構由軍事統帥、部落首領和祭司組成。堯所設的官職，大多是由部落聯盟中各部落的首領擔任。擔任司空的禹是夏人的祖先，擔任司馬的契是商人的祖先，擔任田疇即大田師的後稷是周人的祖先。很明顯，夏族、商族、周族當時都是堯部落聯盟的成員，並且是核心成員。我們也可以這樣說，以堯為首領的華夏集團是以夏族、商族和周族為主體的部落組成的聯合體。日後，夏、商、週三族對中國早期國家的形成和中國早期文明的發展作出了突出貢獻。

堯雖然按照慣例徵求議事會的意見選定舜做接班人，但在禪讓之後仍在幕後

牢牢掌握政權。《史記·五帝本紀》載：「堯老，使舜攝行天子政，巡狩。舜得舉用事二十年，而堯使攝政，攝政八年而堯崩。」又載：「舜……年五十攝行天子事，年五十八堯崩，年六十一代堯踐天子位。」可知堯在禪讓後攝政八年，在這八年間出現了老首領堯和新首領舜共同執政的局面。當然，作為老首領選定的接班人，新首領只能唯老首領之命是聽。堯的權力已近乎王權。同樣，舜禪讓禹後，也在幕後攝政，並且攝政十七年。堯死，舜守喪三年，《史記·五帝本紀》載：「三年喪畢，讓（堯子）丹朱，天下歸舜。」舜死，禹守喪三年，《史記·五帝本紀》載：「三年喪畢，禹亦乃讓舜子（商均），如舜讓堯子。諸侯歸之，然後禹踐天子位。」堯死後舜要讓位於堯的兒子丹朱，舜死後禹要讓位於舜的兒子商均。這說明堯時已出現家天下的可能，堯的兒子丹朱擁有的勢力，使舜不得不表示謙讓，如果沒贏得其他部落首領的廣泛支持，舜能不能踐天子位還很難說。舜在位時也培養了家庭勢力，以至於禹也表示讓位於舜的兒子商均，但禹在治水中積累了雄厚的實力，商均阻止不了禹踐天子位。舜阻止了堯的家天下，禹阻止了舜的家天下，那麼誰又能阻止禹的家天下？

堯舜禹這三位華夏集團的首領，都有一致的對外政策，那就是征伐苗蠻集團，特別是其中的三苗。

三苗也叫有苗，《戰國策·魏策》載：「三苗之居：左彭蠡之波，右有洞庭之水；文山在其南而衡山在其北。」彭蠡即鄱陽湖。三苗活動的中心地帶在洞庭湖和鄱陽湖之間。衡山在洞庭湖之南，《戰國策》所載三苗之居的南北界顛倒。《韓詩外傳》卷三云：「當舜之時，有苗不服。其不服者，衡山在南，岐山在北，左洞庭之波，右彭澤之水。由此險也，以其不服。」三苗往北已竄到陝西南部和河南南部，進入了華夏集團的南界，對華夏集團形成了威脅。

《呂氏春秋·召類篇》載：「堯戰于丹水之浦以服南蠻。」《漢學堂叢書》輯《六韜》載：「堯與有苗戰于丹水之浦。」堯征伐三苗只限於在丹水沿岸。丹水即丹江，發源於陝西東南部的終南山，向東南流去，經淅川，在河南、湖北交界處注入漢水。堯只是在華夏集團的南界邊緣處征伐三苗。經堯的打擊後，三苗略向南退縮。舜繼續對三苗征伐，《淮南子·齊俗篇》云：「當舜之時，有苗不服，

於是舜修政偃兵，執干戚而舞之。」舜南下征伐，打到了三苗的腹地。《呂氏春秋·召類篇》云：「舜卻苗民，更易其俗。」《尚書·舜典》云：「（舜）竄三苗于三危。」舜把一部分三苗人強行遷到別處，以使其改掉頑劣之俗。但舜並沒能徹底征服三苗。《墨子·非攻下》云：「昔者三苗大亂，天命殛之。……禹親把天之瑞令以征有苗。」經過禹的又一次征伐，才徹底征服三苗。

堯舜禹不遺餘力、連續征伐三苗，恐怕是為了解除軍事上的後患，以便集中精力治理洪水。

《孟子·滕文公上》載：「當堯之時，天下猶未平，洪水橫流，氾濫於天下。草木暢茂，禽獸繁殖。五穀不登，禽獸逼人。獸蹄鳥跡之道，交於中國。」堯時洪水滔天，堯所統轄的領土幾成澤國。許多先秦文獻都記載了堯時發生的洪水，恐怖的洪水在中華民族的記憶中留下了深深的烙印。現在考古發現結合水文地質的研究已經證實，新石器時代末期中國確實發生過大洪水。中國的總地勢是西高東低，大江大河由西向東流入大海，洪水對中部、東部造成的危害最大，尤以地勢最低的東部為甚。考古學家認為，地處東部物質基礎較好、工藝技術較進步、較為富有和發展水準較高的山東龍山文化和良渚文化的驟然衰落，就是洪水氾濫造成的結果。

面對滔天的洪水，堯帝一時沒了主意，於是召開議事會商議治理洪水之事。《史記·五帝本紀》載：「堯曰：『嗟，四岳，湯湯洪水滔天，浩浩懷山襄陵，下民其憂，有能使治者？』皆曰鯀可。堯曰：『鯀負命毀族，不可。』岳曰：『異哉，試不可用而已。』堯於是聽岳用鯀。九歲，功用不成。」這件事在《尚書·堯典》中也有記載。四岳向堯推薦鯀治水。鯀是夏族的首領，大禹的父親。鯀治水九年，以失敗告終。《尚書·洪范》說：「鯀堙洪水。」《國語·魯語上》說：「鯀障洪水。」堙、障就是填塞、圍堵。圍堵需築土壘牆壩，鯀用這種方法雖然沒能堵住洪水，但用這種方法築城卻取得了很大成就。鯀採用的堙、障手段，治理小小的洪水也許管用，但治理滔天大洪水則顯然力不從心。儘管鯀盡了最大努力，但萬民仍在洪水中苦苦掙扎，堯帝不能容忍治水的失敗，加上本來就對鯀心存戒心，於是秉公加點私憤，把鯀殺了。《左傳·昭公十七年》載：「昔堯殛鯀

於羽山。」從堯帝殺鯀看，當時部落聯盟的首領已經擁有了對聯盟內各部落首領生殺予奪的絕對權力。

舜即帝位後，讓鯀的兒子禹承接其父治水的職責，繼續治水。《史記・夏本紀》載：「於是舜舉鯀子禹，而使續鯀之業。」父債子還，子承父業，就這樣禹走上了歷史舞臺，於是中國歷史上出現了第一位治水的大英雄和第一位國家的創立者。

《史記・夏本紀》說：「禹傷先人父鯀功之不成受誅，乃勞身焦思，居外十三年，過家門不敢入。薄衣食，致孝於鬼神。卑宮室，致費於溝淢。陸行乘車，水行乘船，泥行乘橇，山行乘欙。」禹有感於父親治水失敗被殺，立志治水成功，跋山涉水奔波十三年不入家門。《韓非子・五蠹》載：「禹之王天下也，身執耒臿，以為民先。股無胈，脛不生毛，雖臣虜之勞，不苦於此矣。」身為堯舜部落聯盟的司空和夏族的首領，禹能有以為民先的精神和臣虜之勞的負重，治水焉能不成功？天下焉能不歸順？

禹不光有治水的遠大志向和決心，還有一套治水的有效方法。禹吸取了父親治水失敗的教訓，把堙障的方法改為疏導，《國語・魯語上》說：「禹念前之非度，釐改制量，疏川導滯。」同時禹也注重科學測量，《史記・夏本紀》說：「（禹）左準繩，右規矩，載四時，以開九州，通九道，陂九澤，度九山。」

古籍中記載的關於禹治水的神話傳說很多，並有不少巫術含義。《尸子》（輯本）卷下說：「禹理水，觀於河，見白面長人魚身出，曰：『吾河精也。』授禹河圖，而還於淵中。」禹得到河精授予的黃河地圖，治理黃河自然是胸有成竹了。《拾遺記》卷二說：「（禹）又見一神，蛇身人面，禹因與語，神乃探玉簡授禹，長一尺二寸，使度量天地，禹即執此簡以平水土。」禹獲神助，又得度量工具玉簡，測量河川自然可以精確無誤。《楚辭・天問》說：「應龍何畫？河海何歷？」王逸注：「禹治洪水時，有神龍，以尾畫地，導水所注。」又說應龍用尾巴畫地指引，禹順著龍尾所畫的方向開鑿就可以導引河水注入大海。總之，大禹治水的決心和毅力感動了鬼神，它們紛紛出來助禹一臂之力，另外大禹開鑿龍門、開鑿三門峽、開鑿錯開峽、打通轘轅山等神話傳說，幾千年來也廣為流傳。

大禹治水

　　堯時的洪水殃及整個華夏大地，幾乎每個氏族部落都在水災中煎熬。中國的兩大河流一是黃河，一是長江，從考古發現看，自中游以下，黃河和長江流域的史前氏族部落已相當密集，如果洪水氾濫，這些氏族部落所受的危害也最大。治理洪水，需要河兩岸上、下游的氏族部落通力合作，擰成一股繩，匯成龐大的集體力量，這樣才有希望治住洪水。這自然需要組織者和領導者，需要服從統一的指揮和調度，必須讓治水的領導者擁有絕對的權力。如果有哪個氏族部落不服從治水首領的命令，自然就會影響通力協作的氏族部落治水聯合體的利益。為了集體的共同利益，各氏族部落都會擁護治水首領對不服命令者進行懲罰。這無疑賦予了治水領導者凌駕於各氏族部落之上的權力。《史記·孔子世家》記載這樣一件事：「吳伐越，墮會稽，得骨，節專車。吳使使問仲尼：『骨何者最大？』仲尼曰：『禹致群神於會稽山，防風氏後至，禹殺而戮之，其節專車，此為大矣。』」此事在《國語·魯語下》中也有記載。孔子提到禹曾在會稽山會群神。會稽山原來叫茅山，《越絕書·外傳記地》云：「禹始也，憂民救水，到大越，上茅山大會計，爵有德，封有功，更名茅山曰會稽。」《論衡·書虛篇》云：「吳君高說：會稽本山名。夏禹巡守，會計于此山，因以名郡，故曰會稽。」所謂上茅山大會計、會計於此山，就是禹讓各地區的氏族部落首領在茅山聚會，計議治水之事。因會計治水之事重要而隆重，故把茅山改名為會稽山（稽、計同音假借）。禹召集各地區的氏族部落首領在會稽山開會計議治水大事時，防風氏漫不經心，居然遲到了。治水是嚴肅不容含糊的事，治水的命令就是鐵令，豈容藐視，禹為嚴肅法紀，就地在會稽山把防風氏殺了。這說明大禹在治水事務上擁有至高無上的權力和絕對權威。

禹治水的範圍，大體相當於今陝西以東的黃河流域、三峽以東的長江流域以及淮河流域。

堯舜禹部落聯盟是炎黃部落聯盟的承繼者。黃帝和炎帝是從陝西的姬水和姜水分別順黃河兩岸向東擴張發展，然後在河北涿鹿融合的。炎黃集團的地域包括今陝西南部、山西南部、河南北部和河北中南部。《史記‧五帝本紀》說：「（黃帝）北逐葷粥。」則炎黃集團的北界與北方遊牧接壤，當在長城一線。《史記‧五帝本紀》又提到黃帝「邑于涿鹿之阿」，以河北中部地區為大本營，但「遷徙往來無常處」。堯舜禹的部落聯盟中有後稷統領的周族、鯀禹統領的夏族。周族自平王東遷以前，世代居住在陝西南部。禹都安邑，夏族生活在晉西南豫西北一帶。因此，大禹治水的重點，肯定在華夏集團的根據地，即黃河流域的中原地區，文獻中有關的記載相當多，可說明這一點。

《巫山縣誌》卷三十載：「斬龍臺，治西南八十里；錯開峽，一石特立。相傳禹王導水至此。」這則傳說說禹治水到過長江中游的三峽地區。我們認為這是有可能的。堯與三苗戰於丹水之浦，把三苗趕過了漢水。緊接著舜、禹又繼續攻打三苗，一直打到三苗的根據地洞庭湖一帶，竄三苗於三危。舜禹不一定能控制住遠在洞庭湖一帶的苗民，但控制距河南不遠洞庭湖以北的宜昌一線不會有問題，因而大禹治水從宜昌進入三峽是順理成章的事。

大禹不僅在長江中游地區治水，也在長江下游地區治水。《尚書‧益稷》記載：「予（禹）創若時，娶于塗山。」《楚辭‧天問》、《呂氏春秋‧音初》、《吳越春秋‧越王無余外傳》等也都提到過大禹治水娶塗山女的事。《越絕書‧外傳記地》說塗山就是越之會稽山，這使我們想起大禹治水就是在會稽山召開的計議會。當時會稽山所處的長江下游地區由於地勢低窪、水網密布，所以也是禹治水的重點。禹難忘會稽治水，即帝位後巡視會稽時，竟死在這裡。

禹也曾治理淮河，《尚書‧禹貢》載：「（禹）導淮自桐柏。」

大禹利用自己的權威指揮偌大範圍內的各氏族部落共同治理洪水，這個範圍內的氏族部落首領和黎民百姓無不聽從禹的號令，所以從禹治水開始，這些部落

首領和百姓實際上已經成了禹的臣民。

　　大禹以治水凝聚各氏族部落，膨脹自己的權力。治水成功後，禹取舜而代之。《史記‧夏本紀》載：舜死後，「天下諸侯皆去商均（舜子）而朝禹。禹於是遂即天子位，南面朝天下，國號曰夏後，姓姒氏。」中國歷史上的第一個王朝由此開始。以後禹不實行禪讓而傳位給兒子啟，中國歷史從此進入文明時代。

第二章

華夏文化和
三代興亡

國家是文明社會的概括。

文明社會的政治基礎是階級對立的發展，其物質基礎則是城市、金屬工具、治理水患等物質文化的發展。

美國傑出的社會學家摩爾根經過多年的研究曾經指出，人類古代社會是從蒙昧時代經過野蠻時代而進入文明時代的。馬克思主義經典作家根據摩爾根的說法對這個演進的規律進行了深入的理論分析，指出「文明時代的基礎是一個階級對另一個階級的

剝削」[1]，這對我們研究人類文明的起源有普遍的意義。文明起源問題實際上也就是階級社會和國家起源的問題。國家的實質在所有文明民族中應該都是一樣的，但其形成方式卻由於各種原因而千差萬別。從中國古代的實際情況看，中國上古時代的原始國家大都是從氏族部落聯盟、酋邦直接發展而來的。原始社會後期，氏族首領憑藉他們的權力擁有了大量的財富。他們在掠奪財富和人口的部落戰爭中不斷發展部落聯盟，並通過把持氏族組織和聯盟領導機構使之越來越獨立化而成為自居於社會之上的、別人不能染指的禁臠，這樣，原來的氏族組織或聯盟機構就成為最早的國家機關。這種原始的、最早的國家機構大概在傳說中的黃帝時期就開始了。

1　《馬克思恩格斯選集》，173 頁，北京，人民出版社，1972。

第一節 ·
從野蠻到文明

　　第一章我們曾詳細介紹過，原始社會新石器時代後期，中國境內曾先後形成了幾個既互相聯繫又各具特點的文化區域。這些不同文化區域孕育出來的部落、酋邦在與周圍區域文化的交匯、碰撞中不斷地發展，並先後通過聯盟、征服等途徑向原始國家轉化。在這些文化區域中，中原文化成熟較早，它所處的相對中央的位置，對四方文化的輻射力量和融匯、涵化四方文化的力量都比較強；加以當時黃河中游地區自然環境優越，地勢平坦、交通便利、物產豐饒[2]，所以從文明初萌的時代起，中原地區就一直是四方部落、酋邦遷徙、爭奪的中心。中國古史傳說中著名的戰爭，如共工和蚩尤的戰爭，共工和顓頊（或說祝融）的戰爭，黃帝和蚩尤的戰爭，黃帝和炎帝的戰爭，堯征南蠻、舜卻苗民、禹征有苗的戰爭等，大都是圍繞對中原地區的爭奪、擴展、開發而進行的。爭奪戰爭的結果，加速了四方文化與中原文化的融匯，加速了文明國家在中原實現的進程。據文獻記載，到了堯、舜、禹的時候，當時國家的鎮壓職能和調節職能已經趨於成熟。那時的國家不僅有了軍隊、監獄、刑罰等專政工具，而且已能設官分職，「親九族」、「協和萬邦」，組織強大的人力、物力疏河治水，這對權力的集中和文明的發展無疑是一個極大的推動力量。其後不久，大概在西元前十七世紀，隨著堯、

---

[2]　黃河中、下游地區史前時代氣候較今天溫暖濕潤，有十分豐富的熱帶植物和動物種類。見竺可楨：《中國近五千年來氣候變遷的初步研究》，《考古學報》，1972 年第 1 期。

舜、禹權力的傳遞從民主的「禪讓」變成禹「傳子」給啟，中國古代社會終於完成了從野蠻到文明從量變到質變的轉變，建立起中國歷史上第一個文明國家——夏。

中國古代文獻是這樣描繪中國古代野蠻和文明的分界的：

大道之行也，天下為公。選賢與能，講信修睦，故人不獨親其親，不獨子其子，使老有所終，壯有所用，幼有所長，矜寡孤獨廢疾者皆有所養；男有分，女有歸，貨惡其棄於地也不必藏於己，力惡其不出於身也不必為己。是故謀閉而不興，盜竊亂賊而不作，故外戶而不閉。是謂大同。今大道既隱，天下為家。各親其親，各子其子，貨力為己。大人世及以為禮，城郭溝池以為固，禮義以為紀，以篤父子，以睦兄弟，以和夫婦，以設制度，以立田裡，以賢勇知，以功為己。故謀用是作而兵由此起。禹、湯、文、武、成王、周公，由此其選也。此六君子者，未有不謹於禮者也。以著其義，以考其信，著有過，刑仁講讓，示民有常。如有不由此者，在埶者去，眾以為殃。是謂小康。[3]

禹王像

這裡，「大同」即原始社會的民主精神和道德觀念被概括為「天下為公」，「小康」即新出現的階級社會的專制統治和禮義精神被概括為「天下為家」，極中肯綮。不過要注意的是，這裡說的家，不是現代意義上說的個體家庭，而是指家族、氏族。這說明，夏的建立雖然標誌著中國社會從「大同」到「小康」的過渡，但它們的社會結構變化並不大，依然是以「家」

3　《禮記‧禮運》。

即氏族為社會的基本單位，區別只在於一些氏族成了統治階級，一些氏族成了被統治階級，統治階級和被統治階級中間又分成不同的層次而已。

夏的建立曾遭到了氏族的強烈反對。傳說啟建立「家天下」，有扈氏不服，起兵反抗，啟藉口「恭行天之罰」，打敗了有扈氏，才鞏固了政權。後來啟子太康荒淫「失國」，東夷部族有窮氏的羿「因夏民以代夏政」，直至少康中興，少康子杼「征於東海」，用武力使東夷臣服，夏的勢力才得以在黃河中下游發展、鞏固。這說明夏一直是在與本部族或其他部族傳統氏族勢力的鬥爭中發展的。有關夏代的文獻記載較少，但為數不多的記載都說夏已有了比較發達的溝洫農業和青銅器冶鑄技術，並開始了封建和貢賦：

《論語·泰伯》：子曰：禹，吾無間然矣。……卑宮室，而盡力乎溝洫。

《墨子》：夏後開使蜚廉採金於山川，而陶鑄於昆吾。

《孟子·滕文公》：夏後氏五十而貢。

《史記·夏本紀》：禹為姒姓，其後分封，用國為姓，故有夏後氏、有扈氏、有男氏、斟尋氏、彤城氏、褒氏、費氏、杞氏、繒氏、辛氏、冥氏、斟氏、戈氏。

《書·禹貢》：四海會同，六府孔修。庶士交正，底慎財賦，咸則三壤，成賦中邦。賜土、姓，祗臺德先。

這些記載大體是可信的。溝洫農業和青銅器冶鑄考古中已得到證明。封建之事也有其他文獻可為佐證。所謂「用國為姓」、「賜土、姓」，是說夏通過賜土、賜姓的方式把一些下屬氏族或服屬它的部落、酋邦扶植為合法的方國，在組織上與它結成宗主與附屬國的聯盟，這就是所謂的「封建」。從文獻記載看，周的先祖棄、商的先祖冥，都作過夏的「官」——棄為「後稷」，冥為「水官」，這說明商周的先人都接受過夏的封建。張光直先生通過聚落考古對證文獻說夏商周三代的更替「不僅是前仆後繼的朝代繼承關係，而且一直是同時的列國之間的關係。從全華北的形勢看，後者是三國之間的主要關係，而朝代的更替只代表三國

之間勢力強弱的沉浮而已」⁴，是一個宏觀的看法。

夏的封建還體現在經濟貢納上。《書·禹貢》開列的九州貢賦及五服貢納，不是夏的真實情況，但貢賦之事起於夏，似當有所本。《孟子·滕文公》說：「夏後氏五十而貢，殷人七十而助，周人百畝而徹，其實皆一也。」說者多以為貢是實物地租，亦不見得符合夏的實際情況，但用它說明「古來田賦之制，實始于禹」，卻沒什麼疑問。「夏後氏五十而貢，殷人七十而助，周人百畝而徹，其實皆一也」跟「殷因于夏禮，其損益可知也；周因于殷禮，其損益可知也」的意思是相通的，「其實皆一也」，互有因襲而又經過損益，體現了三代在政治經濟上的承襲沿革關係。

商原是黃河下游東夷族的一個古老酋邦，形成國家以後逐漸向西部北部發展，蠶滅夏的許多屬國。西元前十五世紀，湯滅夏建立商王朝。商建立後，由於內外矛盾和自然災害，「不常厥邑」，曾經五次遷都。盤庚遷殷（今河南安陽）後，勵精圖治，政治、軍事、經濟都有了大的發展，至武丁時達到極盛，「邦畿千里」，「莫敢不來享，莫敢不來王，曰商是常」⁵。商代晚期已建立起強大的「內服」、「外服」政制系統：「內服」是商王國的官僚組織；「外服」則是服屬於商、被商封為諸侯、邦伯的方國或部落。不過，當時的國家組織，也還是以氏族為其組織形式：

《史記·殷本紀》：契為子姓，其後分封，以國為姓，有殷氏、來氏、宋氏、空桐氏、稚氏、北殷氏、目夷氏。

《左傳·定公四年》：昔武王克商，成王定之，選建明德，以藩屏周。……分魯公……殷民六族：條氏、徐氏、蕭氏、索氏、長勺氏、尾勺氏，使帥其宗氏，輯其分族，將其類醜，以法則周公。……分康叔……殷民七族：陶氏、施氏、繁氏、錡氏、樊氏、饑氏、終葵氏……皆啟以商政，疆以周索。分唐叔……懷姓九宗，職官五正……啟以夏政，疆以戎索。

4　張光直：《從夏商周三代考古論三代關係與中國古代國家的形成》，《青銅時代》，31 頁，北京，三聯書店，1983。
5　《詩·商頌·殷武》。

《逸周書‧商誓》：王若曰：告爾伊、舊、何、父□□□幾、耿、肅、執，乃殷之舊官人，序文□□□□及太史比、小史昔，及百官、裡居、獻民□□□來尹師之，敬諸戒疾，聽朕言。

獸面紋銅飾牌

這些族系，從殷墟甲骨文中我們知道，可分為「王族」（商王本族）、「多子族」（王室近支族系）、「三族」、「五族」（王朝骨幹族系）及「多生」（即文獻常見的「百姓」，與商王不同姓的貴族）等層次。這些族系有自己的經濟（土地）、武裝（軍隊）。它們層層分屬於上一級的族系，其族長與上一級族長構成君臣關係，但又統屬於商王「余一人」，這都比較清楚地反映了它們之間的宗法關係。宗法關係「實質上就是以父家長大家族為基礎的晚期父系氏族制度保留在古代社會貴族統治階級內部的經過改造的形態。在宗法制度下，一族的主要財產掌握在世代相傳的族長即所謂『宗子』手裡。大家族的公社性由宗子『庇族』、『收族』的義務歪曲地反映出來。至於原始社會末期父家長、大家族、宗族、氏族、部落各級組織之間的關係，則被改造成大宗小宗之間的統屬關係。」[6]在宗法制度下，「族長操縱家族的全部財產權，家族成員所得的一份，至少在名義上必須受賜于族長」[7]，這種實質上或名義上的受賜或相應的禮儀，就是分封的由來。卜辭中有不少商王徵調「王族」、「多子族」征伐某方、戍守某地或「葉王事」的記載，亦有不少商王命令王室官員或宗族長帶領「眾人」、族屬經營王室田莊（籍田）或到新區開墾土地（如褎田）及貢納奴隸、牲畜、財物、卜甲、卜骨的記載，這是宗法制度下被分封的子氏族（小宗）對商

6　裘錫圭：《關於商代的宗族組織與貴族和平民兩個階級的初步研究》，《文史》第 17 輯，4 頁，北京，中華書局，1983。

7　林澐：《從武丁時代的幾種「子卜辭」試論商代的家族形態》，《古文字研究》第 1 輯，327 頁，北京，中華書局，1979。

王（大宗）的責任和義務。商代的氏族，不僅是王朝基本的社會基層組織，也是王朝基本的軍事基層組織和貢賦基層組織。氏族成員的社會地位完全依該氏族在宗法層級中的等級及他在氏族中的等級而定，因此，商代基本上屬於氏族封建的社會。

商代施行神權巫術政治，用戰俘祭祀祖先、上下神祇（人祭）和用奴隸殉葬（人殉）的數量很大。專門用於祭祀的禮器，工藝水準高超，裝飾造型充滿了神秘的氣息。商代已使用成熟系統的文字記載自己的歷史，從甲骨文記錄的卜辭看，商對四方的征伐及抵抗外族入侵的戰爭頻繁而激烈，這對研究殷商的拓邊開疆史是第一手的資料。

商晚期的疆域，北至燕薊，南至豫南、鄂北，西起晉南，東至於海。其勢力影響所及，北至遼西，西迄甘陝，南逾江漢，遠至今江西新幹都受其文化波及，這在當時的世界上是少見的。據甲骨文記載，殷與外服諸侯的關係主要是政治、軍事上的隸屬、同盟關係，諸侯除了奉命參與軍事征伐及軍事演習性質的田獵外，經濟上的聯繫還不密切，這主要是因為外服

司母戊大方鼎

諸侯多是異姓的方國或部落，它們與殷的隸屬關係，還保留著部落軍事聯盟的許多特點。

殷周政治體制的變化，是一個劇烈的變化。

周原是興起於渭水中游黃土高原上的一個古老部落，從夏代起就與夏有封貢關係。古公亶父時，周遷居岐山下的周原，逐漸強大。後來殷感到周的威脅，通過聯姻結好周人，又用武裝手段殺死周王季歷。文王（季歷子）時，殷把有莘氏女嫁給文王，封他為「西伯」。文王「卑服，即康功田功」，「有亡荒閱」，勤修內政，逐漸戡滅了殷西方的一些屬國、盟國，「三分天下有其二」，做好了滅商的準備。文王死，武王即位，他趁商內外矛盾激化的機會，率領庸、蜀、羌、

髳、微、盧、彭、濮的聯軍與戰鬥力極差的商軍戰於牧野（今河南淇縣西南），迫使商王紂登鹿臺自焚，「不終朝而天下清明」，建立了周王朝。

周王朝初建，也是一個以周為宗主國的聯盟王朝。不久，武王死，其子年幼，周公攝政。周公的同母兄弟管叔、蔡叔欲謀取王位，與商紂子武庚及殷原來的屬國奄、蔡勾結發動叛亂。周公「內弭父兄，外撫諸侯」，對這場危及王朝生存的叛亂進行了堅決的、艱苦的鎮壓和征伐。在東征摧毀殷遺及奄、蔡的基礎上，周公鑒於東方殷遺勢力的強大和國內宗族權力再分配的矛盾，對周的政制格局進行了一系列的改造。改造的重點，是打破舊的方國、邦族界限，實行人口、土地的再分組，通過「賜姓、胙土、命氏」即「受民受疆土」，封建親戚，在新開地區廣建同姓、姻姓子國。同時，把周的政治、軍事重心轉移到「洛邑」，從天命觀念和宗法觀念上完成周「居中國」、馭四方的正統地位。據《荀子‧儒效》，「周公兼制天下，立七十一國，姬姓獨居五十三人」，《左傳‧昭公二十八年》也說周公封建，「兄弟之國者十有五人，姬姓之國者四十人」。可見周初之封是以同姓尤其是兄弟為主。周公把這些「文之昭」、「武之穆」、「周公之胤」封建到全國各地要衝，要他們綏服當地人民，「啟以夏政，疆以戎索」，「啟以商政，疆以周索」，真正穩固地占領這些地區。以後，成、康、昭、穆又不斷地分封、徙封，各諸侯國立國後也以天子封建諸侯為樣板，把土地、人民分給卿大夫，卿大夫又把土地分給士，這樣，「文王孫子，本支百世」，姬姓或他們的姻親宗族就以層層「受民受疆土」的封建形式牢牢占據了今陝西寶雞以東、燕山以南、長江以北的廣大地區，成為有史以來第一個同姓宗族統治版圖最遼闊的國家──周。

伴隨著「封建親戚，以藩屏周」的宗族分封，周公又進一步「制禮作樂」──頒定禮樂制度作為約束宗族統治的政治制度。禮樂制度的核心是宗法。這是較之商代宗法更為完善、更為細緻的血緣組織法。它規定，在嫡長子絕對的優先繼承權的約束下，宗族統治可以通過分級立宗解決權力、財產再分配的矛盾，以鞏固和擴大宗族統治的整體力量。同時，它又借此規定限制各級宗族的權力和等級，使上下不可逾越：嫡長子是大宗，庶子是小宗，「大宗維翰……宗子維城」，「支子不祭，祭必告于宗子」。這樣一方面，宗法等級決定了宗族財產、

權力的分配層次；另一方面，又穩定了宗族政治秩序，「立天子不使諸侯疑（擬）焉，立諸侯不使大夫疑（擬）焉，立嫡子不使庶孽疑（擬）焉」。從此，「親親」、「尊尊」成為劃分貴族等級、防止僭越爭奪的有效手段。

西周的土地制度，名義上是「溥天之下，莫非王土」，實際上是宗法分封下的土地層層占有。文獻和銅器銘文中有不少周王賞賜臣下或公侯賞賜卿大夫土地的記載，如《詩・魯頌・閟宮》：「乃命魯公，俾侯於東。錫之山川，土田附庸。」《召卣》銘文：「賞畢土方五十里。」經營各級貴族土地的基層單位是邑、里或書社。邑、里、書社的土地分配制度是「井田制」——即由各級貴族向農民或農奴「授田」的「公田」、「私田」制。「公田」是農民或農奴為各級貴族耕種的田，「私田」是各級貴族「授」給農民、農奴養家糊口的田。「井田制」的規模不會像《孟子・滕文公》講的「方里而井，井九百畝，其中為公田，八家皆私百畝，同養公田。公事畢，然後敢治私事，所以別野人也」那樣整齊劃一，但「方里而井」的構架，田地的阡陌封疆、溝洫形成「井」字形的樣子以及「公事畢，然後敢治私事」的記載是真實的。《詩經》記載農民或農奴在「公田」上的勞動場面經常是「十千維耦」、「千耦其耘」，他們盼望著「雨我公田，遂及我私」，說明西周時代的農民或農奴確實是以勞役地租的形式耕種各級貴族的公田的。除此之外，《詩・豳風・七月》還記載農民或農奴要定期為貴族服一定的家務勞役，交納一定的貢物。這是典型的宗族封建制剝削。

西周王朝對所封諸侯除了宗法的約束，在行政上還特別設立了「監」來監督他們。規定他們除了盡政治、軍事上的保衛藩屏之責外，還必須定期朝覲，及時向周王貢納本國的特產，對周王的死喪、嫁娶、巡遊盡特定的義務。因此，周四方的諸侯，在一定程度上已具備了宗周地方政權的性質。《書・禹貢》記載的九州貢賦，可能有不少反映的是這個時代的情況。

春秋而後，王綱解紐，諸侯稱霸，中國歷史進入了大動亂、大融合、大改革、大轉變的時期。

爭霸戰爭實際上是諸侯統一諸國的戰爭。西周末年，由於西北遊牧部落的侵襲和王室內部王位繼承的鬥爭，申侯、繒侯勾結犬戎入攻鎬京，西周滅亡。周平

王東遷洛邑後，周處於今河南西部一隅之地，「南夷與北狄交」，西部的戎、北部的狄、南部的楚不斷侵擾中原，周朝「不絕若線」。在此情況下，齊桓公以東方大國的實力，以「尊王攘夷」為號召，存邢救衛，九合諸侯，成為春秋時代第一位東方霸主。以後，晉文公、秦穆公、楚莊王和吳、越相繼稱霸。稱霸的結果，極大地促進了生產經濟的發展和各個地區的統一。春秋初原有的一百四十幾國，到春秋末年被兼併為秦、晉、燕、齊、魯、楚、吳、越等為數不多的幾個強國。東方的夷、戎被齊、魯征服，北方的狄族被晉併吞，西方的戎被秦吞併，中原的戎被晉、楚瓜分，南方的蠻被楚和吳、越吞併，大多數居住在中原或與中原靠近的民族如秦、楚、吳、越都被中原同化——華夷之間的差別、界限泯滅了，上古不同的種族混合成了一個「華夏民族」。在西周，「中國」是「土中」的意思，僅指今河南洛陽一帶。到春秋末年，「中國」的概念已指華夏文化籠罩的區域，北至燕代，南到洞庭，西起甘隴，東到海隅，全部都囊括在「中國」的疆域之中。

　　頻仍連綿的爭霸戰爭和動盪中的建設對西周以來的宗法封建制度也予以致命的衝擊。原來是「禮樂征伐自天子出」，到春秋卻變成了「禮樂征伐自諸侯出」。以後隨著貴族內部傾軋，政權下移，又出現了「政在家門」、「陪臣執國命」的情況。爭霸各國為了富國強兵，先後實行變革，極大地促進了生產經濟的發展和統治思想、文化思想的轉變。「學在官府」的局面被打破了，以孔子為代表的教育家、思想家舉辦「私學」和出身於較低層次貴族「士」的作用的日益發揮，為爭霸各國提供了大批的人才和豐富的理論思想。世族制度開始沒落，宗族觀念中衰，諸侯、卿、大夫「爭田」事件日見劇烈。一些貴族失去土地而降為平民，一些貴族則漸次集中了更多的土地。加以此時鐵器發明，牛耕發展，商業發達，西周以來的「井田」制度開始廢弛，原來的賦稅制度行不通了，貴族統治階級不得不改革賦稅以適應新形勢，於是出現了魯國的「初稅畝」和秦國的「初租禾」等賦役辦法。「初稅畝」和「初租禾」按農民耕種的實有的土地面積收取實物地租，承認土地私有的合法性，標誌著新的封建生產關係已經在舊的母體中即將孕育成熟。它的進一步發展，就是要徹底打破封建宗法的束縛，為土地的全面私有開闢道路。

越王勾踐劍

　　戰國時期，諸侯七強一系列的變法為徹底打破宗法制的束縛、保障土地的全面私有奠定了政治基礎。戰國時期是「爭地以戰，殺人盈野；爭城以戰，殺人盈城」慘烈的連年兼併戰爭時期，也是政治、經濟、文化高速發展，不斷從割據走向統一的時期。這一時期，鐵製工具廣泛使用，水利灌溉形成規模，城市和商業、手工業高速發展，土地買賣、兼併成風，貧富分化十分激烈。順應經濟變化的發展，戰國初年，魏、楚、齊、韓、秦先後實行變法：廢除「世卿世祿」制度，確定軍功爵祿；廢除封邑制、建立郡縣制；發展農業、抑制商業。變法的結果，諸侯各國的封建貴族、官僚、軍功階層、商人迅速向地主階級轉化；一般的農民，則由國家授予一定數量的土地，規定他們每年為國家服一定的勞役；失去土地的農民，則成為依附於各級地主的「庶子」、佃農和雇農。階級關係的變化，土地制度、行政制度的變化，養士之風的盛行，以及各地區政治、經濟不平衡性的減少和彼此聯繫的加強，推動了思想文化的空前活躍：「孔墨之弟子徒屬，充滿天下」，「九家之術，蜂出並作，各引一端，崇其所善」[8]，他們爭先恐後地為即將出現的大一統王朝繪製藍圖，互相批判、論戰，形成了中國歷史上規模最大的理性文化思潮的「百家爭鳴」，這可以說是統一王朝出現的前奏。經濟、文化統一的局面已經形成，加上北方燕、趙對東胡、林胡、穢、貊、樓煩，西南秦對巴、蜀少數民族的征服，民族融合的趨勢也進一步擴大，政治、軍事的統一已成為符合人民願望的大趨勢。在這種情況下，崛起於西方的秦，憑藉它變法最徹底、軍事力量最強的優勢，採用正確的軍事、外交策略，先後攻滅韓、趙、燕、魏、楚、齊而結束了諸侯割據稱雄的局面，在中國土地上建立起空前的、統一的中央集權的封建王朝——秦。從此，中國歷史進入了大一統的地主封

8　《漢書·藝文志》。

建社會，歷史翻開了新的篇章。

第二節 ·

三代變遷和
華夏文化的形成

夏商周氏族封建到地主封建的發展過程，是華夏民族的形成發展過程，也是華夏文化的形成發展過程。夏商周政治、經濟制度的發展，促進了華夏民族和華夏文化的發展。華夏文化持久的延續性、向心的凝聚力和博大的包容性，不僅為蠻、夷、戎、狄與諸夏的統一奠定了思想的基礎，也為以後漢民族的形成和統一的多民族國家的出現，奠定了歷史的基礎。

一、夏商時期的氏族封建和巫術神權文化

實際上，在統一的王朝形成之前，在後來成為夏商周政治中心的中原地區，早期的華夏民族和華夏文化就已經在戎、狄、蠻、夷的鬥爭、融合中誕生了。它的發展，決定和制約了以後華夏民族和華夏文化的發展方向。因此，我們研究華夏民族和華夏文化的形成，不能忽視這一點。

從考古文化看，在距今五〇〇〇年到四〇〇〇年前，以山西南部、河南西部、陝西河南山西三省交匯處為中心的廣闊地區內，經過過渡承繼仰韶文化而來的中原龍山文化已成為該地區有地區特點的主流文化。按照古史傳說，這個時期

正是黃帝、炎帝、太昊、蚩尤等黃河中下游東西兩個氏族集團在中原鬥爭、融合結成聯盟的時期。這種考古文化與古史傳說的吻合，反映了當時華夏氏族部落集團和東夷氏族部落集團在中原文化的統一。這種統一，既有華夏氏族部落集團文化與東夷氏族部落集團文化融合的因素，也有二者與當地文化融合、被當地文化同化的因素，對中國古代文明國家的形成有決定意義的影響。堯、舜、禹以後，中原的戎、狄、蠻、夷、華夏形成文明國家，稱華夏；四方的少數民族像三苗等被趕出中原則被稱為蠻、夷、戎、狄，這都是以黃帝在中原的統一為標準的。在中國歷史上，我們的祖先不把堯、舜、禹稱為「人文初祖」，而把黃帝看成是中國古代的「人文初祖」，也是肯定黃帝在中原的統一對華夏民族、華夏文化的貢獻。這個作用無論如何不能低估。

進入夏代以後，由於中華民族的祖先是在基本上沒有改變氏族結構的情況下進入階級社會的，因而它在政治制度的架構上還保留著氏族社會的許多特點。《呂氏春秋·用民》說：「當禹之時，天下萬國，至於湯而三千餘國」，可見夏建立的國家還是一個早期的方國、部落聯盟的國家。傳說塗山之會，「執玉帛者萬國」；會稽之盟，防風氏遲到，就被禹殺戮，這是只有國家產生後才可能有的事。夏代已進入文明社會，這是無可懷疑的事實。中國古代由野蠻進入文明時代的主要變化是人與人之間關係的變化，即氏族對氏族、人對人壓迫、剝削關係的發展，生產工具、生產力的變化並不明顯。雖然這時已有了比較發達的青銅冶鑄技術，然而此時比較發達的青銅冶鑄技術主要並不是用於製造生產工具，而是用於鑄造祭祀天地祖先以溝通人神的禮器。「昔夏之方有德也，遠方圖物，貢金九牧，鑄鼎象物，百物而為之備」[9]，這說明青銅器在中國的發展從一開始就是政治性、宗教性的。氏族的基本構架和宗教傳統，以木、石、骨、蚌生產工具為主的耜耕農業，決定了這個時代的思想、文化還帶有強烈的氏族觀念和宗教神權的特點：

1. 這時國家和氏族、家族的界限並不是很明確，氏族和國家一體。據史籍記

9　《左傳·宣公三年》。

載，夏稱方國、部落為「氏」；其封建國家稱「錫土、姓」，「以國為姓」。這都表明當時的政治架構還是氏族。

2. 宗教神權在社會政治生活中起著決定的作用，人們的思想意志歸根結底要以神的意志為轉移，王權通過巫術神權去體現。如史籍記載夏的許多重要事件，都歸結為天的意志，像禹征三苗，「親把天之瑞令」，「已克有三苗⋯⋯而神民不違」[10]；啟伐有扈氏，藉口有扈氏「威侮無行，怠棄三正」，而稱自己是「恭行天之罰」。甚至啟取得勝利後，在均臺大饗諸侯，「上三嬪於天，得《九辯》與《九歌》以下。此天穆之野，高二千仞，開焉得始歌《九招》」[11]，這些都反映了夏代的神權政治的情況。《史記·夏本紀》說：「帝孔甲立，好方鬼神，事淫亂。夏後氏德衰，諸侯畔之。」「好方鬼神」，即一味以鬼神是聽的意思。《國語·周語》說：「孔甲亂夏，四世而隕」，也是說夏代後期神權政治搞得過了頭，最後導致了亡國。

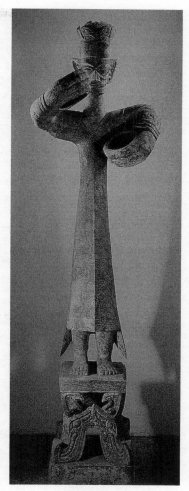
青銅立人像

3. 基於耕耕農業生產的積累，這時人們對自然現象和自然規律（如日食、曆象）已有一定的認識。如《左傳》引《夏書》記載了世界上最早的日食記錄，成書於春秋的《夏時》（即後來的《夏小正》）也保留了不少夏代人對天象物候的認識。不過他們對自然現象的變化還充滿了畏懼和崇拜。如上述《夏書》記載日食發生後，「瞽奏鼓，嗇夫馳，庶人走」，人們鳴鼓奔走，亂成一團；《夏小正》說夏代開始以干支記日，但夏末諸王如「胤甲」、「孔甲」、「履癸」等卻以日干為名。這說明當

10　《墨子·非攻下》。
11　《山海經·大荒西經》。

時人們對自然現象和天地山川的崇拜還占主要地位。

　　商代是神權政治的極盛時期，也是神權政治達到頂點而開始走下坡路的時期。「殷人尊神，率民以事神」，卜辭和《商書》提供了充分的證據。卜辭所見，殷人事無巨細，大至立國遷都、方國征伐、年成豐歉，小至風雨晦明、出行吉凶、疾病生子，都不厭其煩地占卜，充分反映了商代巫術神權政治的無所不包。商人心目中的神靈大致分為三類：（1）帝（上帝）。這是超乎自然神、祖先神之外主宰世界一切的至上神。（2）自然神。像土（社）、方、河、岳等土地、四方、河、山之神。（3）祖先神。包括傳說中年代久遠的祖先神和有明確世系的先王、先妣及有影響的舊臣。這些神靈的分類，有王權借神權而強化的因素，有發達的祖先崇拜的因素，有傳統的自然崇拜的因素，也有商人對歷史上英雄人物崇拜傳統的影響，甚至有過去軍事民主時期民主精神的遺留（如《書·盤庚》說：「古我先王，亦惟圖任舊人共政」，「古我先王，暨乃祖乃父胥及逸勤」），反映了伴隨著商王國版圖的擴充與王權的發展，商人對統一世界力量的思索與秩序觀念的考慮。商王朝是一個規模闊大的方國聯盟王朝。商王國政治地理相對狹窄與它統治區域相當闊大的矛盾和以子姓為主的家族統治集團與外服異姓方國的矛盾，促使商的國家宗教愈來愈向強化神權、強化王權的方向發展。王權借神權而神化，又借神而極端殘暴。王權越是神化，離開現實就越遠，也就更加肆無忌憚。商「人祭」、「人殉」的數量相當大，用方國進貢的小民或俘虜做奴隸的數量也很大。神化的結果常常失去了調節政策的餘地。殷商末年，商的政策過於殘暴，「小民方興，相為敵讎」，外服諸侯離散，最後導致商的滅亡。商紂王臨亡國，還說「我生不有命在天？」可見商代神權政治觀念之頑固。

　　商代的神權政治決定了商代文化的巫術特色。商代的青銅製作水準相當高，其造型和裝飾藝術，都帶有典型的、高超的、溝通人神的神話或巫術的意義。許多玉、石、骨、角雕塑

獸面紋鼓

也有這樣的特徵。美術和神權的結合，大概從新石器時代就已經開始了，但商代反映得最強烈。商代已使用體系完整的文字，「惟殷先人有冊有典」。不過，無論是古代的記載還是我們現在的發現，都證明商代的文字完全是由史官、貞人等巫職人員壟斷專用於記載王室檔案（如史書、占卜記錄）或作銘記功的工具。司馬遷說過，史官在歷史上近乎巫、祝之間。從這句話，我們也可以知道，商代的文字完全是巫術特色的。以前傳說文字是黃帝的史官倉頡所造，倉頡其人說不清楚，但說文字是史官所作，有一定的歷史依據。

二、周代的宗法封建和禮樂文化

殷商以一味迷信天命而導致了國家的滅亡。周初「封建親戚」，在新開闢地區廣建子國，不久又「作『周官』，興正禮樂」，在「因於殷禮」的基礎上根據周的實際情況吸收殷亡國的教訓加以損益，創建了禮樂文化，完善了周王朝的上層建築，真正奠定了周人王業的基礎。

禮樂文化主要包括兩項大的內容：

1. 禮樂制度。即以禮樂為手段達到尊卑有序、遠近和合的統治制度。

這是周繼承商的氏族宗法封建擴而大之創建的一系列的等級名分制度。最早，它的主要目的是通過封建親戚（包括對原有的一些臣服屬國的重新承認）占領新開闢的地區，同時也解決宗族內部權力財產再分配的矛盾，後來則成為周宗族內部權力財產再分配的固定制度。宗法封建的實質是政治、血緣等級的同步分層，天子封建諸侯，諸侯封建卿大夫，卿大夫把土地分給士，層層分封，層層臣屬；各級宗族又通過宗法層層約束，君臣、父子、兄弟、夫婦、朋友各不僭越，這就是所謂「禮」。「樂」即音樂，古人認為音樂能感化人心，《禮記·樂記》：「樂也者，聖人之所樂也。而可以善民心，其感人深，其移風易俗，故先王著其教焉。」故用它來配禮。《周禮·地官·大司徒》：「以六樂防民之情而教之和。」配禮的目的是為了防止人們的思想離開「禮」，教育人們的思想「和」於「禮」，

所以周代的禮樂制度，實際上是一種以人倫道德、等級觀念為樞機的政治制度。「禮」規定人們的等級秩序，「樂」引導人們在遵守等級秩序的前提下親和。這樣，禮樂就不僅是封建制度的標準，也是處理人際關係和實施教化的標準，是不同層次的人都有義務遵守的制度。

2. 治國的指導思想：敬天保民，明德慎罰，尊尊親親。

這是周人思想文化的變革和創新。

周人「因於殷禮」創建宗法封建制度，但其治國的指導思想與殷並不相同。周人提倡敬天，但同時又提倡保民。敬天，就是敬重天命。周人認為天命是一切的根本，周人能掌握天下，也是「皇天宏厭厥德，配我有周，膺受天命」的結果。然而，周人又不認為天命是不變的。周人認為，「惟命不于常」[12]（天命不是固定的），「天惟時求民主，乃大降顯休命於成湯，刑殄有夏」[13]（天是為了給「民」即老百姓找一個真正的主人，所以才降天命於成湯，攻滅了夏），「天畏非忱，民情大可見」[14]（天的嚴威與誠心，從民情上可以看到），所以做君主的必須「保民」即讓老百姓安定才能持有天命。「保民」的基本政策是「明德慎罰」。「明德」，就是要求統治階級敬天、尊祖、慎行政、行教化，不要康逸、悉心治民；「慎罰」，就是要求統治階級憐小民、慎刑罰；「義刑義殺」，不濫殺無辜，儘量做到政治寬容。以此可見，周人雖然相信天命，但他卻把「保民」作為保有天命的前提。在這個前提下，周人強調「敬德」，強調人力、人治是保有天命的機柄，「皇天無親，惟德是輔」[15]，現實的問題要靠自己解決，這是中國古代神權解放的第一步，也是商周之際政治、文化思想最大的變化。

對神權堅定信念的動搖，實際上在殷末就產生了。據《書·高宗肜日》和《西伯戡黎》記載：祖己和祖伊感到商的末日已經來臨，曾感慨「惟天監下民，典厥義，降年有永有不永」，「非先王不相我後人，唯王淫戲用自絕。故天棄我，

---

12 《書·周書·康誥》。
13 《書·周書·多方》。
14 《書·周書·康誥》。
15 《左傳·僖公五年》宮之奇語引《周書》。

不有康食」，可惜神權極端強化的時代，殘暴淫逸不能自拔的商紂王聽不進這些話。周滅商後，周公等人從大邦殷被小邦周消滅的現實中，體悟到民眾在改朝換代的社會動盪中的作用，因此他們希望周以後的統治者能通過「明德」來博得民眾的擁護，用自己的「德」來調整統治階級與

牆盤

統治階級之間、統治階級與被統治階級之間的各種矛盾，維護禮的統治秩序，天祚綿綿，以至永久，避免重蹈殷滅亡的覆轍。由此也可以看出，周人敬天保民、明德慎罰主導思想的產生，實際上是吸收殷正反兩方面的經驗，結合自己的實際情況而制定的。所謂「因於殷禮」而又有所損益，即是指這些。

周敬天保民、明德慎罰的禮樂文化思想對中國傳統文化基本格局的形成具有重要的意義。後世封建社會講德政、講仁政、講民本，其思想淵源無不可以追溯到這裡。西周中期以後，隨著周由鼎盛走向衰落，先德後刑、以德導刑，「耀德不觀兵」[16]，「防民之口，甚於防川」[17]的德治思想和民本思想都在發展。這表明，神權思想一經動搖，隨著宗法封建的衰落，它必然會以更快的速度匯入人治和民本的思想內容。西周保存下來的文化作品不多，不過從這為數不多的文化作品（如《書》、《詩》及銅器銘文）中，我們已經體會到德治和民本思想對神權和宗法觀念的衝擊，體會到周中下層的人們已經開始用理性的、實踐的精神考慮社會的重大問題。這方面體現最多的是《詩》。《詩》中有不少諷喻詩，記載不同層次的人對政事的諷刺和揭露。他們或抒發對天、對王的怨恨譴責，或斥責奸人、內寵、貪官的貪婪亂政，或發表自己的政治主張，或反映勞動人民的願望，充滿了「言志」和「載道」的精神，這是商代和周早期以歌頌天地祖先為主的宗廟樂歌中不可能出現的。從這些諷喻詩中，我們可以看出西周中期到晚期周人文化精神的演變軌跡，看出德治和民本思想越來越成為禮樂文化的主要內容。

---

16 《國語·周語上》。
17 同上。

三、春秋戰國地主封建的發展和華夏文化的成熟

　　春秋戰國時期是一個大動盪、大發展的時期。五霸七雄的爭霸戰爭，加速了宗法封建制的崩潰，促進了華夏民族和華夏文化的形成，為統一的多民族國家的形成奠定了政治、經濟、文化的基礎，因此這一個時期是中國歷史上非常重要的時期。尤其是文化，這個時期出現了中國歷史上唯一的一次百家爭鳴，各種學派融匯而成的理性文化洪流，沖決了貴族文化壟斷的羅網，把我們民族理論的思維水準推向時代的高峰，為中國文化的發展奠定了堅實博大的基礎，其作用難以估量。

　　這個時期文化的變革和成就，與這一時期急劇的社會變革和理性文化思潮的勃興密切相關。

　　春秋時期，諸侯爭霸，卿大夫崛起，家臣活躍，新型的君主專制國家和郡縣制的發展，使爭霸大國逐漸形成幾個大小不同的政治文化中心。宗法制度在崩潰，「學在官府」的局面被打破，原來保存周王室文化資料的「王官」散入各國民間，如「太師摯適齊，亞飯干適楚，三飯繚適蔡，四飯缺適秦……」[18]加以「私學」興盛，推動了學術文化的普及和文化思潮的發展。急劇動盪的社會變革，戎狄蠻夷和華夏的融合，農業、手工業、商業、科學技術的發展，激發了思想家們對面臨的各種現實問題如天人關係、君臣關係、君民關係、華夷關係以及忠孝、仁義等思想倫理學說進行深入的探討，於是，隨著爭霸各國為了富國強兵而進行的政治、經濟、文化變革，不同的政治主張競相活躍，私人講學、私人著述蓬勃發展，形成了很多的流派。春秋政治思潮的範圍涉及哲學、思想、倫理及禮、樂、政、刑、治國、用人等問題。由於參與這些討論或爭論的人有不少是當權的人物，或者是主持變革或參與變革的改革家，所以他們的政治主張往往能夠推廣或得到很多人的首肯。像隋季梁說：「夫民，神之主也」；伍子胥說：「親民者必勝，驕民者必敗」；鄭子產說：「天道遠，人道邇」，在當時就產生了不小的影響。而那些私人講學或著述的思想家，則因為他們有眾多的門徒或讀者，學說觀

---

18 《論語·微子》。

點廣泛流傳，並能在流傳中得到補充和發展，像孔子學說就是如此。這些政見不同的政治家或思想家，常常因為對某些問題的認識不同而爭論，這實際上就是百家爭鳴的先聲。通過爭鳴，各家各派對問題的認識更加深入，更有提高，常常會引起彼此之間的吸收和分合。

戰國以後，新成長起來的居於統治地位的地主階級正處在統一中國的激戰之中，他們的思想還沒有形成地主封建社會的統治思想，都希望從思想家那裡吸取新的學說和營養，這就在客觀上為諸子百家的形成和爭鳴提供了有利的條件。當時諸侯各國禮賢下士成風，如魏文侯師事卜子夏，子夏居西河，教弟子三百人；齊威王創建稷下學宮，儒、墨、楊、老、法、名、陰陽「不治而議論，先生千有餘人」，「學士」數百千人；秦以重金招納客卿，呂不韋編著百家融合的《呂氏春秋》，聚集門客三千人。一些有實權的貴族官僚，也希望借重知識份子的力量發展自己的勢力，養士如林，如戰國四公子門下食客幾千人，隨時給他們出謀劃策，成為他們政治、軍事上的重要參謀。當時諸侯各國對士的態度是「合則留，不合則去」，待遇優厚，學術政策寬容，這也給士人衝破舊思想的束縛、探求創作新的思想創造了極為有利的政治環境和生活環境，促使不同觀點的各種著作如雨後春筍般湧現，儒、道、陰陽、法、名、墨、縱橫、雜、農、小說諸家紛然並存，互相交鋒，互相辯論，形成了錯綜複雜、異常活躍的百家爭鳴的局面。「百家殊業，兼務於治。」這些學術流派雖然觀點不同，亦可以民主地互相辯駁，但它們的思想實質絕大多數都是在政治上鼓吹君主專制。它們或者鼓吹王道，或者稱頌霸道，或主張以仁義致王，或主張以霸道統一。因此，這些學說雖然差別懸殊，但最終卻匯成了一股促進君主專制主義的洪流，成為多民族統一國家形成的輿論先導。其具體的表現，就是最早爭鳴的儒墨「顯學」和稍後的儒、墨、名家三足鼎立，逐漸被李悝、吳起、商鞅、李斯和田齊「因道全法」的法家之間的爭鳴所取代。最後的結果，是商鞅、李斯為代表的法家把秦推上統一中國的舞臺，由秦消滅六國割據而完成「千古一帝」的偉業，爭鳴遂告尾聲。

百家爭鳴是華夏各民族文化積澱的結果，也是春秋戰國時期諸多思想家理性文化智慧的結晶。百家爭鳴的出現和發展，標誌著華夏文化的成熟和發展，標誌著中國古代理性文化已經達到了難以攀登的高峰。它的出現，不僅為統一的多民

族國家的出現奠定了思想和文化的基礎，也為中國幾千年的政治文化的發展蓄積了足夠的營養。兩千多年來，歷史上的許多思想都可以從戰國諸子的學說中找到源頭，甚至今天社會科學的許多問題，我們也可以或多或少地從諸子那裡發現頭緒，這不能不使我們由衷嘆服中國古代文化的偉大。

政治思想的百家爭鳴也推動了哲學、史學和文化藝術的發展。像《老子》、《論語》、《墨子》、《孟子》、《莊子》、《荀子》、《韓非子》等既是理論思維的哲學著作，同時也是雍容博雅、汪洋恣肆的藝術散文。繼孔子編纂的編年史書《春秋》之後出現的大型史學專著《左傳》、《國語》、《縱橫家書》等，既是富贍恢弘的編年史、國別史，又是精煉鋪張的史傳文學。《詩經》有一部分是春秋時的作品，大都是以現實主義的手法反映各地社會生活的風詩。戰國時最能反映當時詩歌成就的作品是《楚辭》，它吸收了楚國民間語言的精華，繼承了古代浪漫主義的創作傳統，「其言甚長，其思甚幻，其文甚麗，其旨甚明，憑心而論，不遵矩度」，奇偉、瑰麗，給後世的詩歌創作以極大的影響，是中國文學遺產中的傑作。

第三節 ·
華夏文化對多民族統一國家形成的促進和先導作用

三代文化有很強的連續性，第二節我們把三代文化分成神權巫術文化、禮樂文化、華夏文化幾個發展階段，是就其主要特點而言，其實它們的內涵是連續的。禮樂文化是繼承神權文化基礎上的人文思考，華夏文化是禮樂文化人文精

神、理性批判精神的全面發揚，而這一切，又都是伴隨四方氏族、部族文化融匯形成華夏文化和氏族國家聯盟向統一的多民族國家邁進的行程中發展的，因而它們又極具包容性和統一性。這是三代文化的一個重要特點。

中國古代很重視文化對社會穩定和社會變革的作用，早在《易·賁卦》的《象傳》中就說：「（剛柔交錯），天文也。文明以止，人文也。觀乎天文，以察時變；觀乎人文，以化成天下。」（天文，指天道；人文，指人道，即人與人之間的各種關係）古人認為，用人與人之間最應有的正確關係來教育人民，以文教化，使全社會都把這種關係處理好，就叫文化。這是很正確的。前面已經說過，中國古代是在氏族基本保存的情況下進入文明國家的，當時的生產工具、社會生產力沒有明顯的進步，進入文明國家時的主要變化是政治上人與人之間關係的變化——氏族對氏族、人對人的壓迫、剝削關係的發展。因此，文明初曙時代的統治者特別強調政治文化（包括宗教的、禮儀的、風俗習慣的）的「化成」即整合、統一作用。這種整合、統一作用，用我們今天的觀點來認識，可以包括兩方面的內容：（1）統治階級通過強制的或潛移默化的制度、宗教、禮俗保持國家的統一性、政治秩序的穩定性和民族主體的主體性，同化不同文化的民族，或「和而不同」，在允許有差別的前提下做到各方面的和諧。（2）發揮文化的能動作用，使文化自覺地做到上面幾點，並能在社會變革和新舊事物的鬥爭中主動成為新生事物的輿論先導，促其成功，直至「化成天下」。當然，文化制度的能動作用也包括保守舊事物、阻擋社會變革的一面，不過這並不是「觀乎人文，以化成天下」的意思。《易·賁卦·象傳》強調的「化成」是積極的一面，指的是「化育」、「化導」、「化而成之」，不是指抱殘守缺，頑固不化，因此我們必須從積極方面去理解。再則，從先秦時期的實際情況看，由於先秦時代是中國文明的起源階段、奠基階段，三代文化對三代社會的影響也是以積極方面為主流，從神權政治到理性旗幟的飛揚，從氏族封建發展到地主封建，無不體現著上層建築對經濟基礎的推動作用。對此，我們應該很好的總結，從古人注重「教化」的經驗中探討文化對社會的推動作用。

一、三代文化對三代政治沿革的促進作用

先秦文化的「化成」作用首先表現在對國家統一性、穩定性的促成作用上。

中國上古文明的進程是與國家機構不斷健全等級關係以及氏族傳統不斷削弱密切相關的。國家建立之初，王權是進步的因素。雖然當時王權是通過神權發揮作用，但巫術神權的著眼點是維護王權，這在當時是向前的進步的力量。夏初「益干啟位，啟殺之」，啟倡言「恭行天之罰」，借神權誅殺反抗他繼位的有扈氏；商中期盤庚借神權否定族眾的「協比讒言」，下決心為國家的利益「震動萬民以遷殷」，這都是神權文化維護國家秩序穩定的有力例證。夏商各自幾百年的統治，「遠方圖物，貢金九牧，鑄鼎象物，百物而為之備」，「邦畿千里，維民所止，肇域彼四海」，除了武力的征服，神權起著無可替代的凝固作用。據《書·盤庚》記載：盤庚動員族眾「百姓」遷殷時說：「古我先後，既勞乃祖乃父，汝共作我畜民。汝有戕則在乃心，我先後綏乃祖乃父；乃祖乃父，乃斷棄汝，不救乃死。茲予有亂政同位，具乃貝玉。乃祖乃父，丕乃告我高後曰：『作丕刑于朕孫。』迪高後丕乃崇降弗祥。」（大意說：我們先王，感謝你們祖先的勤勞，讓你們做我們的臣民。你們現在有異心，我天上的先祖告知你們的父祖，你們的父祖要拋棄你們。你們的父祖對我們先王說：「給我的子孫大的懲罰吧！」所以我們先王就降給你們災害。）有研究者指出，「（商代）王朝頻頻舉行內祭外祭，眾神祁祁。就諸神性格言，除超自然神上帝和其他天上諸神……先祖先王神……還有少數遠公神……另又有一些神名……恐怕不少並非商人固有信仰中的神，有的當原屬其他雄族的強神，其融入商王朝祀典，有臣服或盟結各地雄族，委其誠心的功利作用。」[19]這是很正確的。宗教在當時是人類思維發達的標誌之一。當時對上帝祖先神的絕對服從是最基本的道德規範，商人以神和祖先的等級來維護現實的等級，以神和祖先的聯盟來維護它和諸多方國的聯盟，應該說是最有力的武器。

商周之際，神權開始失去人類認識世界、改造世界的精神憑藉而被注入

---

19 宋鎮豪：《夏商社會生活史》，第 8 章，北京，中國社會科學出版社，1994。

「德」的內涵，這實際上是意味著「天命」向「人德」的轉移。禮樂文化的發展，促進了西周宗族政權的鞏固和地域的發展，加速了中原文化對四方文化的同化和融合，促進了理性批判精神的發展，造就了「郁郁乎文哉」的政治局面，

杏壇禮樂

這是歷史的一個大進步。禮樂文化對先秦社會發展的最大貢獻有兩點：第一是大封建鑄造了周人堅固的家國同構的一統精神，為後來的大一統做了政治思想和地域上的準備。周的大封建，通過「胙土賜姓命氏」建立二級子國以解決新區開闢和宗族權力財產再分配的矛盾，實際上是以封建的模式營造宗族統治的大一統。這種宗族統治的大一統雖然不同於後來郡縣制的大一統，其封建的諸侯國也不同於後來的郡縣，但它無疑是後來大一統的基礎或準備階段，諸侯國也帶有一定的地方政權的性質。這種宗族統治的大一統，用血緣等級保證政治等級，規定諸侯政治上、宗法上必須雙重一統於王，在政治法律文化思想的各個方面鑄造了周人家國同構的一統精神。這種一統精神影響至深，以致入春秋後王室雖衰微但還能在一段時間內發揮作用，諸侯爭霸也要打「尊王攘夷」的旗號，而且爭霸的目的也是為了統一，這不能不說是西周禮樂精神的遺澤。第二是明德保民的治國思想開啟了德治和民本思想的先驅，促進了務實崇善理性精神的發展。雖然西周一代還崇尚鬼神，但其強化道德內涵的結果，必然會導致人治的加強和神權的衰落。眾所周知，像殷墟發現和卜辭記載的那樣大批的「人祭」、「人殉」的情況在周代是沒有的。《史記》記載周初「成康之際，天下安寧，刑錯四十餘年不用」，可能有些誇張，但它在一定程度上也反映了禮樂制度給國家帶來了穩定和安寧，恐怕沒什麼問題。明德保民思想的發展，促進了理性批判精神的發展，西周中期以後出現的「有德惟刑」（刑是德的補充）、「耀德不觀兵」、「為民者宣之使言」、「民之大事在農」等言論，明顯表現出周人德政觀念和民本思想的深入；而卿大夫議政的發展，則體現了輿論對王權的監督，是思想的一個大解放。《詩》中的《雅》、《頌》，本來是廟堂頌歌，然而西周晚期的一些詩篇，如《小雅》的《節

南山》、《雨無正》、《小旻》、《十月》,《豳風》的《碩鼠》、《伐檀》即後世之所謂「變風」、「變雅」者,卻變成了抨擊時政的政治諷刺詩。這些政治諷刺詩的出現,固然跟西周末年的政治混亂有關,但跟德政觀念的深入人心關係更大。因為從這些詩歌的內容看,雖然其中有不少篇幅矛頭直接指向王和「君子」,但詩的作者大都是希望通過抒發牢騷、怨怒引起統治者警醒,希望他們加強德政建設,提高政權的自我調節能力,這是統治者統治經驗成熟和豐富的表現。《論語·陽貨》:「詩可以興,可以觀,可以群,可以怨」,「可以怨」,其實就是提倡輿論對王權的監督,提倡臣子通過恨鐵不成鋼性質的抨擊喚起統治者的警覺。這無疑是當時政治思想的一個大進步。

二、三代文化對華夏民族形成的促進作用

三代文化促進了三代政治的發展,也促進了華夏民族的形成。

夏商周來源不同,但它們都是在黃河中下游部落聯盟或原始國家的聯合鬥爭交融的基礎上發展起來的。夏源於「西夷」。《史記·六國年表序》:「禹生於西羌。」《集解》引皇甫謐說:「孟子稱禹生於石紐,西夷之人也。」「西夷」的地望在今河南嵩山為中心的潁水上游伊洛平原及晉南汾水流域,其稱西係對商而言。前面說過,夏是在黃帝初步統一中原後姬姜部族(堯)和東夷部族(舜)輪流「禪讓」的基礎上建立起來的,夏初東夷部族的後羿曾「因夏民以代夏政」,所以它本身即帶有夷夏文化交流的特點。商是以鳥為圖騰的東夷部族的一支,祖居今魯西豫東北一帶,以後逐漸向西發展,和夏建立了服屬關係。夏商是東西對立的兩大族系,文化上互相激盪、滲透。商滅亡「西邑夏」以後,夷夏文化進一步融合,使商代文化有了高度的發展。這些,我們從近幾十年的考古中可以得到印證。

周原是羌人的一支,活動在今陝西西部的涇水、渭水上游,後迫於戎狄的壓迫,定居渭水中游的周原,夏時曾和夏建立了服屬關係。夏末,周的首領不窋

「失其官（農官）而犇戎狄之間」[20]，商末又有了較大的發展，成為商的「西伯」──殷西方諸侯之長，這說明周與夏、商文化交流、浸潤的歷史相當久遠。後來它聯合庸、蜀、羌、髳、盧、微、彭、濮一舉滅商，以「有夏」、「區夏」自稱而建立周王朝，創造了「郁郁乎文哉」的禮樂文化，這可以說是華夏文化的雛形。

禮樂文化的建立，為西周部族的融合奠定了政治、文化的基礎。「我自有夏以後稷，魏、駘、芮、岐、畢，吾西土也；及武王克商，蒲孤、商奄，吾東土也；巴、濮、楚、鄧，吾南土也；肅慎、燕、亳，吾北土也。」[21]傳說武王克殷反商，未及下車而「褒封黃帝之後于祝，帝堯之後於薊，帝舜之後於陳，大禹之後於杞」[22]，這麼多的部族、氏族服屬於周王國，周對它們施行優撫懷柔的政策，不能不說是一次民族的大複合。這一個複合民族的中心即四土之間的「中國」（天下之中），春秋時稱為「諸夏」、「諸華」或「華夏」。「華夏」是文明偉大的夏的意思。「華」體現的是華夏文化的發達和偉大。這樣一個文化發達的、經夏商周幾代部族融合而成的民族，摒棄過去的部族界限而稱「夏」，說明華夏民族此時已粗具規模。

春秋時期是一個民族大遷徙、大融合的時期。從西周晚期開始，周四邊的少數民族尤其是西方、北方的戎狄、玁狁和東南方的淮夷、徐夷經常大舉內侵，使中原地區形成了「諸夏」和各少數民族相交雜處的局面。「南夷與北狄交」，周朝「不絕若線」。在這種歷史條件下，齊桓公等以「尊王攘夷」為號召，開始了一個多世紀的爭霸戰爭。「尊王」，是為了團結諸侯，體現統一；「攘夷」，是明確抵禦外寇的口號，同時也是為了「嚴夷夏之別」。爭霸的結果，「用夏變夷者夷之，夷而進於中國則中國之」，民族融合有了大的發展：狄族由被抗而分散，楚人由被攘而同化。到春秋末年，北方的狄族盡被晉吞併，東方的夷、戎都被齊、魯征服，中原和西方的戎被秦、晉、楚瓜分，春秋中期崛起的蠻族吳、越也

---

20 《史記‧周本紀》。
21 《左傳‧昭公九年》。
22 《史記‧周本紀》。

被同化成為東夏的盟主，東南西北各個強國都帶著與蠻夷戎狄融合的成果交匯成一個民族——華夏族。從此，黃河中下游與長江中下游地區都進入了華夏族的版圖，「夷蠻戎狄」成了更遠的「四裔」的少數民族的概念。

不僅族屬上同歸於華夏，春秋時不少部族祖先的譜系也漸漸和華夏同歸於一源。《國語·魯語》記載展禽歸納三代祀典時說：「有虞氏禘黃帝而祖顓頊，郊堯而宗舜；夏後氏禘黃帝而祖顓頊，郊禹而宗鯀；商人禘舜而祖契，郊冥而宗湯；周人禘嚳而郊稷，祖文王而宗武王」，這裡，商人的祖先也被說成是黃帝的後裔，即是這種譜系認同的一例。「黃帝以姬水成，炎帝以姜水成」，跟源起於渭水流域的周有比較深的淵源關係。而商起於東夷，無論如何和黃帝是攀不上血緣關係的。展禽說商人是黃帝後裔，顯然是華夏族形成以後譜系認同的說法。

華夏民族的形成促進了中國版圖疆域的擴大。西周時期，部族眾多，各占一區，「中國」號稱強大，不過今天陝西東部、山西南部、河南中西部、河北南部、山東東部包圍的地區，其間還有不少夷狄部落雜居。西周晚年，勢力發展到湖北北部。直至春秋初年，諸夏疆域仍未超出這個範圍。華夏民族形成後，楚、吳、越併吞南方諸多蠻夷而同化於中國，齊、晉、秦盡滅北方夷狄，華夏疆域日益擴大。春秋末年，北起燕代，南至湘水，西起甘隴，東迄海隅，成了華夏文化覆蓋的範圍。戰國以後，韓、趙、魏、齊、燕、秦、楚七雄都成為「冠帶」之國，稱諸夏，它們和少數民族的融合吸收進一步加強，或以夏變夷，或夏「雜用夷禮」（如趙武靈王「胡服騎射」），東齊、西秦、北燕、南楚、中原三晉幾個融合夷蠻戎狄而成的文化區域，和周邊日益吸收華夏文化的少數民族共同形成「天下」、「四海」的概念。從此「中國」才突破「天下之中」的意識而凝固成為華夏疆域的名詞，一直沿用到現在。

三、華夏文化對多民族統一國家形成的促進和先導作用

華夏民族和華夏文化形成後，「尊王」、「攘夷」的旗幟讓位於為統一而進行

的兼併戰爭。原來被稱為戎蠻的秦國和楚國，與三晉、燕、齊並列七雄，同稱「冠帶」之國，縱橫捭闔，為統一中國而改革變法、富國強兵。在戰國兼併統一的進程中，百家爭鳴對兼併的發展和統一的多民族國家的形成起了促進和輿論先導的作用，對中國長期的封建政治和文化也有深遠的影響。

如上所述，百家爭鳴是在戰國兼併戰爭異常激烈而「士」階層空前活躍、學術思想空前自由的條件下形成的。各諸侯國服務於統一戰爭的政治變革需要理論指導，各學派的代表人物抱著「以其學易天下」的宗旨，直接以其崇尚的學說指導各國的改革和兼併天下的戰爭，付諸實踐，同時也直接接受實踐的檢驗，因而他們的學說也不斷在辯駁和互相吸收中發展。百家學說對各國兼併政策的指導涉及各個方面：有的對統一的主導思想出謀劃策，如墨家鼓吹「兼愛」、「非攻」，儒家孟子學派主張行「仁政」，荀子學派主張「王霸」並用，法家主張「爭於氣力」，「峭其法而嚴其刑」；有的在外交或軍事策略上貢獻才智，如縱橫家鼓吹「合縱」、「連橫」，兵家主張「因利而制權」；有的在經濟上專門論述強國之道，如輕重家《管子》主張壟斷商業以富國，等等。這些人在鼓吹他們學說的同時，還詳盡地闡述他們對君民關係、天人關係、法先王法後王等關係的綜合認識，希望君主參考、比較、選擇、採納。實踐證明，這些學說雖然派別不同，看問題的切入點也不一樣，但他們大多數都是主張統一和君主專制的。雖然他們常常各引一端，互相辯難，但他們的思想從整體上說卻是一股促進君主專制主義和大一統的洪流。洪流所向，不僅堅定了各諸侯國兼併其他諸侯國統一中國的信心，使君主專制成為彼此共識的統一模式，同時也給歷代統治階級積累了豐富的統治經驗，因為各家學說皆有所長，諸派學說互相吸收，實際上就形成了一個治國思想的武器庫，統治階級可以從中吸取各種政治營養。

戰國百家諸子的學說中，除了上述的一些內容外，還有一些是為即將出現的多民族統一大國設計政制框架和經濟地理藍圖的，其代表著作是託名為夏禹和周公的《禹貢》和《周禮》。

《禹貢》現保存在《書‧夏書》中，該書打破春秋以來諸侯各國的此疆彼界，把天下分為冀、兗、青、徐、揚、荊、豫、涼、雍九州，詳述各地的山脈水

系、土壤出產和依此制定的賦稅等差，並根據各地民族的遠近把天子之國以外的地方分成五服，制定每服的貢納和管轄政策，「東漸於海，西被於流沙，朔、南暨，聲教迄于四海」，這明顯是按照戰國時期的「四海會同」的政治理想編制的政治、經濟輿圖。被後世統治者尊為政治學說之祖的《周禮‧職方氏》說得更明確：「職方氏掌天下之圖，以掌天下之地，辨其邦國、都鄙、四夷、八蠻、七閩、九貉、五戎、六狄之人民，與其財用、九穀、六畜之數要，周知其利害。乃辨九州之國……凡邦國小大相維。王設其牧，制其職，各以其所能；制其貢，各以其所有。」《職方氏》主張以「天下之地」為基礎體國經野，給「邦國、都鄙、四夷、八蠻、七閩、九貉、五戎、六狄之人民」設官分職，建立相應的貢納體制，這表明它主張的統一，不僅包括諸夏，也包括四方遙遠的蠻夷戎狄在內。前面說過，「中國」、「四夷」相對的概念是春秋以後才有的。《禹貢》、《周禮》主張「中國」、「四夷」、「四海會同」，統一由「王」來集權專制治理，並借用了周代許多「設官分職」的成法制定出統一集權的官僚體制，這說明它確是為即將出現的統一大國設計政治藍圖，是為多民族的統一國家設計政治體制。《周禮》是迄今為止敘述國家政治體制最系統的著作。這部著作，秦統一六國後雖未照搬，但卻不見得沒有從中吸收營養。制定者或當時的人託名二書為夏禹、周公所作，後來的統治者奉其為政治體制設計之祖而尊之為經，亦是因為這兩部著作體大涵深，帶有經典的政制框架和經濟藍圖的作用。

第三章

從神本走向人本

　　王國維在《殷周制度論》中曾說：「中國政治與文化之變革，莫劇於殷周之際」，「殷周間之大變革，自其表言之，不過一家一姓之興亡與都邑之轉移；自其里言之，則舊制度廢而新制度興，舊文化廢而新文化興。」這話說得很有眼光。雖然，殷周之際的變革並非舊制度廢而新制度興，但其間文化尤其是思想文化的變革確實非常劇烈。夏商的思想文化以神為本，而周代的思想文化以人為本，商周思想文化的變化過程是一個由神治走向德治、從神事走向民事的過程，它體現了中國理性文化的誕生與發展，在中國文化思想史上有重要的意義。

夏商巫史文化
的宗教特徵

　　夏商是神權巫術政治統治的時代。《禮記・祭義》說：「昔者聖人建陰陽天地之情，立以為易。易抱龜南面，天子卷冕北面，雖有明知之心，必進斷其志焉，示不敢專也以尊天也。」「殷人尊神，率民以事神，先鬼而後禮」，總結了這個時代的文化特點，清末以來出土的大量甲骨卜辭也給了它豐富的證明。

　　巫術政治統治時代，「王者自己雖為政治領袖，同時仍為群巫之長」，官吏亦「由巫而史，而為王者的行政官吏」[1]，一身而二任焉。這種情況的形成，大概從原始宗教發展到階級和國家宗教階段以後就開始了。《國語・楚語》記載觀射父對楚昭王說過一段話：「古者民神不雜，民之精爽不攜貳者，而又能齊肅衷正……則明神降之。在男曰覡，在女曰巫。……及少皞之衰也，九黎亂德，民神雜糅，不可方物，夫人作享，家為巫史，無有要質，民匱於祀，而不知其福。……顓頊受之，乃命南正重司天以屬神，命火正黎司地以屬民。使復舊常，無相侵瀆，是謂絕天地通。」從這段話我們可以看出，中國遠古時代，曾經存在過一個民神雜糅即老百姓可以隨意和上天聯繫溝通的階段。那個時候，「夫人作享，家為巫史」，人人可以祭祀天地，每家都有會占卜的巫，隨時都可以向上天

1　陳夢家：《商代的神話與巫術》，《燕京學報》，1936 年第 20 期。

祈福——這實際上說的是原始社會宗教平等時的事。顓頊以後，階級壓迫帶來了宗教的壟斷。「夫人作享，家為巫史」即人人可以直接向鬼神祈福的局面被結束了，「絕天地通」——神事和人事被分開，巫術成為統治階級專門機構壟斷的事。從古代文獻看，中國夏代以後，神權和政權緊密結合，官僚巫史合二為一，已成為當時政制格局的基本體制。《山海經·大荒西經》：「夏後開上三嬪於天，得九辯與九歌以下」，《尸子》：「湯之救旱也，乘素車白馬，著布衣，身嬰白茅，以身為牲，禱于桑林之野」，《書·君奭》「巫咸乂王家」等，反映出夏代的第一代君主啟、商代的第一代君主湯、商大戊時的大臣巫咸等都是著名的巫。他們把持溝通天地人神的特權來實行王權的統治，借助神權的神秘力量來實施他們的意志，為夏和商的政治穩定作出了突出的貢獻，因而也被尊為夏商的名王和名臣，殷墟卜辭裡即有不少商人對湯和巫咸祭祀的記載。

殷代的神權崇拜分為天帝神、自然神和祖先神。天帝神（帝、上帝）地位最高，凌駕於自然神和祖先神之上，可以干預人類一切活動和事務；自然神如山川河岳則被認為是水旱風雨的主司，是古老的「萬物有靈」觀念的集中體現；祖先神包括傳說中年代久遠的先祖和有明確世系的先公先王、先妣及有影響的舊臣如巫咸、傅說、伊尹等。卜辭所見，殷人在神權崇拜中以對祖先神的祭祀為最多，大凡國家征伐、年成豐歉及涉及殷王的休咎福禍等，都首先要祭告祖先，祈求祖先保佑。祈請上帝賜福，一般則請祖先轉請，自己並不親自祈求上帝；風雨晦明之事則直接向山川河岳之神請求。這說明商人的神權觀念是基於氏族血緣傳統的功利主義的國家宗教觀，並不是超自然的宗教觀。這種宗教觀，通過對祖先的崇拜加強氏族的血緣觀念，加強有血緣聯繫的氏族之間的團結，同時也明確彼此之間的輩分、等級關係，實際上是在政治上借祖先的神靈鞏固氏族封建政權的穩定和加強宗族的凝聚力，並在此基礎上解決宗族內部的權力財產再分配問題。我們平常說「殷人尊神，率民以事神，先鬼而後禮」實際上是王權通過神權起作用，主要根據亦在於此。

商代諸王特別注重對宗教神權的壟斷。《禮記·大傳》：「諸侯及其大祖；大夫、士有大事，省於其君，干祫及其高祖……民不與焉」——諸侯祭祀，最高只能祭到太祖；大夫、士的祭祀，必須通過他們的君主，讓他們的君主合祭的時候

涉及他們的高祖，即最高層次的最全面的祭祖活動只有王才能舉行，諸侯群臣只能助祭。卜辭記錄商王「大享於先王」的活動很多，其祭祀遠代高祖，有燎、侑、帝、求、告、御、酒、束等名目；祭祀系譜明確的先公先王，分獨祭、合祭、周祭幾種形式，各類祭祀的名目有侑、燎、酒、御、翌、協、告、歲、伐、奏、卯、龠、工典等不下一百四十種。這麼多名目的祖先祭祀，把持集中於王，說明商王確實是把宗教中心作為對同族和其他氏族進行精

占卜甲骨文

神統治的中心來駕馭的。殷墟已發現了殷商晚期專為祭祀先公先王修建的宗廟建築群落遺址。這組建築組合龐大，設置複雜，左右對稱，南北呼應。有學者指出，這組宗廟遺址中，單獨宗廟是上甲微以下的先公先王的宗廟，其餘為大小宗合祭的宗廟。這兩組宗廟各成體系，依位次順序排列，內含寢與若干室，並且附有升裸旦等祭祀先王先妣的處所，配置極為嚴密。《禮記‧祭法》說：「天下有土，分地建國，置都立邑，設廟祧壇墠而祭之，乃為親疏多少之數。」殷墟宗廟遺址即反映了這種情況。

巫術活動的另一項重要內容是卜筮。從殷墟甲骨卜辭的情況看，商人事無巨細，事事必卜，日日必卜，主持卜筮的貞人集團有很大的權力，不過其最終的占斷權還往往決定於王。甲骨卜辭有以下的例子：

乙亥卜，自貞。王曰：有孕，嘉。扶曰：嘉。（《甲骨文合集》21072）

丙寅卜，葉，王告取兒。葉占曰：若，往。（《甲骨文合集》20534）

己巳卜，疑貞。咼曰：入。王曰：入。允入。（《甲骨文合集》23805）

這幾則卜辭表明，貞人占斷的結果總是以王的決斷為轉移的。第一辭，王作出一個判斷，「據占卜，某某已經懷孕，狀況良好」。貞人扶則在斷辭和驗辭中加以肯定，說「我占卜的結果也是狀況良好」。第二辭，王說可以用武力攻占

「兒」這個地方，名葉的貞人經過占卜則斷言：順利，可以前往。第三辭，筮人說「入」，王也判斷說「入」，驗辭證明最後果然「入」。這說明貞人對卜辭的解釋大多是從「有效地維護著神的意志和人王之間的統一性」出發的。至於其占卜的效果如何，則要看兩方面的情況：一方面，這要「取決於人王實際生活經驗和治理國家的政治才能，取決於人王如何巧妙運用甲骨占卜的特殊思維模式，對客觀事物的因果表像作出比較合理的判斷推測」[2]；另一方面，貞人集團對商王不正確的占斷也會設法迴護，使其永遠處在正確的地位。這是商王始終可以保持其神權壟斷地位的原因所在。

第二節·
周初敬德思想
對神權政治的修正

絕對相信我生有命在天的泱泱大國商被「小邦周」打敗，使周人在歷史的反省中產生了對天命的懷疑。「我不可不監於有夏，亦不可不監於有殷。我不敢知曰：有夏服天命，惟有歷年。我不敢知曰：不其延，惟不敬厥德，乃早墜厥命。我不敢知曰：有殷服天命，惟有歷年。我不敢知曰：不其延，惟不敬厥德，乃早墜厥命。」[3]所以他們在建國之初就制定了「敬德保民」的主導思想，把從政的重點從神權向人治的方向轉移。

---

2 宋鎮豪：《夏商社會生活史》，528 頁。
3 《書·周書·召誥》。

把從政的重點從神權向人治的方向轉移，不是說周人不相信天命，周人還是把天放在第一位的，不過他們跟殷人絕對相信天命而放縱自己的態度決然不同。他們認為天命是一切的根本，但又認為「天命靡常」、「天畏棐忱」，要保有天命，必須靠自己的努力去維持，靠自己的道德去維持，使它永遠配我有周，不轉移。這是周人「敬德保民」思想的落腳點所在。

《墨子‧非命》引真本《太子發》的文字說：「惡乎君子，天有顯德，其行甚章。為鑒不遠，在彼殷王。謂人有命，謂敬不可行，謂祭無益，謂暴無傷。上帝不常，九有以亡；上帝不順，祝降其喪。惟我有周，受之大帝。」《太子發》是《尚書》遺文。從這段話，我們可以看出，周人接受殷亡國的教訓，提倡「敬德保民」，具體而言主要是針對殷「謂敬不可行」和「謂暴無傷」而失國的情況提出的。殷因不敬德、殘暴傷民而亡國，周從反面接受教訓，就要從敬德保民兩方面努力，維護自己的統治。

敬德包括的範圍很廣，尊祖敬宗，親親孝友，盡心治民，不怠惰，不康逸，慎刑罰，行教化，大凡信仰道德、治政態度、治政表現、政策刑罰的各個方面都歸入了「德」的範疇。依據「德」的原則，周人堅持統治者對天、對祖要誠，束己要嚴，治政要勤，要與人為善，不得已用刑要慎之又慎，這顯然是有鑒於殷末諸王荒淫失國對執政者提出的要求。「皇天無親，唯德是輔」，「聿修厥德，永言配命，自求多福」。周人認為，皇天不會偏祖任何人，只幫助那些有德的人。用自己的「德」去保持天命，鞏固自己受命者的地位，自己給自己求取更多的福佑，這才是真正的保有天命——這種靠自己的力量、靠道德的力量去維持天命的思想，無疑是進步的因素。

「敬德」一個最重要的內容就是「保民」。周人從殷滅亡的事實中看到，不關心民眾的生存，就會引起民眾的反叛，所以特別強調對民眾願望、情緒、生活、好惡的重視。周人認為，執政者「無於水監，當於民監」，因為「天視自我民視，天聽自我民聽」[4]、「民之所欲，天必從之」（上天看到的是從民眾那裡看

---

4 《孟子‧萬章上》引《酒誥》語。

到的，上天聽到的是從民眾那裡聽到的。民眾的欲望，上天一定會遵從）[5]，民眾的向背反映著天的支援與否，所以他們特別強調執政者一定要「保民」。《書・康誥》記載周公在封建其弟康叔時曾說過這樣一段話：「敬哉！天畏棐忱，民情大可見。小人難保，往盡乃心，無康好逸豫，乃其其民。」這段話的意思說：務必要敬德呀！天命可不是百分之百能相信的，民眾的好惡能體現天的好惡。小人難以對付，你千萬不要貪圖安逸，這樣你才能治理好你的屬民。在這裡，周人把天意和民意結合起來，甚至在某種程度上把民意看成是天意的體現，這確實是看到了民眾的力量之後作出的結論。《書・周書》之中，周公、召公對成王和其他王室成員的教導以「保民」的內容為最多。他們諄諄囑咐執政者要「若保赤子，惟民其康乂」，要「知小人之依，能保惠於庶民」、「無俾民憂」，不要「亂罰無罪，殺無辜」，戰戰兢兢，惟恐在這個問題上出漏子，反映了他們確是把「保民」作為保有天命的中心問題來對待的。之所以如此，是因為民眾的問題最直接地關係到統治階級的政權安危，儘管當時人們可以用神秘主義的觀點來看待這一切，但清醒的政治家卻不能不面對現實。

周初敬德思想對神權即天命思想的修正，在天命觀念中納入了人治和道德的內容，這是中國思想史上的一個大進步。自然，「明德」也好，「保民」也好，周人歸根結底是把它們當作維持天命的手段來使用的。不過，惟其如此，「明德保民」的思想才能在繼承舊有的鬼神信仰的同時強化其道德內涵，用人治和道德限制神權的發展，最終把神權排除在其主導地位之外。敬德保民思想把民情當作天意的晴雨錶，在神學裡注入最現實的內容，這是中國理性文化思潮的開始。以此為標誌，中國政治開始逐漸走上「不語怪力亂神」的面向人倫的政教體制，神學逐漸被推向「神道設教」的附屬地位。

5　《國語・鄭語》引《太誓》語。

第三節 ·
春秋民本
思想的發展

　　如果說，西周「敬德保民」思想的提出預示著神權的動搖，那麼，春秋民本思想的發展則標誌著神權制度的衰落。春秋時期，禮崩樂壞，西周以來的政治秩序和宗法秩序逐漸走向崩潰，重人輕神的觀念有了較大的發展。「人」的觀念、「人」的價值的提高，促使天的權威、神的權威日益下降。「天道遠，人道邇」，歷史開始了理性思維統治的新時代。

　　民本思想的發展是和爭霸戰爭、貴族爭權奪利的鬥爭中民眾力量的顯示分不開的。從西周末年「國人」之亂到春秋晉范氏、中行氏之亂、楚白公之亂等，隨著宗法封建秩序的破壞和中下層社會力量的覺醒，統治階級越來越發現，「民」對於君位的取得和政權的維繫有著舉足輕重的作用，對於戰爭的勝負和霸業的興替也是決定的力量。得民擁護者得國，失去民心者亡身，所以春秋時不少的政治家如然明、叔向、子產等都認為對民的態度關係到社稷的興亡。「國之興也，視民如傷，是其福也；其亡也，以民為土芥，是其禍也」[6]，這在當時已幾乎是公認的道理。民的價值的被開發，引發了思想家對民與神、民與君關係的哲學思考，發表了不少諸如「不能其民，天將假手於楚以斃之」，「祭祀以為人也。民，

6　《左傳·哀西元年》。

神之主也」[7]，「國將興，聽於民；將亡，聽於神」[8]，「夫民，神之主也。是以聖王先成民而後致力於神」[9]的議論。這些議論雖然還不能說是當時輿論的主流，但這種注入了重民意識的哲學觀和以民為轉移、以民為歸宿的天道觀，對已經走下坡路的神權觀念無疑是一個巨大的衝擊。尤其是這些輿論把「民」看成是「神之主」，主張「先成民而後致力於神」，標誌著昔日崇高無比的神權，已經開始失去獨立的意志，已不再是完全威懾人們的精神主宰。

和先民後神的理論相輔，春秋哲學思想的另一個重大發展就是把「天道」和「人道」分離開來並採取不同的態度去對待。西周以前，天道就是人道，天行就是人為，天命就是人倫，天是決定一切的。春秋時期，思想家把客觀世界的活動規律稱為「天道」，把人的主觀世界的活動規律稱為「人道」，提出「天道遠，人道邇。非所及也，何以知之？」[10]「未能事人，焉能事鬼？」「務民之義，敬鬼神而遠之，可謂知矣。」[11]指明遠不可及的天命鬼神之事是沒有辦法了解的，只有近而可及的人事才能弄清楚，這無疑又是對天命的否定及對人事的肯定。所謂人事，如上所述，自然主要是指民事而言的。因此「天道」、「人道」之分，實際上也是重民輕天思想之一端，不過是從哲學角度考慮而已。

春秋時期重民輕天的另一表現是把「保民」、「愛民」、「有民」、「得民」、「息民」、「成民」、「恤民」、「撫民」、「安民」作為衡量君主是否有「德」和施行「德政」的主要標誌，並把它提高到關乎家國興亡的高度來認識，這是民本思想成熟的標誌。周初敬德思想也提倡保民，那是在天命第一的主導思想下提倡的，是用「保民」來適應「天」。春秋講「保民」、「愛民」、「有民」、「得民」、「息民」等，是在「先成民而後致力於神」的主導思想下提倡的，是把民看成是「神之主」，帶有一定的民是王霸「資本」的意思，所以我們說這是民本思想成熟的標誌。「民本」一詞，見於戰國時成書的《管子》、《晏子春秋》諸書。這個詞出現得雖

7　《左傳·僖公十九年》。
8　《左傳·莊公二十三年》。
9　《左傳·桓公六年》。
10　《左傳·昭公十八年》。
11　《論語·雍也》。

晚，但這種思想的基本成熟，則在春秋之末，上邊的舉例，即是很好的證據。

春秋時期是一個大動盪大變革的時代。弒君 36，亡國 52，卿大夫喪身亡家者不知多少。在這樣一個動盪變革的年代裡，統治階級從爭霸兼併和爭奪權力的鬥爭中認識到人即民眾力量的偉大，衝破神權思想的籠罩和束縛而提倡重民輕天，這是中國政治思想史上的一個大躍進。這個躍進，啟發著人們對天人關係、君民關係進行重新的理性思考，也啟發人們對現實社會的政治經濟問題提出新的改革，因此它又是一個承上啟下的時代，預示著一個新的文化思想的繁榮即將到來。

第四節·
戰國人治思想
和集權思想的深入

戰國時期的百家爭鳴，引發了理性批判精神的高度發展：民本思想進一步深入，中央集權觀念深入人心，無神論和唯物論的思想也有很多建樹，成為中國古代統治思想的定型期。

諸子著作中論述民本思想最多的是《論語》、《孟子》、《荀子》、《墨子》、《管子》、《晏子春秋》等書，但觀察問題的角度和對民本思想的認識則不盡相同。《論語》提倡「博施於民而濟眾」，「其養民也惠，其使民也義」，但認為「天」和「君」比民重要，「養民」的目的是為了「使民」；墨家的重民思想建立在平均主義的基礎上，主張「愛人若愛其身」，但又提倡「尚鬼」，力圖把重民思想和天的意志聯繫起來；《管子》提倡「愛民」、「慈愛百姓」，但又認為國家安定

的決定因素是尊君而不是恤民，主張「刑殺毋赦則民不偷於為善」，帶有法家以法治國的特點；《晏子春秋》認為「卑而不失尊，曲而不失正者，以民為本也」，對民的評價最高，可惜其政治措施敘述得不甚詳細，故無從評說。

把民本思想推上高峰的是儒家的孟子學派。孟子主張行「仁政」，主張制民「恆產」，輕徭薄賦，救濟窮人，保護工商，並響亮地提出「民為貴，社稷次之，君為輕」[12]的口號，指出民是得失天下的關鍵，是「諸侯」之「寶」，這是當時民本思想所能達到的最高水準。「民本」不是民主，但它與民主有一定的聯繫，或者說是民主的第一步或前奏。孟子說的「民為貴」，「民」是諸侯之「寶」，是從兩方面來說明其作用之重要的：一是民的向背關係著國家的興亡，「暴其民，甚則身弒國亡，不甚則身危國削」[13]；二是民為統治者財用之源。所以孟子非常主張統治階級在欲望憂樂諸方面「與百姓共之」，主張給人民以生活保障，使他們「衣食足而知禮義」，並在這個基礎上實現統一。在給人民以生活保障、主張統治階級在欲望憂樂諸方面「與百姓共之」這個角度上講，孟子「民貴君輕」的思想是帶有一定的樸素的民主意識的，不過這在當時只能是一種美好的理想，根本不可能實現。

以「禮法合一」著稱的荀子也主張「愛民」、「利民」、「裕民」，不過他同時主張「禮之經，禮與罰」，主張「禮以順人心為本」，「立法施令，莫不順比」。這是從他性惡論的觀念出發的。荀子對天的認識已轉向唯物主義，不相信鬼神，在先秦諸子中是最突出的一個。

以上諸家，在不同程度上主張「愛民」、「利民」，同時也都主張中央集權。如墨家主張通過「尚同」、「兼愛」實現統一；管子主張以霸道治國實現統一；孟子主張「行仁政」，「定於一」；荀子堅持王霸並用，「上可以王，下可以霸」。

法家也堅決主張統一，但它對民的態度與上述諸家卻大相徑庭。

---

12 《孟子·盡心下》。
13 《孟子·離婁上》。

法家以君利為中心，提倡崇君壓民，提倡君主極端獨裁專制，以為「民勝法，國亂；法勝民，兵強」，因而他們對民眾的態度始終是用利導、利誘、利用、利禁的辦法，用高壓欺騙的法術來維護自己的統治。法家主張「拂於民心」，認為儒家主張的「哀憐百姓，輕刑罰者，民之所喜而國之所危也」，把嚴刑重法甚至輕罪重罰當作「愛民」的表現[14]，因而他們政策的出發點總是把鎮壓人民放在第一位。

縱橫家也是主張統一的。他們「輔所用之國，為之策謀」，也經常把「息民」、「養民」、「安黔首」一類的話放在口頭上。不過他們這樣講的目的主要是為了傾銷策略智謀，並不一定重視民心民力，相反還經常利用老百姓的活動為他們的謀略服務。如東周欲為稻，蘇代就叫人在西周控制水源，「則東周之民可令一仰西周，而受命於君矣」[15]。這說明縱橫家的主要活動是服務於軍事的外交活動，並不是真正的思想家。

戰國的民本思想和集權思想都得到了充分的發展，然而最後卻是站在民本思想對立面的主張君主極端獨裁專制的法家把秦國推上了統一中國的舞臺。這個原因比較複雜：其一，以加強君主集權為目的利導、利誘、利用、利禁的調動臣民的措施有利於加速對舊秩序的破壞（如獎勵軍功，破除世卿世祿制度等）和促進生產的發展（如重農抑商），有利於社會的進步；其二，鼓吹君主極端獨裁專制符合新興統治階級的階級利益，也符合當時天下趨於統一的大勢。相比之下，民本思想尤其是儒家的民本思想則有脫離實際的理想化傾向。在講實力、務耕戰的兼併時代，強調「罕言利」，自信「仁者無敵」，實在是有些「迂遠而闊於事情」。民本思想對社會的長治久安有利，但其社會效果，往往不能立竿見影。這對於急功近利的以統一天下為己任的政治家來說是不能接受的。所以孟荀大儒，笑傲王侯，以王者師自居，最終不能見用，倒是赤裸裸講法、術、勢的李斯、韓非最後成就了秦始皇的統一大業。

---

14 《韓非子·奸劫弒臣》。
15 《戰國策》。

第四章

三代夷夏文化的
承襲、交融和影響

　　三代的嬗遞過程，是華夏民族的形成發展過程，也是華夏文化的形成發展過程。
三代文化相因損益，「夏」文化和「蠻、夷、戎、狄」文化不斷交融、吸收、影響、
碰撞，不斷像滾雪球一樣地擴大，「用夏變夷者夷之，夷而進於中國則中國之」。到了
春秋戰國，齊、晉、燕、秦盡滅北方夷狄，本是蠻、夷的楚、吳、越併吞南方諸多蠻
夷而與三晉、燕、齊、秦並列七雄，同稱「冠帶」之國，標誌著華夏民族和華夏文化
進入了興盛時期。

　　這一個發展過程，考古文化體現得比較清楚。

夏文化與中原龍山文化和
二里崗早商文化的承襲、疊壓關係

　　上文說過，實際上，遠在統一的王朝形成之前，在後來成為夏商周政治中心的中原地區，早期的華夏民族和華夏文化就已經在戎、狄、蠻、夷的鬥爭、融合中誕生了。從考古文化看，在距今五千年到四千年中國新石器時代，以山西南部、河南西部、陝西河南山西三省交匯處為中心的廣闊地區內，經過過渡承繼仰韶文化而來的中原龍山文化已成為該地區有地區特點的主流文化。按照古史傳說，這個時期正是黃帝、炎帝、太昊、蚩尤等黃河中下游東西兩個氏族集團在中原鬥爭、融合結成聯盟的時期。這種考古文化與古史傳說的吻合，反映了當時華夏氏族部落集團和東夷氏族部落集團在中原文化的統一。這種統一，既有華夏氏族部落集團文化與東夷氏族部落集團文化融合的因素，也有二者與當地文化融合、被當地文化同化的因素，這對中國古代文明國家的形成有決定意義的影響。

　　以黃河中游為中心的中原文化區域是經過仰韶文化和龍山文化兩個階段的發展而進入文明社會的門檻的。二十世紀三〇年代，自從甲骨文證明了《史記・殷本紀》所記商王世系的正確性後，史學家和考古學家就開始推斷《史記・夏本紀》記載的世系也應該是可信的。當時有不少人認為仰韶文化或龍山文化就是夏文化。二十世紀五〇年代以後，中原地區大規模的考古調查和發掘，使人們對中原地區諸原始文化的面貌、特徵、分期和地域分布等有了比較深入的了解。鄭州

二里崗商代早期遺址的發掘，披露了比安陽殷墟更早的商代遺存，在時間上縮短了與夏代的距離。一九五〇年後，早於二里崗的二里頭文化被發現（二里頭文化遺存一九五三年首先在河南登封發現，以後在鄭州洛達廟發現了同類遺址，一九五九年對偃師二里頭遺址的大規模發掘，發現該遺址的文化遺存最具典型性和代表性，因此一九六二年將其定名為「二里頭文化」），人們比較多地傾向二里頭文化就是夏文化。

二里頭文化主要分布在河南中、西部鄭州附近的伊、洛、潁、汝流域及山西南部的汾水下游，這與文獻記載的「夏墟」、夏的都邑和夏人活動的地區相一致。二里頭遺址出土標本碳-14 測定，一至四期的年代約略相當於西元前一九〇〇至前一六〇〇年，與夏的積年相當。因此二里頭文化很可能屬於夏文化的範疇。夏文化是一個包括民族、王朝、地域、文化等範疇的概念。因為以山西夏縣東下馮遺址為代表的晉南地區二里頭文化遺存與豫西地區的二里頭文化在面貌上有一定的差異，所以考古學家一般稱晉南地區的二里頭文化分為「東下馮類型」，豫西的二里頭文化稱「二里頭類型」。

青銅器的大量鑄造和使用是二里頭文化的重要特徵之一。二里頭文化青銅器主要有禮器（如爵、斝）、樂器（如鈴）、兵器（如戈、戚）、木工工具（如刀、錛、鑿）等，但並不用來製造農業生產工具，這時的農業生產工具主體仍然是石器（石鏟、石鐮、石刀）、骨器（骨鏟、骨針）、蚌器（蚌鏟、蚌鐮）、角器。這是中國青銅文化的一個重要特點。二里頭鑄銅工藝技術較為複雜，說明它已經經歷了較長時間的發展階段而不是初始階段。二里頭文化發現了大型的宮殿建築遺址數十處，其中一號宮殿遺址是宗廟建築遺址，二號宮殿遺址布局呈正南正北向中軸線分布，殿堂由堂、廡、庭、門等單位組成，主體建築下有基座，上為四阿式屋頂的宮室、回廊，從形制到結構都體現出當時的建築技術已經達到了一定的水準。

二里頭文化晚期的陶器（多在大口尊的內沿）上多有刻畫符號，有的符號專家以為是當時的文字。

二里頭文化是在繼承中原河南龍山文化的基礎上吸收了周圍其他文化（如大

汶口文化、山東龍山文化、屈家嶺文化等）的一些因素而發展起來的。河南龍山文化、二里頭文化與二里崗早商文化，在中原地區很多遺址中都有直接或間接的層位疊壓關係。因此，我們基本上可以說夏文化是中原文化從仰韶文化晚期開始不斷吸收、融合周圍地區的文化逐漸形成的。河南龍山文化時期的中原文化，大體與中國古代傳說中的黃帝相當，因此我們可以把它看成是更早期的華夏文化。早期的華夏文化也好，晚期的華夏文化也好，它們都是一個多民族文化的融合體。所不同的是，由於遠古時期中原文化較其他文化具有更多的優勢，所以最早的國家會在這裡誕育、形成。一九八三年，中國社會科學院考古所在離偃師二里頭遺址幾公里遠的屍鄉溝發現了一座較二里崗晚但早於鄭州商城的商代城邑，專家們以為該城是商湯所居的「西亳」或太甲時期的離宮。這為二里頭文化就是夏文化的說法提供了有力的證據。

二里頭文化在豫東、晉南及冀南、鄂北、陝東地區都有發現，分布範圍與河南龍山文化的分布範圍大體重合。二里頭文化不僅分布廣泛，而且在各地區也和中原地區一樣表現出繼仰韶文化統一之後的又一次統一。這種文化上的統一局面，反映了以二里頭文化為代表的夏王朝勢力的強大和它對各地區文化的影響。

第二節 ·
商對四方的開闢及與周邊部族的文化交流

商代是中國氏族封建發展的高峰時期，也是中國青銅文化進入輝煌燦爛的時期。商立國幾百年間，通過戰爭、聯盟、婚姻、商業和其他形式的往來，在夏的

基礎上大大拓寬了它的疆域及其與周邊政治、文化的交流，使東夷族和中原民族、四方民族的融合進一步擴大，為華夏民族、華夏文化的形成打下了堅實的基礎。

夏、商歷史上是兩個地域上相鄰的民族，也有過一個相當長的平行發展的時期，因此從考古文化上說它們的面貌基本相同，政權更迭沒有造成考古文化上的迥異和突變。

上文說過，二里頭文化與二里崗早商文化，在中原地區的很多遺址中都有直接或間接的層位疊壓關係。鄭州二里崗遺址是一九五〇年發現的，它確切的地層關係證明較安陽殷墟要早，殷墟文化是直接繼承二里崗類型的文化發展而來，因此考古工作者一般把商文化分成早晚兩個階段：早期商文化以鄭州二里崗遺址為代表，稱「二里崗商文化」；晚期商文化以安陽小屯為代表，稱「殷墟商文化」[1]。

二里崗商文化下層的青銅器在特徵上與二里頭文化出土的青銅器很接近，種類比較少，僅有爵、斝、盉等幾種，紋飾也很簡單。二里崗上層出土的青銅器遠遠超過了二里崗下層，器型較多，除了爵、斝、盉外，還出現了鼎、觚、罍、鬲、卣、盂、盤等，紋飾相當複雜，許多器型和殷墟早期接近。

商早期的城市，現在發現的有鄭州商城和偃師商城。鄭州商城城址是一九五五年發現的，時代晚於二里崗晚期，周長近七公里，東、南城牆長一千七百米，西城牆一千八百七十米，北城牆一千六百九十米，遺址內發現了巨大的宮殿建築群遺跡，專家認為它是湯所居的「亳」或「仲丁遷隞」的「隞」。一九八三年，中國社會科學院考古所在離偃師二里頭遺址幾公里遠的屍鄉溝發現了一座較二里崗晚但早於鄭州商城的商代城邑，專家以為是商早期太甲時期的離宮或商湯所居的「西亳」。

商晚期的城址，就是人們耳熟能詳的一九二八年開始正式發掘的安陽「殷墟」。「殷墟」位於安陽市西北部的洹河北岸，東西長約六公里，南北長約四公

1　宋新潮：《殷商區域文化研究》，西安，陝西人民出版社，1991。

里，總面積約二十四平方公里。洹河將遺址分為兩大部分，洹河北岸為宮殿區，南岸為王陵區。宮殿區周圍分布有手工業作坊、一般居址和平民墓地。

商的疆域區劃，據《尚書·酒誥》有「內服」、「外服」之分。「內服」，即「百僚、庶尹、惟亞、惟服、宗工，越百姓里居（君）」、「殷正百辟」所居的殷商本土，它包括商王畿（卜辭稱「大邑商」、「天邑商」）和王畿之外的四土；「外服」，即「侯、甸、男、衛、邦伯」、「殷邊侯甸」所居的四方（卜辭稱為「多方」、「邦方」）。商時的地域概念多是一些「點」和「族」的概念，那時人們還不會有「經國體野」的地域認識。因此，殷和外服即外族諸侯之間的關係，基本上還是一種以殷為宗主國的不平等的方國聯盟關係。這樣的認識基本上和殷商時期的考古文化相符合。「殷商時期的考古學文化，以黃河中游地區為中心，可以分為三個不同層次的文化範圍。最內圈，以鄭州、洛陽、安陽三點為中心及其附近地區，其文化發展水準較高，文化面貌也基本相同，這裡是商文化的中心區」[2]，或者說是商的王畿地區；商文化中心區即商王畿地區周圍「分布著許多與商文化有著淵源關係的文化遺存」，「它們直接來源於商文化，同時也是商文化與周圍其他文化交流、傳播的中間環節」[3]。這一區域有人稱為「商文化亞區」，這實際上屬於商代的「四土」。「四土」的分布範圍西起關中平原的中部，東到膠萊平原，北起於今北京以南地區，南到江淮一線，這是商代初年對外征伐戰爭和軍事移民拓土開邊的結果。這些區域中的方國，或是臣服，或是與之結成不平等的聯盟，接受商文化的改造，並「不斷地直接同其周圍地區古代文化相接觸，發生文化的涵化與來借，並通過自身的文化整合，逐漸形成了既具有商文化因素，又有自身特徵的地方性文化」；「最外圈，往北包括長城以北遼河上游及河套地區，向西包括河西走廊及黃河上游的甘青地區，西南包括成都平原，向南到達南嶺以北地區，最南可達珠江流域。這些地區的青銅文化與商文化並行發展，在文化特徵上既明顯區別於商文化又同商文化之間相互交往和影響，在許多方面表現出相同或相似的因素，在更高的層次上形成了一個同一的文化範圍」[4]，

2　宋新潮：《殷商區域文化研究》。

3　同上。

4　同上。

這一區域學者或稱之為「商文化影響區」。「商文化影響區」多是卜辭征伐交戰的地區或更遠的地區。當然,上邊說過,商時的地域概念多是一些「點」和「族」的概念而非現在的地域概念。除了商的中心地區即王畿地區,所謂「四土」、「四方」,往往是服屬方國、聯盟方國和敵對方國交相接壤、犬牙交錯、勾心鬥角,不會像文獻記載或考古文化體現的那樣方方正正、整整齊齊。殷墟卜辭屢有敵對方國侵入「大邑商」的記載,可見當時服屬方國、聯盟方國和敵對方國交相接壤、犬牙交錯的情況。

一、商的「四土」

「四土」即王畿(鄭州、洛陽、安陽三點為中心的地區)之外東、南、西、北四個方向的土地。

北土:商的北土在今華北平原南端,考古工作者在今河北省邢臺、邯鄲以北地區的平原上發現了許多商代遺址,最北的已到達今北京附近和冀北地區的蔚縣盆地。

這一地區的商代遺址中,以河北省槁城臺西遺址最為重要。一九七三至一九七四年河北省文物研究所先後對該遺址進行了兩次發掘,發掘總面積近兩千多平方米,發現商代居址十四座、水井兩眼、灰坑二百三十四個、墓葬一百一十二座,出土商代遺物達三千多件。遺址和墓葬皆可分為早、晚兩個時期,大體相當於商代二里崗上層時期到殷墟商文化早期。臺西遺址發現的墓葬是安陽、鄭州以外數量最多的商代墓葬。墓葬一般為長方形豎穴土坑墓,規模很小,普遍有棺無槨。值得注意的是,臺西墓葬中大多有青銅兵器出土,其中最著名的有鐵刃銅鉞、大型饕餮紋銅鉞和戈、矛聯裝的戟等,大型銅鉞是政治和軍事權力的象徵,因此學者推測臺西遺址是當時商北方的一個軍事重鎮。

東土:甲骨文記載商末曾對東夷發動過數次大規模的辟土征伐戰爭。目前,商東土最主要的考古發現是山東濟南大辛莊、益都蘇埠屯和滕縣前掌大遺址。

濟南大辛莊遺址一九五五年試發掘，發現有房屋、墓葬、窖穴、水井等遺跡和陶器、青銅器。大辛莊遺址出土的陶器、青銅器有不少與鄭州二里崗的同類器物相同，但有些則明顯帶有岳石文化的特點。可見大辛莊文化與二里崗早商文化有明顯的淵源關係，同時也有不少地方特色。

益都蘇埠屯和滕縣前掌大遺址都是商代晚期遺址。前掌大遺址的墓葬是殷墟才有醜的「甲」或「中」字大墓，殉葬的陶器、銅器均見於殷墟遺址；蘇埠屯兩座形制較大的墓葬和車馬坑以及大規模的人殉，幾可和安陽殷墟的王陵相比。墓內出土的有「亞醜」銘記的銅鉞，表明這裡應是商代諸侯、方伯的墓地，有專家認為這是薄姑氏國君的墓葬。

南土：文獻記載，早在商建國之初，它的勢力就南下深入到長江下游的江漢平原。一九五四至一九六四年，經過有關方面的多次發掘，在湖北黃陂縣葉店村發現了有名的盤龍城遺址。盤龍城遺址是一座二里崗時期的古城遺址。遺址在今盤龍湖濱的一座山丘上，南北約二百九十米，東西約二百六十米，周長一千一百米。地面保存了部分城垣，城內發現宮殿基礎三座。城外墓葬出土青銅器等殉葬品十分豐富。青銅器形制、紋飾與鄭州二里崗出土的銅器非常相似，但陶器與中原地區相比卻有自己的特點。這說明盤龍城是商王朝勢力向南推進時建立的政治、軍事中心，是商早期在南方的一座軍事城堡。

此外，江漢平原的湖北江陵、湖南洞庭湖東西兩側都發現了明確具有商文化特點的遺址。不過，它們比盤龍城文化內涵更複雜，多具有商文化和土著文化的結合的特點。

西土：解放後考古工作者在秦嶺腳下的渭河平原發現了若干商文化遺址，其中以老牛坡遺址最為典型。老牛坡遺址位於西安市灞橋區，有關部門於一九八五至一九八七年在此進行了大規模的發掘，發現了商代墓葬、車馬坑、大型夯土建築和冶銅作坊遺址，還出土了豐富的商代遺物。老牛坡商文化早期與鄭州二里崗早商文化基本相同，但也有其自身的特點。老牛坡商文化晚期是在早期文化的基礎上發展起來的，但陶器等明顯表現出強烈的地方因素。《後漢書·西羌傳》說：「桀之亂，畎夷入居岐之間，成湯既興，伐而攘之」，老牛坡商文化早期與

鄭州二里崗早商文化基本相同，大概跟「成湯既興，伐而攘之」有關。商晚期，由於周在西方的經營，「三分天下有其二」，商的勢力逐漸減弱，本土土著文化影響超過了商文化的影響，所以陶器等明顯表現出強烈的地方因素。文獻和甲骨文記載，殷商時期關中地區除了表面服屬於商的周，還有不少臣服於商王朝的諸侯方國，如崇侯、井方、犬方等。文獻記載崇侯的事情最多，有的專家推測老牛坡遺址可能是崇國故址。

相當於老牛坡早期商文化的遺址還有華縣南沙村、藍田懷珍坊、耀縣北村等，主要分布在關中平原的中部以東地區。

二、商對周邊地區文化的影響

「商文化影響區」，是指離中原文化較遠而與中原青銅文化有一定聯繫但又保持自身地域特徵的青銅文化地區。這些地區主要有北方燕山南北的夏家店下層文化、甘青河西走廊地區的四壩文化、長江上游的三星堆文化、長江下游的湖熟文化和馬橋文化、贛江流域的吳城文化以及其他周邊地區的方國青銅器遺存。

（一）北方燕山南北的夏家店下層文化

夏家店下層文化主要分布在西拉木倫河以南、遼河以西及今河北東北部、北部燕山山脈地區。燕山北部夏家店下層文化遺址多在河流兩岸，其城址、村落遺址一般都有圍牆、壕溝等防禦措施。城址房屋遺址幾乎都是半地穴式的，房子的牆壁也幾乎都是利用自然石塊疊砌而成。墓葬以單人豎穴土坑墓為主，隨葬陶器多為鬲、罐組合，生產工具以石器為主，打製石器和磨製石器共存。燕山南部夏家店下層文化房屋建築少見燕北那種圍牆、壕溝等防禦措施，平面多為橢圓形或不規則形，周圍有密集的圓形柱洞，生產工具以磨製石器為主。夏家店下層文化尤其是燕山南部的遺址和墓葬中經常有一些小件青銅器（如刀、鏃、錐、鑿、耳環等）出土，說明該文化已經進入青銅器時代。但到目前為止，還未發現與夏家

店下層文化遺存同出的青銅容器。解放後考古工作者曾多次在夏家店下層文化分佈區如內蒙古赤峰、翁牛特旗、遼寧喀左等發現商代晚期的青銅器如鼎、甗、簋等，從器型、裝飾和製造技術上看，專家一致認為這些青銅器是從中原地區流傳到這一帶的。這說明，遠在距今三四千年以前，這一地區的居民就已經與殷商王朝直接或間接地進行來往，殷商文化無疑對它們會產生一定的影響。

（二）晉陝高原文化區

晉陝高原位於太行山以西，六盤山、賀蘭山以東，向南到關中平原及晉南汾河下游平原的北部，向北包括河套及鄂爾多斯高原。

以前晉中地區夏商文化發現很少。近年來，太行山西麓太谷白燕遺址四、五期文化的發現為探索這一地區的古代文化提供了一些線索。太谷白燕遺址四、五期文化承襲太谷白燕遺址三期文化（大體相當中原龍山文化晚期）而來，但有許多因素與二里頭或二里崗早期文化的因素相同，同時也受到夏家店下層文化及鄂爾多斯文化的影響，可見晉中地區當時與四周地區的交往很多。

晉陝之間黃河兩岸以前曾多次出土殷商的青銅器，而且具有明顯的自身特徵，同時也帶有殷商青銅器文化的影響。今山西西部和陝西北部相接壤的黃河沿岸地區曾發現兩個商代晚期的方國青銅器群：一個分佈在山西省的石樓、永和、柳林和陝西省的綏德、清澗等地區；一個分佈在晉北的保德和忻縣。前者以石樓和綏德發現的青銅器的數量最多，與銅器共出的常有人骨、車馬器、玉器等。綏德出土的銅器，器型有錛、鑿、刀、匕、戈、鉞、鼎、壺、爵、簋、瓿等，其中銅鉞和銅鼎的銘文與中原商代青銅器中的象形文字或族徽屬同一系統，馬頭銅刀和蛇頭銅匕等則反映了中國北方遊牧民族的文化特色。石樓等縣出土的銅器有鼎、簋、瓿、

蓮鶴方壺

爵、卣等，通體飾精細的夔紋、饕紋，兩邊有四個繫，蓋裡前部有銘文，是商代銅器的精品，極為罕見。專家考證，山西保德地區可能是殷代的鬼方，鬼方青銅器的形制、紋飾與殷代中原地區的銅器相似，可見殷與「戎狄」的文化交流之廣泛。

陝西關中地區和甘肅東部黃土高原地區，夏商時期有與戎狄混居的先周文化。陝南漢中城固滑水河兩岸，發現了不少與殷商青銅器類型相似、但紋飾略有差異的青銅器，以兵器為多。漢中屬羌族故地，許多專家認為殷商時城固可能是殷墟卜辭所載「羌方」的一支。

與晉陝之間黃河兩岸相鄰的內蒙古中、南地區，歷年來多次出土以獸首刀和青銅短劍為特徵的青銅器，人們稱這種風格的青銅器為「鄂爾多斯式青銅器」。「鄂爾多斯式青銅器」出土的典型地點是內蒙古伊克昭市朱開溝遺址。朱開溝遺址的年代大體相當中原地區夏末商初，它的第五段文化遺存中包含了很多商文化的因素，說明它與中原地區曾直接或間接發生過聯繫，這為研究殷代與「戎狄」族的關係，提供了重要資料。

（三）河西走廊地區的四壩文化

四壩文化主要分布在甘肅永昌以西的河西走廊地區，主要遺址有山丹四壩灘、民樂東灰山、酒泉子骨崖、玉門火燒溝等。四壩文化的年代大致與夏代同時，相當於齊家文化的後期階段。

四壩文化的遺物主要有以彩陶為特徵的陶器、石器、銅器和金銀器等。陶器以彩陶為主，石器是生產工具的主體。石器種類和數量雖然較多，但大多製作粗糙，打磨簡單。四壩文化的墓葬形制有一定的地域差別。火燒溝的墓葬，貧富和等級的差別很明顯。隨葬品少者僅一二件陶器，多者有十餘件陶器，有的還伴出有銅器、玉器及金銀器等。火燒溝墓葬人殉或人祭的墓達二十多座，並大量用家畜隨葬。這些情況說明，四壩文化時期，河西走廊地區已進入階級社會。火燒溝墓葬用羊隨葬甚多，在葬俗上用金銀或銅製作鼻飲、金耳環，很多墓葬男女頭骨

頂上都有束髮用的粗壯的骨針。根據這些特點，專家們推測四壩文化可能是古代羌族文化的一個分支。羌族以羊為圖騰，火燒溝墓葬用羊隨葬，反映了這個民族的特點。

（四）長江流域的殷商文化

長江流域是中國古代文化的另一個搖籃。在殷商時期，這裡北鄰中原和商的四方地區，南與華南（包括東南亞地區）古代文化區相接。在文化特徵上，既受殷商文化的影響，又受華南文化的影響，形成了長江中游、長江下游、四川盆地三個既互相聯繫又互有區別的文化區域。

長江中游文化區，指鎮江以西，宜昌以東，伏牛山——大別山南麓以南，南嶺北側以北的廣大地區。這一地區殷商時期的文化，湖北江漢平原有以盤龍城——荊南寺為代表的文化類型。盤龍城屬於中原商文化向南發展的一支，但從湖北江陵荊南寺遺址、沙市周梁玉橋遺址等情況看，早期它們受殷商文化的影響比較多，但到後期，土著文化的因素則明顯占有很大的比重。這大概跟文獻記載的武丁「奮伐荊楚」有關。可能殷後期「比九世亂」時，「居國南鄉」的楚趁機叛商，迫使商不得不退出江漢平原，而楚的勢力有了相當大的發展。

長江中游的湖南洞庭湖沿岸出土商代青銅器比較多，造型奇特，秀麗精巧，尤多動物造型如象尊、牛尊、豕尊、四羊尊等，中原商文化中很少出土。這一地區的青銅器可能大部分都是本土製造，體現了當時此地高超的苗楚青銅文化。

江西清江吳城遺址的發現為贛江流域古文化的研究提供了第一手的資料。吳城文化二期相當於殷墟早期或中期，三期相當於商末周初。吳城遺址發現的青銅器數量較多，包括生產工具、武器和生活用具等，大部分是本地製造。一九八九年江西新幹大洋洲發掘了一處吳城文化大墓，出土青銅禮器、兵器、樂器、工具等一百三十餘件，其中一件大銅鐃製作精細罕見。吳城遺址出土的印紋硬陶、釉陶和原始瓷，占陶器的相當比例。尤可值得注意的是吳城遺址刻在陶器器皿上的刻畫文字——陶文。這些陶文多是陶工所刻，有的象形字與殷墟卜辭相同，雖然

吳城陶文大部分不可識，但從總的情況看，吳城文化二、三期文化接近殷墟甲骨文。這說明吳城文化在殷商文化的影響下已經進入文明社會。

長江下游殷商時期的文化主要是寧鎮地區的湖熟文化和太湖地區的馬橋文化。湖熟文化大多分布在河流、湖沼沿岸，遺址多係突出地面的臺形土墩，土墩下層普遍存在著泥質幾何印紋軟陶，上層普遍存在著幾何印紋硬陶。湖熟文化早期大體相當於中原的商代，青銅器工具多為小型器物。馬橋文化大致相當於商代中、晚期和西周早期。陶器以幾何印紋陶為特色，還有少量早期階段的青銅器，石器是生產工具的主體，與湖熟文化差別很大。

長江上游的四川盆地殷商時期的文化主要是三星堆文化。三星堆遺址位於四川廣漢縣城的西北部，遺址發現於一九二九年，一九八〇至一九八一年進行大規模的發掘。三星堆遺址東西長約三公里，南北寬約二公里，是由數十個地點組成的長方形遺址群。三星堆文化的範圍以成都平原為中心，西到漢源、雅安一線，東到長江三峽兩岸，北到陝西漢中，南到長江兩岸都有分布。三星堆文化遺存分為四期，第二期、第三期與二里頭文化、二里崗文化相似，大體相當於中原地區的夏商時期。三星堆南側發現了兩個大型祭祀坑，出土金、銅、玉、石器等近四千件，其中包括青銅人像、人頭像、大小面具、青銅樹、金杖、金面等。從三星堆的青銅器看，四川盆地殷商時期已經進入了早期青銅時代是大家公認的，其他各地遺址普遍也發現有相當於這一時期的銅器出土。三星堆文化中的絕大多數器物（包括銅器、陶器）除個別外，幾乎都不見於中原夏商時期的文化遺存，其祭祀方式也明顯有異於中原各國，說明它是當地土著文化即「巴蜀文化」成長發展的結果。有專家推斷三星堆遺址可能是魚鳧系列或杜宇系列蜀王的都邑所在，這是可能的。從這個意義上說，四川盆地也是青銅器產生的一個源頭。

（五）山東膠東半島的岳石文化

膠東相當於夏代的文化主要是「岳石文化」。「岳石文化」因最早發現於平度縣岳石村而得名，遺存分布範圍相當廣泛，幾乎遍布山東省全境，而且包括了江蘇北部鄰近山東省的部分地區。岳石文化分布範圍與山東龍山文化大體一致，

遺物有很多因素與山東龍山文化晚期特徵相同，說明岳石文化是在承襲了山東龍山文化的基礎上發展起來的。學術界普遍認為岳石文化是在山東龍山文化之後夏至早商時期生活在今山東半島和江蘇北部地方的古夷人創造的一種青銅文化。商代以後，中原殷商文化勢力強大，商王朝不斷對這一地區進行征伐戰爭，迫使以岳石文化為代表的古夷人勢力不斷向東退卻，因此商代初年岳石文化的分布區漸漸集中到膠東一帶，並越來越多地與殷商文化相滲透。

第三節·
西周、春秋疆域的擴大和區域文化的形成

一、西周、春秋疆域的擴大和區域文化的形成

西周、春秋時期是華夏文化的匯成時期。

西周王朝的疆域，北起燕山南北和遼寧東部，南到長江流域，東起渤海沿岸，西到今陝、甘一帶，是個版圖空前廣大的國家，其對諸侯的支配力量和勢力影響的範圍，較之商代有大幅度地擴大。周人的政治、軍事中心是關中—洛陽一線，從都城鎬京（宗周）到東都洛邑（成周）的大片地區，是周王朝的王畿；王畿之外有數十個諸侯封國相拱衛，直接接受周人統治；再外圈則是與周王朝既有和平往來又有戰爭衝突的周邊各族地區。

周人興起於周原，強盛於豐鎬。周原遺址位於陝西省岐山、扶風兩縣的北部，東西約三公里，南北約五公里。據史籍記載，周文王祖父古公亶父商末率周人遷至此地，在這裡營建城郭都邑。周文王遷都於豐後至西周末年犬戎入侵，這裡仍然是周人的重要政治中心。自西漢到清末以來，這裡不斷有西周銅器出土，著名的天亡簋、大盂鼎、毛公鼎等青銅重器都出於此。周原遺址解放後考古發現十分豐富：岐山鳳雛和扶風召陳兩處大型建築基址，岐山鳳雛和扶風齊家兩處發現的西周有字甲骨，岐山董家和扶風齊家、莊白、召陳等處發現的銅器窖藏（如裘衛四器和微氏器群）等，大大豐富了西周研究的新史料。豐鎬遺址位於陝西省西安市西南十二公里長安縣的灃河兩岸，河西岸的客省莊一帶面積約六平方米的範圍內包含豐富的西周遺存，灃河東岸昆明地故址以北也包含豐富的西周遺存，估計豐鎬二京都在這個範圍內。周初周公東征後在洛水北岸修建洛邑，二十世紀五〇年代，考古工作者在洛陽中州路一帶發現了東周的王城，估計西周的王城也應該在這個區域內。

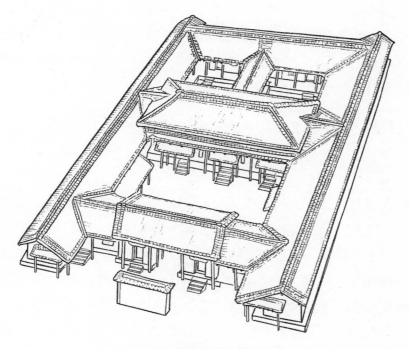

岐山鳳雛宮室基址復原圖

周初分封，文獻記載有七十多個諸侯國。其中占比例最多的是周王的兄弟或周的親戚，其次是古帝王之後，還有一些表示歸順的方國部落首領。同姓諸侯中，文王兄弟輩的封國有西虢（今陝西寶雞）、東虢（今河南滎陽市東北）；武王兄弟輩的分封國有管（今河南鄭州地區）、蔡（今河南上蔡）、郕（今山東寧陽）、霍（今山西霍縣西南）、魯（今山東西南部）、衛（今豫北、冀南地區）、毛（今陝西岐山、扶風一帶）、聃（今河南平輿北）、郜（今山東成武縣東南）、雍、曹（今山東定陶縣）、滕（今山東滕縣西南）、畢、原、酆（豐，今陝西戶縣）、郇、燕（今北京房山縣董家林）等；成王兄弟輩的分封國有邘（今河南沁陽西北）、晉（今山西西南部）、應（今河南魯山東）、韓（今山西河津東北）等；周初周公旦後代的分封國有凡、蔣（今河南固始）、邢（今河北邢臺）、茅（今山東金鄉）、胙、祭等；周的親戚有姜姓的齊（今山東北部）；異姓諸侯封國有神農之後的焦（原河南陝縣）、黃帝之後的祝（今山東肥城東南）、帝堯之後的薊（今北京城西南）、帝舜之後的陳（今河南淮陽）、大禹之後的杞（今河南杞縣）；歸順周人的商紂王庶兄微子啟被封於宋（今河南商丘地區）。武王、成王之後，周王朝又陸續分封、改封，如康王封夨於宜，封熊繹於楚為楚君；宣王封申伯於謝（今河南南陽），封庶弟友於鄭（陝西華縣東）等，有力地加強了對廣大被征服區域的控制，真正成為封邦建衛的天下共主，改變了商代那種小邦林立、方國部落時服時叛的局面。

周初的封國，目前發現比較明確的遺址主要有：

1. 琉璃河西周燕國都城遺址。

周初成王封召公於燕。西周燕國都城遺址位於今北京市房山縣琉璃河鎮北一點五公里的臺地上，面積達五百餘萬平方米。該遺址二十世紀四〇年代即已被發現，自一九七三年開始，北京市文物工作隊等在這裡進行了考古調查和發掘。西周燕國的都城遺址，由董家林村古城址和黃土坡村墓地組成。古城平面呈長方形，北城牆長八百二十九米，東、西城牆北半段已探出長度約三百米，城牆用黃土夯築，寬十米左右，城牆外有深達二米的護城壕溝。其始建年代大約不會晚於西周初期。黃土坡墓地位於古城址東南約八百米，是包括燕侯在內的西周燕國貴

族墓地。迄今已發掘墓葬三百餘座，車馬坑三十餘座，出土各類隨葬品數千件。

2. 曲沃曲村─翼城天馬晉國都城遺址。

周初成王之弟叔虞始封於唐（今山西翼城西），至叔虞子燮父時以境內有晉水，改稱晉。與晉國歷史有關的西周文化遺存，主要分布於山西境內的洪洞坊堆、永凝堡，芮城柴村，長子西旺村、西南呈，曲沃曲村，翼城天馬等地。一九七九年以來，對曲沃曲村─翼城天馬大型周代遺址進行了發掘，先後清理了多座西周的墓葬及車馬坑，並出土了晉侯蘇等多王的青銅禮器，推測曲村─天馬古遺址是晉國早期都城「唐」的所在地。

3. 衛、齊、魯都城遺存。

周初周公東征平定武庚之亂，封武王弟康叔於衛，都於沬（今河南淇縣）。衛國的範圍大體包括了今河南北部和河北南部。浚縣淇水（淇水兩岸是衛國的統治中心）北岸辛村發現了規模很大的墓葬，並出有「衛」、「侯」銘文的銅器，證明是衛國貴族的墓地。

齊國是西周在東部地區分封的姜姓諸侯大國，統治中心在山東北部的博興和臨淄一帶。考古發現表明，臨淄齊故城內有西周文化堆積存在；在古城址東北部和城址西南曾發現西周晚期的墓葬。益都、壽光、昌樂、鄒平、曆城等地，都發現不少的西周遺址。

周公之子伯禽為魯公，都曲阜。考古調查和發掘表明，曲阜魯故城建於西周前期，城內墓葬中發現了西周時期的魯司徒仲齊墓葬，距魯城以西四十公里的兗州也發現了西周時期魯國邑落遺址。

山東滕州也不斷出土滕公、滕侯的青銅禮器、兵器、車馬器等，表明這裡即是西周滕國貴族的墓地，為尋找西周滕國故都提供了線索。

西周貴族墓葬發掘總數已逾二千座，主要分布在陝西省長安、扶風、岐山、寶雞、鳳翔、武功、銅川、米脂，河南省洛陽、浚縣、三門峽、平頂山，北京市昌平、房山，河北省滿城、唐縣、元氏，山西省洪洞、曲沃、翼城，甘肅省靈

臺，山東省臨淄、曲阜、膠縣、乳山，寧夏固原，江蘇省丹徒、句容、溧水、金壇，安徽省屯溪等地。其重要者，如陝西寶雞鬥雞臺墓地、豐鎬遺址內的長安縣張家坡西周墓地，山西曲沃曲村—翼城天馬西周墓地，河南浚縣辛村衛國墓地，北京琉璃河燕國墓地、昌平白浮西周墓地，陝西省寶雞虢國墓地，甘肅靈臺白草坡墓地，安徽屯溪西周墓地等。這些墓地出土的青銅器，銘文中有「康伯」、「毛伯」、「豐伯」、「太保」、「晉侯」、「邢侯」、「滕侯」、「北子」、「漂伯」、「陵伯」、「康殤伯」等名稱，可以和文獻記載的分封諸侯相引證，尤其是不少銅器銘文記載了周征伐「商」、征伐「鬼方」、「淮夷」、「南淮夷」、「玁狁」等歷史事件，是我們研究周與周邊方國關係的第一手資料。

西周墓葬可分為中原地區和長江下游地區兩大體系，主要差別反映在墓葬形制和隨葬品的不同上。中原地區的西周墓為土坑豎穴墓，隨葬品以陶器、青銅禮器為主；長江下游地區的西周墓則為土墩墓（即木棺墓穴只在平地堆土起墳埋葬），隨葬品以原始瓷器和印紋硬陶為主，青銅器數量較少而富有地方特色。

春秋時期，王室衰微，諸侯爭霸，政治形勢發生了大動盪。天下紛爭的局面激發了諸侯各國卿大夫對政權的控制和華夏民族與戎狄蠻夷各族的大融合。

在王室名存實亡的情況下，諸侯大國霸主實際上是以天下共主的面貌出現的。據《左傳》等記載，春秋時共有一百四十餘國，其中重要的是齊、晉、楚、魯、秦、鄭、宋、衛、陳、蔡、吳、越等國。春秋初期，戎狄勢力頗盛，不斷侵擾中原。春秋中期後，華夏各國日趨強大，許多戎狄蠻夷被他們征服和兼併：秦國在今陝西境內吞併了大部分西戎；北戎則逐漸接受了燕文化的影響；狄大部分地區被晉所兼併；齊國在東方吞併了萊夷，大部分淮夷小國被楚、魯所滅；南方的群蠻、百濮則為楚和吳、越所兼併。到春秋末期，大多數居住在中原或靠近中原的各族逐漸地融合於華夏族。在這個基礎上，齊、晉、楚、秦、吳、越憑藉著國富兵強先後取得霸主地位，迫使他們周圍的小國淪為他們的附庸。如此，偌大版圖之內，諸侯之間所謂的「華夷之別」消滅了，代之而起的是一個蠻夷戎狄匯合而成的華夏族。

春秋時期政治、文化的一個重要特點是四方地區強大的諸侯「問鼎」中原、

蠻夷戎狄文化向華夏滲透、長江中下游向黃河中下游挑戰。而在這方面的典型就是楚勢力、楚文化，吳越勢力、吳越文化向北的延伸和秦勢力、秦文化的東進。

楚是江、漢流域的一個蠻族國家。西元前六一三年，楚莊王繼位，以孫叔敖為宰相，整飭內政，興修水利，國勢更加強盛。西元前六〇六年，楚莊王率軍至洛邑的郊外，迫使周定王為他舉行慰勞歡迎之禮，問鼎之輕重，暴露出北上稱霸的意圖。西元前五九七年，晉、楚戰於邲（今河南武陵東南），大敗晉軍。西元前五九四年，楚圍宋達九月之久，宋向晉告急，晉畏楚而不敢出兵。從此，中原各國背晉向楚，使得楚莊王飲馬黃河，稱霸中原，「並國二十六，開地三千里」，囊括淮夷、吳越、揚越而並於楚，盛極一時。

平王東遷，僻居西偏的秦襄公因護送有功，被封為諸侯邵，周將岐（岐山東北）以西之地賜秦，使其自行從戎人手中奪取。秦在西方經過一百多年的發展，至秦穆公「益國十二，開地千里，遂霸西戎」，逐漸趁勢東進。

吳、越都是長江下游的國家，春秋晚期時強盛起來。西元前五〇六年，吳王闔閭用楚亡臣伍子胥率軍伐楚，楚軍大敗，吳軍直入郢都。後吳王夫差出兵伐越，越王勾踐大敗求和，請為屬國。西元前四八二年，夫差大會諸侯於黃池（今河南封丘），與晉爭當霸主。越王勾踐臥薪嚐膽，集十年實力乘夫差北上會盟，出兵攻吳，吳軍大敗。西元前四七三年，越再次伐吳，吳亡。勾踐率師北上，與齊、晉等諸侯會於徐（今山東滕縣），一時號為霸主。

在這樣的情勢下，楚、秦、吳、越，加上原來中原大國晉、鄭、燕、齊、魯等，由於各國文化背景和夷夏文化交融程度的不同、生活環境和民俗習慣的差異、生產力發展和經濟狀況的不平衡，形成了幾個文化面貌相對差異的區域文化圈：

黃河中游的中原文化圈　主要是指周、虢、鄭、晉等國家。周雖然號稱天子，但其勢力不過一小諸侯國。中原文化在夏、商、西周時期對周圍地區有很大影響，東周已經減弱，但當時仍發揮著重要的作用。

北方文化圈　主要指中原北面、晉國北部的中山國、燕國以及更北的方國部

族。「北方原為營遊牧生涯的少數民族所居，受中原文化浸潤而逐漸華夏化，連北方少數民族所建諸侯國如中山也不例外，但仍有其本身的特點。」

齊魯文化圈 主要指今山東省範圍內的齊、魯和若干小諸侯國。其中魯國保存周的傳統最多，「從出土文物的風格看，在文化面貌上更近於齊，而與三晉有別。在這個文化圈的南部，一些歷史久遠的小國仍有東夷古代文化的痕跡」。

楚文化圈 主要指長江中游的楚國和楚國之北的諸多周朝所封小國，楚之南的許多方國部族也包括於此文化圈內。

吳越文化圈 指淮水流域和長江下游一系列嬴姓、偃姓小國如徐國和群舒等，還有吳國和越國。這個文化圈受中原文化和楚文化的影響，但也有其本身的特色。[5]

這些地域性的文化圈，從考古文化看，文化面貌、文化氣象如城址、墓葬布局和隨葬器物上都有一些差異；從思想文化上看，源自春秋學術思想的「百家爭鳴」也有其地域文化的色彩：「如儒家起於魯國，傳布於齊、晉、衛；墨家始於宋國，傳布於魯以至楚、秦；道家起源於南方，後來在楚國和齊、燕有不同分支；法家源於三晉，盛行於秦；陰陽家在齊國較多，隨後在楚、秦等國都有較深影響；縱橫家則多出於周、衛等地，周遊於各國之間。這個時代可與西方歷史上的古典希臘媲美，在科學、哲學、歷史、藝術、文學等各方面都出現了傑出的人才，取得了豐碩的成果。」[6]

這些各放異彩的地域性文化圈，是我們輝煌燦爛的中華文化的重要組成部分，對中華文化的醞釀形成都起過重要的作用。尤其是東周以後楚文化的擴展，對中華文化的發展促進的作用更大，這需要我們今後深入的研究。

春秋考古材料遺址發現較少，墓葬發現最多。都城遺址已發現的有河南洛陽東周城址、山東曲阜魯國故城、臨淄齊國故城、山西侯馬晉城、陝西鳳翔秦都雍

---

5 李學勤：《東周與秦代文明》，北京，文物出版社，1984。
6 同上。

城、湖北江陵紀南城楚城等。墓葬主要有河南三門峽上村嶺虢國墓、郟縣太僕鄉鄭國殘墓，山西芮城晉墓，山東黃縣和煙臺齊國銅器，湖北京山和隨縣的曾國墓，陝西鳳翔和寶雞秦墓，湖北當陽楚墓，河南洛陽中州路和王灣春秋墓、新鄭大墓、輝縣琉璃閣春秋墓、光山黃君夫婦墓、信陽樊君夫婦墓，山東沂水莒國墓，湖北江陵雨臺山楚墓，江西靖安出土徐國銅器，安徽壽縣蔡侯墓，長治分水嶺春秋晚期墓葬，山東臨淄齊侯大墓、莒南莒國墓，河北唐山賈各莊春秋墓，山西渾源銅器，河南淅川下寺楚墓，長沙楚墓地和江陵楚墓群中的春秋晚期墓等。這些考古材料的特點是：早期文化特點與西周晚期文化面貌相近，晚期文化面貌可延續到戰國初年。中期以後文化內涵的地區因素較明顯，但彼此之間也有不少共同之處。

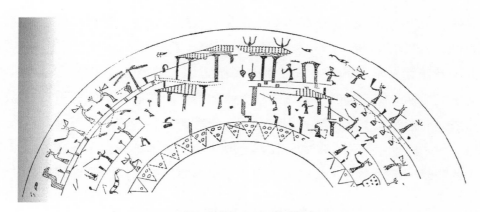

河南輝縣趙固出土戰國銅鑒紋飾

二、西周、春秋時期華夏文化對四邊文化的影響

西周和春秋時期，四周邊遠地區的方國部族主要有「獫狁」、「鬼方」、「淮夷」、「南淮夷」等分布，文獻上習稱蠻夷戎狄。從考古文化上看，西周和春秋時期中國邊遠地區的青銅文化主要有北方地區的夏家店上層文化、西團山文化，西北地方的辛店文化，長江上游地區的巴蜀文化以及東南地區的一些青銅文化遺存。

（一）北方地區的青銅文化

西周春秋時期，中國北方草原地區的青銅文化主要有遼西地區的夏家店上層文化，遼東與松花江上游之間的西團山文化以及含青銅短劍的文化遺存。

1. 夏家店上層文化。

夏家店上層文化遺存最早發現於內蒙古赤峰市的紅山後遺址，中心地區是西遼河流域，北達西拉木倫河以北，南到燕山地帶，東抵教來河、孟克河及凌河上游。據放射性碳元素斷代，西拉木倫河以北的林西大井遺址的年代資料，約相當於中原地區的商周之際；而分布在西拉木倫河以南的文化遺存，年代都比較晚，但早於該地區以燕、秦為代表的戰國文化。

夏家店上層文化陶器都是夾砂陶，手製，紋飾罕見。石器有磨製、打製和細石器三種。器型有石斧、刀、環形器、盤狀器、石材和石臼等。青銅器多為工具、武器及飾物。常見的斧、鑿、錐的形制與北方其他文化中所見的同類器相似，唯多見短柄一側有齒的小刀。短劍以身和柄連鑄的最多；劍柄和柄首常鑄出動物形或幾何形圖案；劍身有直刃和曲刃。青銅器中有些器型，如銅戈和鼎、簋等禮器，與中原地區西周晚期的同類器相同，表明該地區與中原地區各諸侯國有較密切的聯繫。遺址中多次發現斧、刀、矛等石質鑄範，證明這類銅器是當地鑄造。

2. 西團山文化。

西團山文化是以最初發掘的吉林市郊的西團山遺址而得名。該文化分布於東遼河與松花江上游之間的長春、吉林地區，早期階段相當於西周早期，晚期階段相當於戰國初期。西團山文化陶器都是紅褐色夾砂陶，手製，一般不施紋飾。石器仍被大量使用。青銅工具發現得較多，主要有小刀、斧、鑿和錐等，作為武器的矛、短劍等發現得較少。

專家根據夏家店上層文化和西團山文化的分布地域及年代，判斷其族屬與《史記》記載的山戎和東胡有關。

3. 含青銅短劍的文化遺存。

中國東北遼西地區、瀋陽地區、遼東地區和吉林長春地區出土青銅短劍很多，青銅短劍的年代，大約從西周中晚期出現，一直延續到秦漢之際。青銅短劍中最具特徵的是曲刃青銅短劍，它有三種形制：曲刃鑾柄式、曲刃短莖式、曲刃匕首式。曲刃鑾柄式過去有人稱其為矛，主要分布於遼西和內蒙古東南部地區，年代相當於西周中期至春秋時期，屬於夏家店上層文化系統；曲刃短莖式或稱「琵琶形」劍，分布地域很廣，包括整個遼河流域、吉林長春地區以及河北北部，其中以遼西發現最多，年代相當於西周中期至戰國晚期。分布於遼西地區的屬夏家店上層文化，吉林長春地區的多屬西團山文化；曲刃匕首式青銅短劍形制似匕首，主要分布於西遼河流域。屬於夏家店上層文化，年代相當於西周晚期至春秋時期。

含青銅短劍的文化遺存的族屬，多數專家認為屬於東胡族。也有專家認為遼西地區的青銅短劍墓屬於東胡族，遼東地區的青銅短劍墓屬於東夷族，通遼地區的隨葬青銅短劍的積石墓則可能與早期高句麗族有關，吉長地區的青銅短劍墓可能與古肅慎族有關。還有的專家認為這些短劍屬於濊貊、真番等族的祖先所共有，各種意見也都能從文獻記載中找到證據。

（二）西北地方的青銅文化

中國西北地方的青銅文化，主要有辛店文化等。辛店文化因一九二四年首次在甘肅臨洮辛店村發現而得名，主要分布於黃河上游及其支流洮河、大夏河和湟水的中下游流域。年代晚於該地區的四壩文化，約西元前一千年前後。

辛店文化的聚落遺址多位於河谷兩岸的臺地上，均為長方形的半地穴式建築。辛店文化陶器以夾砂紅褐陶或橙黃陶為主，多手製，表面磨光，並施有一層白色或紫紅色陶衣。紋飾有繩紋、附加堆紋和近似一對羊角的雙鉤紋和象生性的犬形紋，這也是該文化的重要標誌。典型器型為頸部或腹部附加雙耳的彩陶罐、甕，頸肩部附加有雙耳或雙鈕的陶鬲等。

辛店文化與中原地區同時代的青銅文化有密切的聯繫,如該文化常見的雙耳袋足鬲與西周早期的陶鬲相似,彩陶上的連續回紋與雲雷紋等,與中原西周青銅器的紋飾雷同,這都是受到中原青銅文化影響的結果。有學者推斷辛店文化的主人是文獻記載的「氐羌」的祖先。

(三)西南地區的青銅文化

長江上游地區西周、春秋時期的青銅文化主要是早期巴蜀文化。早期巴蜀文化主要分布在今四川境內,並向北波及到陝南漢中地區,東達長江三峽兩岸。

早期巴蜀文化巴文化與蜀文化的面貌區分不大,陶器、青銅器都有強烈的地域特徵。早期巴蜀文化青銅器兵器有戈、矛、鉞,工具有斤、斧、鑿,造型有自身的特徵,紋飾風格也很獨特,如成都出土的西周銅戈上的饕紋,竹瓦街銅兵器上的鳥紋、蟬紋、壁虎紋等,都與中原同時代銅器紋飾不同。但這些銅器又具有中原商周銅器的風格,如兵器中的戈、矛、鏃,容器中的罍,都是黃河流域殷周青銅器中常見的器型,這說明早期巴蜀文化也受到中原文化的影響。

(四)東南沿海地區的青銅文化

西周早期,周王朝的政治勢力越過長江進入今蘇南地區。在中原商周文化的影響下,華南和東南沿海廣大地區的原始文化先後進入青銅器時代。在秦漢以前,中國東南沿海地區的居民主要是越族。今浙江和福建一帶的越族先後被稱為越、甌越和閩越,以廣東中部為中心的越族稱南越,廣東西南部的越族稱駱越。

商周時期,中國東南沿海地區的文化遺存有兩個共同特徵:一是幾何印紋陶;一是有肩石器和有段石器。但各個地區的文化仍有許多明顯的差別。

1. 閩江流域的青銅文化。

閩江流域的青銅文化遺址,一般分布在河流兩岸河谷盆地中低矮的獨立小山丘或臺地上,相對高度一般在五十米左右。閩江下游及閩東沿海地區的曇石山上

層類型陶器以印紋硬陶為主，火候高，硬度大，表面有一層似釉的物質，光亮而無吸水性。陶器的製造，係手製和輪製兼用，器表除素面磨光外，紋飾以籃紋最多，彩陶很少，相對年代相當於中原地區的西周時期。閩江流域和閩北、閩中、閩西同時存在的黃土崙類型以屬有少量細砂幾何印硬陶為主，刻畫紋硬陶次之，有少量泥質紅陶和細砂紅陶。陶器的製作以輪製為主，紋飾採用拍印、刻畫、錐刺、按孔、凸稜等方法。常見的紋飾有拍印的回紋、方格紋、刻畫的勾連大回紋、「S」字形紋、卷雲紋、斜線三角及附加凸稜等。其相對年代大約相當於中原地區商代後期至西周。

2. 粵東和閩西南地區的青銅文化。

粵東和閩西南地區時代較早的青銅文化以「浮洪類型」較為典型。「浮洪類型」的墓葬在廣東饒平、普寧、揭陽以及閩西等地區都有發現。浮洪類型文化遺存年代上限約相當於商代中晚期，下限可能在西周前期。饒平墓葬中曾發現銅錛。

3. 珠江流域的青銅文化。

珠江流域的青銅文化可分粵北的北江上、中游地區和珠江下游地區兩個類型。北江上、中游地區比較典型的遺址是廣東曲江石峽遺址。該遺址上層文化出土遺物以「夔紋、雲雷紋和方格紋組合的印紋硬陶」與少量的磨光石器及青銅器共存為特徵。硬陶中有不少釉陶和原始瓷。青銅器有鉞、鏃、篾刀等，其年代相當於西周晚期至春秋時期。珠江下游地區屬於青銅器時代早期的遺址有廣東東莞村頭遺址等。該遺址的第三層至第五層屬青銅器時代的地層，特點與粵東「浮洪類型」遺址相似。

戰國多民族統一國家的形成
及對四周少數民族文化的影響

一、「冠帶七國」── 華夏多民族國家形成的前夜

　　戰國時期，是中國古代通過劇烈的戰爭由諸侯割據走向統一的中央集權國家的巨變時期。這一時期，由蠻夷戎狄匯合而成的華夏民族正在泯滅各諸侯國之間的此疆彼界而走向新的統一。各個地區由於歷史傳統、風俗習慣和生產、生活內容不同形成的不同的文化特點，也正在政治、經濟、軍事文化的兼併下向「車同軌、書同文、行同輪」邁進。

　　戰國考古也反映出戰國政治、經濟、文化的這些特點。戰國時期，中國各地考古學文化的面貌有許多共同的因素，一個統一的文化系統已經牢固地形成。自然，由於各個地區歷史傳統、風俗習慣和生產、生活內容不同，各個地區考古學文化也有不少差異，「言語異聲，文字異形」。不過，這種差異是在總的、統一的華夏文化之下的文化差異[7]，與商周時代不同族系之間「異姓」必「異德」的情況大不相同。最能說明問題的例子，是戰國「百家爭鳴」雖然儒家起於魯；墨

7　宋治民：《戰國秦漢考古》，成都，四川大學出版社，1993。

家始宋；道家源於楚；法家源於三晉，盛行於秦；陰陽家齊國較多，縱橫家則多出於周、衛，但他們的宗旨大都是服務於國家的統一，都是為即將出現的大一統的封建國家出謀劃策，都是在統一的華夏文化指導之下進行的。所謂的「文字異形」，也多表現為簡化體、異體等俗體字的差異，漢字的構字原則和構字方式六國完全相同。

　　戰國考古分區是以三晉地區、秦國地區、楚國地區、燕齊地區、長城內外地區、西南地區、華南地區來劃分的。這種區域劃分，跟上面春秋時代地域文化的分區有緊密的聯繫，但它所指的國家區域較春秋時代要廣闊得多。一是春秋中期以後，華夏各國日趨強大，許多戎狄蠻夷被他們征服和兼併：秦國在今陝西境內吞併了大部分西戎，燕逐漸兼併了北戎，晉兼併了大部分狄人，齊國吞併了萊夷，楚、魯吞滅了大部分淮夷；群蠻、百濮被楚、吳、越兼併。到春秋末期，大多數居住在中原或靠近中原的各族逐漸地融合於華夏族。二是到了戰國中期以後，強國、大國又分別兼併、吞滅了周圍的小國、弱國，征服了鄰近的少數民族，如燕、趙在吞併周圍小國的同時擊敗了東胡、林胡、濊貊、樓煩，秦在霸西戎的基礎上又征服巴、蜀，中國版圖被幾個強國控制，所以戰國國家區域比春秋要廣闊得多。當時，三晉（韓、趙、魏）占有現在的山西、河北、河南大部，陝西東部。在這一地區內，還有東周王朝直接控制的今洛陽地區。秦國控制著今陝西關中地區、涇渭流域，向西達到甘肅東部。楚國占有長江中下游、淮河流域，包括今湖北省、湖南省、安徽省、江蘇省及河南省南部。燕占有今北京市、天津市、河北省北部、遼寧省南部，向北和北方草原地區接壤。齊向東占有今山東大部，為經濟發達地區，有漁鹽之利。以上諸國都是華夏諸國，它們的版圖，就是戰國時期中國即華夏民族的版圖。這為秦統一中國奠定了民族和疆域的基礎。

　　目前，戰國列國都城調查或發掘清理的已有：東周王城、河北易縣燕下都、趙都邯鄲故城、魏都安邑故城、新鄭鄭韓故城、齊都臨淄故城、湖北江陵楚郢都故城、陝西秦都咸陽。諸侯墓葬，科學發掘者有湖北隨縣曾侯乙墓和河北平山中山王墓。列國貴族墓葬，發掘的更多，其著名者有山東臨淄郎家莊一號墓、山西長子牛家坡七號墓、湖北江陵天星觀一號墓、河北易縣燕下都十六號墓、河南汲縣山彪鎮一號墓、河南洛陽中州路二七一七號墓等。這些都城遺址和墓葬的發

掘，清楚地反映出戰國時期列國政治、經濟的基本面貌和當時物質文化的水準，使我們對戰國時期的文化特點有了基本的把握。

二、戰國時期華夏文化對四邊的影響

（一）長城內外地區

戰國考古所說的長城內外地區，是指戰國長城沿線地區，或稱北方草原地區，指今內蒙古自治區，遼寧省遼河流域，吉林省南部以及河北、山西、陝西北部的一些地方。這個廣大地區是中國北方以遊牧為主的少數民族生活的地區。從考古發現來看，當時這個廣大地區內生活著山戎、樓煩、林胡、匈奴、東胡、義渠等多支兄弟民族，他們過著遊牧生活，和中原華夏族有著久遠密切的聯繫，而且由於各種原因，當時也有一些漢族人居住在上述地區。

1. 山戎。

山戎居住在現在河北省太行山脈以北的燕山地區、北京市的軍都山地區。目前考古工作者在這個地區發現的以直刃羊角首（或獸首）青銅短劍和銅削刀為代表的青銅文化即是山戎部落的遺存。《史記・匈奴列傳》：「燕北有東胡、山戎。」《史記・齊世家》：「齊桓公救燕，遂伐山戎，至於孤竹而還。」山戎遺存中出土了不少中原文化系統的青銅器，說明他們和中原國家的交往之多。山戎遺存中普遍存在著用肢解後的牲畜殉葬的情況，製陶技術也比較落後，說明山戎當時是以畜牧業為主的遊牧民族。

2. 東胡。

戰國至漢初，東胡是一個強大的民族，後來被匈奴所滅。據《後漢書・烏桓傳》和《後漢書・鮮卑傳》記載，烏桓和鮮卑都是東胡的後裔。

東胡族的活動範圍，在今天中國東北地區的南部、內蒙古自治區的東部和河

北省的東北部。《史記‧趙世家》說：趙「東有燕、東胡之境」。《匈奴列傳》也說：「燕北有東胡、山戎」，並記載趙武靈王胡服騎射，「北破林胡、樓煩，築長城自代並陰山下，至高闕為塞，而置雲中（今內蒙古托克托一帶）、雁門（郡治在今山西代縣）、代郡（今山西大同、河北宣化一帶）。其後燕有賢將秦開，為質於胡，胡甚信之，歸而襲破走東胡，東胡卻千餘里……燕亦築長城自造陽至襄平。置上谷、漁陽、右北平、遼西、遼東郡以拒胡。」戰國時趙國占有今山西北部、河北中部、南部的廣大地區，最北為雲中郡、雁門郡、代郡。東胡在雲中、雁門、代郡以東，秦開擊走東胡而置的上谷、漁陽、右北平、遼西、遼東諸郡，應該就是東胡所卻「千餘里」之故地。這個地區相當於今天中國東北地區的南部、內蒙古自治區東部和河北省的東北部。上文說過，內蒙古、遼寧省境內的雙側曲刃青銅短劍為代表的青銅文化應就是東胡族的遺存。這種青銅短劍的分布範圍大約西起內蒙古東南部、遼寧西部，東達遼寧東部，北達吉林省南部，南至河北省北部。他們與燕國為鄰，文化影響比較大。從出土器物看，遼寧錦西烏金塘、喀左南洞溝、凌源三官甸、旅順後牧城驛等地戰國時期遺址中出土過中原文化系統的銅戈、銅簋、銅鼎、刀幣和鐵鐮等，說明他們和中原文化系統的諸侯國已有較多接觸，這和文獻記載燕將秦開為質於東胡的事情也能吻合。

3. 匈奴。

匈奴為中國北方草原地區一個強大的民族，《史記‧匈奴列傳》：「其先祖夏後氏之苗裔也，曰淳維，唐虞以上有山戎、獫狁、葷粥，居於北蠻。」匈奴的名稱大概是戰國時才開始稱呼的，《史記》說：「冠帶戰國七，而三國邊於匈奴。」三國指燕、趙、秦。從山戎墓地的考古情況看，山戎和匈奴是有區別的。

匈奴是北方草原各部族逐漸融合而形成的。歷史記載，戰國時匈奴活動的範圍主要是內蒙古鄂爾多斯草原地區、山西省西北部、陝西省北部、河北省西北部、內蒙古東部的赤峰、寧城一帶，以及蒙古人民共和國和俄羅斯西伯利亞等地。而這一個幅員廣大的地區，正是鄂爾多斯式青銅器主要的發現地區。鄂爾多斯式青銅器以「觸角式」首和環首短劍、銅削（刀）、鶴嘴斧和動物牌飾最具代表性，較晚的時候也有鐵製短劍、削（刀）和鶴嘴斧。以這些青銅器為代表的文

化和東北地區以雙側曲刃青銅劍為代表的東胡遺存和以直刃短劍為代表的山戎文化有著不同的文化面貌。所以學者認為「這兩個地區發現的兩支青銅文化，應分別是匈奴和東胡居民所遺留」[8]。「相當於商周至春秋時期的鄂爾多斯式青銅器應為狄人的先期文化和狄人文化」，「在鄂爾多斯發現的春秋晚期至戰國早期的遺物，也可以稱之為先匈奴文化或早期匈奴文化」[9]。

（二）西南地區

戰國考古所說的西南地區，主要包括今天的四川、雲南、貴州三省區。考古發現較多的是四川和雲南，其次貴州。四川省發現的戰國時期的遺存主要是墓葬，有船棺葬和獨木棺葬，它們是以柳葉形扁莖無格青銅劍和圓刃折腰鉞、短骹雙弓形耳矛為代表的考古學文化──晚期巴蜀文化。

春秋中晚期以後，以成都平原為中心的蜀文化與川東重慶、豐都一帶的巴文化，既有一些共同文化因素，又有各自的文化特徵。共同特徵如銅兵器中都有柳葉形劍、中胡三穿戈，銅容器中都有豎環耳釜、鍪、甑，紋飾中都盛行自成特點的「巴蜀符號」以及刻有這種符號的各式銅印章。

巴文化的主要特徵是船棺葬、扁莖柳葉形劍、圓刃折腰鉞、短骹雙弓形耳矛，樂器使用錞於，在銅器與銅印章上雖有與蜀文化相似的各種符號，但以虎紋符號較多，顯然與民族信仰有關。有關巴文化的重要考古發現主要有巴縣冬筍壩、昭化寶輪院、涪陵小田溪的戰國墓葬等。小田溪巴墓出土的錯金編鐘和錯銀銅壺，有本地特色，是巴人青銅器的精品，但也有楚文化的風格。涪陵古稱「枳」，戰國晚期曾一度被楚軍攻占，因此當地的巴文化遺存帶有較多的楚文化因素是合乎情理的事。

戰國時期蜀國的都城，似在今成都市轄區之內。據東晉人常璩所著《華陽國

8　宋治民：《戰國秦漢考古》。

9　田廣金、郭素新：《鄂爾多斯式青銅器》，北京，文物出版社，1986。

志·蜀志》：「周失綱紀，蜀先稱王。」蜀王最早的是蠶叢，其次為柏灌（柏濩），再次為魚鳧，戰國時期的蜀王有杜宇、開明等。戰國時期的蜀文化在長江上游是領先的。成都市百花潭中學大型戰國墓出土銅壺，器身周遍飾金屬嵌錯的圖像，表現生產、生活和戰鬥的場景，十分精彩。新都縣大型戰國墓出土的鼎、敦、盤、匜、壺、瓶、豆、鐘和少數兵器，與楚器相仿，其中一件鼎蓋內有銘文「邵之食鼎」。「邵」即「昭」，是楚國三大公族之一，銘文字體也是楚式，可見楚文化對蜀文化的影響。不過從整體上看，這兩座墓出土的銅器蜀文化風格要超過楚文化風格。晚期蜀文化的特徵是獨木舟式的船棺葬，兵器以兌、矛為主。其活動地區，以成都為中心，包括今四川盆地西部以及陝南、滇北一帶。

長江上游除了巴人和蜀人，還有分布在滇北、黔北川西漢代稱為「西南夷」的許多少數民族。他們聚居在高原、平壩或散在草原、山丘、峽谷，創造了具有自身特點的青銅文化。

在這些少數民族中，滇人在今昆明周圍地區建立了強盛的國家，於春秋中期進入青銅器時代。春秋、戰國之際，滇人的青銅文化已經多姿多彩。楚雄縣萬家壩發掘八十座春秋戰國之際的墓葬，出土青銅器有八百九十八件，形制上自成體系，如編鐘呈圓筒狀，大小一致，鈕作羊角狀；銅劍除少數為扁莖者外，劍格大都作花蒂形，圓柱莖上有纏繞紋；數十件銅斧和銅鋤也頗具特色。萬家壩墓葬中出土兵器最多，兵器中又以矛為最多。早期的山字形格短劍，與西鄰的洱海青銅文化接近，鉞形斧與東鄰和南鄰的百越青銅文化接近，船棺與北鄰的巴文化接近，戈與北鄰的蜀文化接近。銅鼓造型簡樸，屬於原始形態。滇文化遺物分布面較大，幾乎橫貫雲貴高原，直至武陵山東西兩側。

滇池以西洱海地區祥雲縣大波那村發掘的戰國中期墓葬及隨葬器物，可以作為戰國時期洱海地區青銅文化的縮影。該墓的葬具是人字形屋脊的青銅棺，棺身有鑄刻的動物圖像。該墓出土的青銅器還有鋤、錛、矛、劍、斧、鼓、鐘等，其中有肩斧、靴形斧和圓桶狀鐘等都是帶很強土著特點的器物。銅鼓也屬於原始形態，與滇池的銅鼓大同小異。有專家認為大波那戰國墓的主人是《史記·西南夷列傳》所載的昆明人。

從川西的安寧河流域跨過金沙江到滇西的洱海，春秋戰國時期有大石墓文化。大石墓文化的主人與昆明人有密切聯繫，但其文明程度低於昆明人。

川西的大部分地區，在今阿壩、甘孜兩個藏族自治州境內，春秋戰國時期有石棺墓文化。石棺墓文化的主人可能是《史記·西南夷列傳》所記的冉駹和白馬，其文明程度低於蜀人。

（三）華南地區

戰國考古所說的華南地區主要指廣東、廣西、海南三省區，這一地區位於五嶺山脈之南，故又稱嶺南。這裡是古代越人聚居區，發現和清理的戰國時期墓葬有廣東德慶戰國墓、肇慶戰國墓、四會戰國墓、羅定戰國墓以及揭陽、封開戰國墓，廣西平樂銀山嶺戰國墓、賓陽戰國墓、田東戰國墓以及武鳴戰國墓等，遺址則有增城、始興的戰國遺址。嶺南地區相當戰國時期的墓葬，都是長方形豎穴土坑墓，有些帶有腰坑，隨葬器物早期多銅器，晚期銅器減少而陶器增多。

戰國時期嶺南地區文化有較多的地方特色，如一般以稱為越式鼎為代表的成組器物即是本地的土著文化。嶺南戰國墓土坑墓多有腰坑，內埋陶器。中原商代墓多有腰坑，多埋狗，但到戰國時期墓中腰坑已基本絕跡。嶺南戰國墓中的腰坑看不出和中原殷商墓葬腰坑的關係，所以嶺南戰國墓中的腰坑可視為本地區的特點之一。嶺南戰國時期墓隨葬銅器中的短劍多扁莖無格，但又和巴蜀式劍大不相同，鏟形鉞、靴形鉞特別是人首柱形器，都具有地方特色。嶺南戰國墓有不少有來自中原地區或仿自中原地區的青銅器如劍、鑒、戈等，總的看這一地區青銅器的紋飾顯得細膩而活潑，來自中原地區或仿中原青銅器有著完全的中原風格或者器型同於中原而紋飾卻屬土著文化，說明這一地區文化受中原文化特別是楚文化影響之深。

第五章

文字的創制
和發展

文字是記錄語言的符號。

一個民族，如果它的語言有系統的文字符號來完整地記錄它，就可以說這個民族已經具備了系統的文字體系。

文字是文明社會的標誌之一。

人類古代社會大都是從文字的發明和應用於文獻記錄而過渡到文明社會的。有了文字，民族文化才得以廣泛地傳播和交流，古代歷史遺產才能全面、系統地傳承給後

世。

　　「前人所以垂後，後人所以識古」，文字的發明和使用不啻於普羅米修斯從天帝那裡偷來了聖火，光前啟後，使人類文明淵源不斷地傳播、交流、承襲和發展。

第一節·

漢字的起源

漢字是世界上最古老的文字體系之一。幾千年來，中國古代文明沒有像世界上其他的古老文明那樣因災患、戰爭等原因而消亡、中斷，反而歷經滄桑，久而彌堅，漢字記載的浩如煙海的古代文獻起到了保存、積蓄和弘揚中國文化的作用。

漢字體系大概是在西元前十七世紀夏商之交形成的。我們現在能夠見到的最古老的、內容比較豐富的古文字資料，是殷商晚期（西元前 14 至前 11 世紀）的甲骨文和金文。殷商晚期的甲骨文和金文已經是很完整、很成熟的文字體系，書寫技術也達到了相當高的水準，離漢字體系的形成已經有了相當的時間。《尚書·多士》說：「惟殷先人有冊有典，殷革夏命。」「冊」、「典」是系統的文獻記錄資料。現在，《史記·殷本紀》記載的帝王世系已基本上被殷墟甲骨卜辭所反映的王朝譜牒所證實，這說明最遲在夏代古人已經開始用漢字記錄自己的歷史了。殷人的「先公」、「先王」之中，「先公」及開國之君商湯都生活在夏代。因此，最保守的估計，夏商之交，漢字已經開始形成體系，看來不會有什麼問題。

由漢字體系的形成上溯漢字的產生和起源，則可以追溯到更加古老的年代。

中國古代很早就有文字起源於「八卦」和「結繩為治」的傳說，這不一定是事實。八卦根據算籌（有的代表奇數，有的代表偶數）組合的「爻」、「象」來

占卜吉凶，「結繩」利用繩結來幫助記憶，都屬於「記事」的性質，與語言關係不大。很可能原始文字在創制過程中曾受到過「八卦」或「結繩」的啟發或影響，或從其中吸收了一些有用的成分，如古文字 ⚋（爻）、⚋（教）就採用了八卦符號做偏旁，金文 ●（十）⊎（世）中還保留著結繩記事的某些特點（《說文》：「世，三十年為一世。」），但這並不意味著漢字起源於八卦或結繩。漢字的產生是遠古先民經過多頭嘗試，逐漸約定俗成而趨於成熟、定型的。文字是記錄語言的符號，它的產生自然應從用符號記錄語言中的詞算起。目前，考古發現的與原始文字有關的「符號」，主要是原始時代陶器上的幾何形刻畫符號和繪畫形象形符號，其中比較重要的有半坡陶符、姜寨陶符、大汶口陶符、半山馬廠陶符、良渚陶符、丁公陶符等。二里頭陶符和屬於商代遺物的二里崗陶符、臺西陶符、吳城陶符等，與殷墟文字的形態接近。

仰韶文化中的刻畫符號—馬家窯文化中的繪製符號

在各類刻符中，時代最早的是河南舞陽賈湖遺址出土的刻在龜甲獸骨等物上的幾何形刻符，距今已有七、八千年；出土數量最多的則是陝西關中地區發現的距今約有五、六千年的屬於仰韶文化時期的陶器上的諸多幾何形刻符。後一類陶符多出於渭河流域及其附近地區，刻畫符號多半刻在陶缽外口沿黑寬頻紋和黑色倒三角紋上，一般一個器物只有一個刻畫符號，具有明顯的共性，可以看作是同一系統的符號。這類符號有的可以直接和商周文字尤其是殷墟甲骨文相比附，因此不少學者認為它們「無疑是具有文字性質的符號」[1]。但也有不少學者認為它們「對後世文字發明有一定的影響，但本身絕不是文字」[2]。有的學者甚至認為它們與文字毫無關係，因為此類刻符不僅新石器時代文化遺址中有發現，漢字發展相當成熟時期的商周時代遺址中也常有發現，如河南偃師二里頭早商遺址、鄭州南關外商代遺

1　郭沫若：《古代文字之辯證的發展》，《奴隸制時代》，245 頁，北京，人民出版社，1973。
2　汪寧生：《從原始記事到文字發明》，《考古學報》，1981 年第 1 期。

址、二里崗遺址、安陽殷墟遺址、陝西周原遺址，甚至山東章丘龍山城子崖春秋譚國遺址、山西侯馬春秋戰國晉國遺址都發現了不少與上述陶符相似的符號，而且也是每器刻一個符號；有的陶器上這類符號與古體漢字並存，但二者絕不相混。這說明這類陶符與古文字的聯繫是不多的。它可能是器物所有者或陶工為了某種需要做的一些標記。或許古文字創制過程中曾吸收了其中的某些符號，但這類符號本身並不具備文字的性質，「既不是漢字，也不是漢字的最初形體，它與漢字毫無關係」[3]。

大汶口文化陶器上的繪圖象形符號與漢字的關係可能近一些。一九五九年，山東莒縣陵陽河等地發現一些大汶口晚期文化的陶尊上刻有一些塗了紅顏色的象形符號。這些符號大都刻在陶尊外壁靠近口沿的部位，通常一個陶尊刻一個符號，穩定性較強，因此不少專家把它們當作比較原始的漢字來研究。有些專家把 ꙮ、ꙮ、ꙮ、ꙮ 等釋為「旦」、「炅」、「戉」、「斤」等，並據以分析此時的漢字已有了獨體象形（如「斤」、「戉」）和合體會意（如「炅」）之分，並認為此時的漢字已具備了在一定範圍內傳遞資訊的作用。這種觀點得到了很多學者的同意，但也有不少學者持異議。有的學者認為，這種族徽性質的「代表個人或氏族的形象化的圖形標記」，「屬於圖畫記事的範疇」而非文字。更有的學者認為，文字的群體性很強，「在出土情況完全相同的條件下發現的刻符，不能有的是文字，有的不是文字」[4]。再則此類象形符號中的某些圖像（如ꙮ），不僅見於大汶口文化，亦見於早於它的仰韶文化和良渚文化遺址。這幾種文化地理位置相差遙遠，年代差別也很大。如此不同的文化遺址中出土同一種圖像，在當時的條件下不可能是文字的傳播所致，而只能是同一神話故事或神話傳說在華夏先民不同氏族的流傳。因而，這一類寓有豐富內容的圖像，還屬於「傳頌某一神話故事特別設計的圖像」性質，尚不屬於文字的範疇，雖然它給後來文字的產生以很大影響。[5]

3　高明：《論陶符兼談漢字的起源》，《北京大學學報》，1984 年第 6 期。
4　高明：《略談古代陶器符號、陶器圖像和陶器文字》。
5　高明：《略談古代陶器符號、陶器圖像和陶器文字》。

龍山文化丁公遺址出土的陶盆刻符可能已經具備了文字的性質。丁公刻符是一九九一至一九九二年在山東鄒平丁公村龍山文化遺址出土的。它刻在一塊長七點七至八點六釐米，寬三至三點四釐米的泥質灰陶盆底殘片上，有五行十一「字」。這些「字」，專家大都以為是原始文字，但跟商代的甲骨文不是一個系統，「也就是說，龍山文字和商代甲骨文，很可能是兩種文字」[6]。上文說過，漢字的產生是無數先民在相當長的時間裡多頭嘗試、反覆探索、篩選，最後才定型成熟的。丁公陶符可能是這種多頭嘗試之一種。它雖然跟商代甲骨文不屬於一個系統，但不能排除它是在一定時期、一定地域、一定氏族範圍內曾經使用過的原始文字。

　　現在，我們能見到的早於殷墟甲骨文而且能肯定與殷墟甲骨文有密切聯繫的原始文字主要有河北槁城臺西陶器刻符、江西清江吳城陶器刻符等，數量不多，也較零散。

　　臺西和吳城遺址早期地層中的陶器刻符，屬於商代前期。這兩處遺址出土的陶器刻符，儘管有些還不認識，內容也不能完全理解，但卻可以肯定它們與殷墟甲骨文同屬一種體系，而且有著明顯的承襲沿革關係。例如臺西陶器刻符的 ⏣（臣）和 ⼽（戈）字，與商代金文完全相同。 ⼞（止）字和 ⎗（刀）字是人足和刀的象形，商代甲骨文止字寫作 ⼞，刀字寫作 ⼑，雖然已經完全符號化了，但它們的演變承襲關係一目了然。吳城陶器刻符的「土」、「田」二字寫作 ⎔、⽥，跟殷墟甲骨文早期的「土」、「田」寫法完全一樣，說明吳城陶器刻符跟殷墟甲骨文也有著前後相因的關係。臺西遺址原來可能是商早期離王畿較遠的一座城市建築，吳城一帶當時則是距殷都安陽距離遼遠的一個方國。都城與邊城之間，宗主國與方國之間，在遙遠的距離和幾百年的間隔之下，文字還能產生如此深刻的影響，說明當時南北東西、夷夏蠻狄之間政治、經濟、文化聯繫之深。《詩·商頌·殷武》說：「昔有成湯，自彼氐羌，莫敢不來享，莫敢不來王，曰商是常」，看來是有根據的。另一方面，從臺西和吳城文字的圖畫性、形象性還很強來看，當時離文字的形成似乎還不太遠。有專家推測，原始漢字很可能「開

6　俞偉超：《專家筆談丁公遺址出土陶文》，《考古》，1993 年第 4 期。

始出現於西元前第三千年的中期。大約到這一千年的末期，夏王朝建立起來……迫切需要比較完善的文字……在夏商之際（約在前 17 世紀）形成完整的文字體系」[7]。這個分析很有道理。文字的創制需要一定的歷史條件，對文字的搜集、整理、定型起主要作用的應該是古代的部落首領或為他們服務的巫、史一類人。氏族部落林立的時代，封閉的氏族、胞族還沒有使用文字的環境，一旦社會進入部落聯盟並逐漸過渡到國家，外交、會盟、戰爭等重大政治活動，會促使文字日益成為統治階層日常交流的重要手段。中國古代傳說黃帝的史官倉頡造字，這是有一定的根據的。黃帝是文明初曙時期中原部落聯盟的領袖，由他的史官搜集、整理、加工成最早的漢字，標誌著漢字作為記錄語言的符號已開始進入上層建築的領域。因此，在一定意義上說，文字的創制可以說是從黃帝時代算起。黃帝是傳說中中華民族的人文始祖，他所處的時代，既已具備文字產生的歷史條件，也已具備文字產生的人才條件，因而這個時期出現文字已是歷史的必然。

第二節 ·
漢字的
性質和結構

　　文字作為記錄語言的符號體系，都是字形與字音、字義統一的符號體系。漢字的形、音、義的關係，基本上可以說是以表形為基礎、以表意為主導，同時也兼有表音的因素。從殷商後期甲骨文的情況看，漢字用來記錄語言的方法主要有

7　裴錫圭：《漢字的起源和演變》，陰法魯、許樹安主編：《中國古代文化史》第 1 冊，150 頁，北京，北京大學出版社，1989。

三種：

　　一種是純粹表意的方法，即字形跟文字所代表的詞只有意義上的聯繫，字形本身沒有表音成分，它的讀音要由所記錄的詞來確定——這就是我們平常說的表意字。

　　初期的表意字，大多是用具體的圖形或抽象的圖形來表示的，譬如我們祖先為了記錄「魚」這個詞，就用簡單的線條勾勒出魚的輪廓，把魚寫作🐟，為了記錄「木」（樹木）這個詞，就把樹的形象簡化成木。一些意義不好太具體表示的，就用簡單的刻畫或象徵的方法來表示，像簡單的數字「一」、「二」、「三」、「四」用一、二、三、亖來表示，「方」、「圓」以口、○來表示。這一類以形來表意的表意字，基本上都是古漢字中的獨體字，即由單個象形符號造成的表意字。獨體字是合體字的基礎，有了獨體字，才可能組合成意義更加複雜的字。

　　古文字中有很多由兩個或兩個以上的象形符號或指示符號組合成的合體表意字。譬如日暮的「暮」，古文字作🌄，像日落在草莽之中，表示是傍晚的意思。休像人在樹蔭下休息，表示是庇蔭、休養的意思。祭像人（又）持肉（月）貢獻給神祇，所以它的意義是「祭」。其他像本（本）用指示符號指出其字的意義是「木」下的根基部分、刃（刃）用指示符號指出其意是指「刀」的鋒刃部分，這都是把不同的象形符號和指示符號組合在一起表示一個更複雜的意義。值得說明的是，這種把幾個象形符號或指示符號組合在一起表示更複雜意義的方法，並不僅僅是依靠寫實的形象來表示其意義的，其中有不少象形符號主要是起意符的作用，像甲骨文的雀（雀）字，就是「從小佳（佳，《說文》說是短尾鳥的總名）」，赤（赤）字就是「從大火」，「大」、「小」都是意符性質，跟一般的象形符號並不一樣。

　　合體表意字拓寬了文字的使用範圍，然而語言中有一部分詞無法用表形和表意的方法來表達，為了解決這個問題，我們的祖先採用了借字標音的辦法，即利用現成的表意字去記錄其他的同音詞。這就是中國古代文字記錄語言的第二種方法——假借。

假借字是表音的因素。甲骨文字中的假借字很多，像《卜辭通纂》中記載的「其自東來雨？」短短五個字的一句話，就有四個是假借字。「其」是「簸箕」的「箕」的本字，借為表示疑問的語氣詞；「自」是「鼻子」的「鼻」的本字，借為表示方位的介詞；「東」是「棟梁」的「棟」的本字，借為表示方位的名詞；「來」是「麳」（大麥）的本字，借為動詞「來去」之「來」。其餘，像句首語氣詞「唯」借短尾鳥總稱的「隹」為之，句中連詞「亦」借「腋下」之「腋」的本字「亦」為之，「施身自謂」的「我」借 𰁈 形兵器的「我」為之，「貞卜」的「貞」借「鼎鼐」的「鼎」為之，都是講假借的人經常舉用的例字。

假借方法的應用，大大提高了文字記錄語言的能力。但假借字多起來以後，也會出現一些新問題。一是被假借的字本身有自己代表的詞，二是被借用來記錄同音或音近的詞，一個字可用來代表幾個同音詞，容易引起詞義的混亂；再則早期表意字也存在著一形多用的現象，假借字過多會影響文字表達語言的明確性。為了克服這個矛盾，古人在充分發揮表意字優勢的基礎上發明了在假借字即標音符號上加注意符或在表意字上加注音符的記錄語言的方法，這就是古代文字記錄語言的第三種方法：表意兼表音的形聲字。

形聲字在假借字上加注意符，主要是表明該假借字的意義範圍。像卜辭習見的表示作明天講的「翌」，常假同音詞「翼」的象形文 𦏵 字為之，但有時也加注意符「日」寫作 𣇛，這就成了「從日翼聲」的形聲字。比較一下，從日翼聲的形聲字較之純假借的翼字，跟作明天講的「翌」這個詞關係顯然是要密切、明確得多，它不僅能把用表意或表音不能清晰表達出來的詞清晰地表達出來，還能夠使文字跟語言的關係更加緊密。

在表意字上加注聲符，其主要作用也是為了使文字跟它所要表示的詞的關係更加明確、更能區別一形多用的情況。例如甲骨文的「鳳」字作 𰼀，像高冠修尾的鳳鳥，其字甲骨文亦作 𰼁，加注了聲符 𠙴（凡），這就成為從 𰼀 凡聲字（凡鳳古音極近，此字後來鳳鳥形簡化為鳥，凡字移上，即成為從鳥凡聲的鳳字）。𰼁 字從 𰼀 凡聲，表明在鳳鳥這個意義上它是讀如凡聲的，這就從字意和讀音上明確肯定了它和「鳳」這個詞的聯繫。其餘如「星」字作 ⸪，又作 ⸪，「裘」字

作𣥑，又作𣥸，分別加注聲符「生」和「求」，也是為了增強表達詞意的準確性。

形聲字的發明，大大提高了文字表達語言的明確性和廣泛性，因而它也就成為漢字體系形成的決定步驟。漢語沒有形態變化，古漢語的辭彙又是以單音節為主，記錄它的文字基本上是一字一音，這就使形聲字極容易發揮它的特長而成為漢字體系中最占優勢的結構形式。因為漢字無論任何一個概念，不管是抽象概念還是具體概念，它都可以歸屬於一個意義範疇，而表音的聲符完全不受意義的限制，任何一個字都可以找到一個音同或音近的字作聲符。如是，大凡表意或表音不易清楚表達的詞，即都可以借助形聲字的結構去解決。譬如自然界的樹木，千差萬別，以「木」為意符，即可以借助諧音的原則創造出「桃」、「李」、「杏」、「梅」、「松」、「柏」、「楊」、「柳」、「樟」、「桐」、「梓」、「榆」等形聲字；人的心理活動，本不易表示，形聲字發明了，就可以以「心」為意符，利用諧音的原則創造出「思」、「想」、「懷」、「念」、「慮」、「忿」、「忘」、「惑」、「怨」、「怒」、「悲」、「愁」等表示不同情感的形聲字。由此也可以看出，形聲字是適應古漢語特點的生命力極強的構字方法。漢字能夠無遺漏地按詞序記錄漢語，形聲字起了非常重要的作用。

漢字從表意發展到表音，是漢字體系逐漸成熟、逐漸發展的體現。我們見到的殷商後期甲骨文，形聲字只占百分之二十左右，到漢代許慎寫《說文解字》，所收九千三百五十三字，形聲字已達七千六百九十七字，占百分之八十二強。現行的漢字，形聲字則更占到百分之九十以上。形聲字所占百分比發展如此之劇烈，說明它與漢語的適應性是遠較表意字和假借性為強的。秦漢以後表意字逐漸退居次要地位而表意兼表音的形聲字成為漢字的主流，應當說是漢語不斷地選擇形聲字和形聲字不斷滿足漢語對它的要求的結果。

第三節 ·

先秦漢字
形體的演變

一、商系文字

我們現在見到的商代文字，主要是考古發現的商後期遺留下來的文字材料，其中主要是甲骨文，其次是金文。商後期的陶器、玉器、石器上也遺留了當時的一些文字，不過數量很少，不足以反映當時文字的風貌。

甲骨文是刻在龜甲和獸骨上的文字。它主要發現於商王朝後期的都城遺址——殷墟（今河南安陽小屯西北）。殷墟是商代後期盤庚到帝辛（紂）八代十二王經營了近三百年的都城的廢墟。十九世紀末，殷墟農田中常常挖出有字的甲骨被當作中藥材「龍骨」出售，後經王襄、王懿榮等古文字學家鑒定為「古簡」，甲骨才作為極有價值的文物蜚聲於世，為海內外廣事搜求。一百年來，經過公、私方面的多次發掘，殷墟出土甲骨已累計十五萬片以上，發現單字約五千個，這是我們研究商代文字與歷史文化的最寶貴的資料。

甲骨文的主要內容是商王和貴族關於祭祀、戰爭、年成豐歉、狩獵、疾病、出行等方面的占卜記錄，所以甲骨文以前習慣上又稱「卜辭」或「貞卜文字」。

商代統治者非常迷信，事無巨細，幾乎天天、事事都要用龜甲、獸骨進行占卜。占卜之後，巫、史人員還常常把占卜的事由、卜兆的吉凶以及應驗的情況刻在甲骨上，這就是「卜辭」。有些甲骨上有時也刻記一些與占卜無關的事，人們習慣上稱它為「記事刻辭」。「記事刻辭」也是甲骨文的一種，但和占卜無關，所以說「甲骨文」和「卜辭」的概念並不是等同的。嚴格說來，甲骨文的內涵較卜辭要廣一些。

在青銅器上鑄記銘文，商代後期已開始流行。青銅器銘文一般稱為「金文」、「吉金文」或「鐘鼎文」。商代金文一般很簡單，多數只有一至五六個字，主要內容是記載作器者的族名或被紀念者的「日干」稱號（如父乙、祖己等）。商後期晚期階段有一些銘文篇幅較長，但一般亦不超過四五十字（甲骨文字多者一條可達六七十至八九十字）。估計當時記載文字最多的材料是竹、木簡編成的「典冊」（「冊」甲骨文作 册，像編簡成冊之形；「典」古文字作 典，像冊置幾上），可惜，因年代久遠，竹木易朽不宜保存，這些大宗的文字材料我們很可能看不到了。

商後期文字是成熟的、能夠按照詞序無遺漏地記錄漢語的、有較嚴密的規律的文字體系。它以表意為基礎，廣泛應用標音假借，形聲字已占到百分之二十左右。從字形上看，此時文字與圖畫已有了很大的距離，文字的排列方式或自上而下或自右而左，也已成定式。不過，同後代的文字相比，商後期文字原始遺風的殘留也是很明顯的：

1.文字的象形程度仍然很高，不少文字還保留著繪形寫實的手法。

虎（虎）　　戌（戌）　　角（角）

2.文字的形體不定於一，有些字只求把它所要表示的事物的特徵表達出來，形體不甚固定。一個字可以有幾種寫法，偏旁可以更換。

車　車　車　車　車（車）

3.文字的書寫方向，還有一定的隨意性。字可以正寫，也可以反寫；而且文

字也沒有完全形成一個符號一個音節的形式，兩個或兩個以上的字合寫在一起的「合文」還很多。

〃〃（人）　　𣄻𣄻（楚）　　𣏾（五千）　　𣎆（三萬）

凡此也說明，商後期文字雖然已是有較嚴密體系的文字，但它畢竟去古未遠。商後期晚期階段文字的結構比較穩定，書寫排列也趨於端正均齊，小字居多，這是文字日益發展和書寫技術日益成熟的表現。

這裡需要強調說明的是，商代甲骨文和金文由於書寫工具、書寫材料和書寫風格的不同，字形、字體上有一定的差別。金文多是用毛筆在泥範上書寫雕刻後翻範鑄造的，故多粗筆、實筆、圓筆，與文字的原始寫法較接近；甲骨文是用刀在甲骨上刻，轉鋒不易，肥筆難成，故不得不把粗筆改細筆、實筆改勾廓、圓筆改方形。因此，甲骨文較金文而言，實際上是一種簡易化了的「俗體」字。再則，以金文而言，由於時代不同，用途不同，字體形狀也有較大變化。一般地說，早期金文象形化高於後期金文，族名金文象形化又高於記事金文。族名金文是古代古老氏族的徽記，來源既久遠，寫法又保守，故不管其時代早晚，其象形化的程度都很高。

下邊我們把金文和甲骨文的情況作一比較，可以清楚地看出商代文字字體演變的一些特點：

金　文

甲骨文

鳥　魚　父　元　王　天　正　此

有的學者說，要找最古老的字形在金文裡找，這話有一定的道理。

二、西周春秋系文字

西周春秋文字的資料主要是金文。

西周是金文的全盛時期。當時的貴族流行把值得紀念的事情如冊命、賞賜、榮寵、戰功、婚嫁、祭典、訴訟、追孝等寫成文字鑄在銅器上,「子子孫孫永寶用之」,所以這一個時期不僅有銘的銅器特別多,而且銘文的篇幅也很長,幾百字的銘文習見。其著名者像《大盂鼎》、《小盂鼎》、《牆盤》、《散氏盤》、《毛公鼎》,幾乎每篇都可以和《尚書》的篇章媲美。

西周初期的金文,幾乎是完全沿襲商代晚期金文的作風,方折筆劃較多,書體亦雄健而峻峭。康王、昭王、穆王時期,字形漸趨整齊方正。周代後期恭王、懿王以後,金文發生了比較大的變化。這個變化的主要趨勢,一是商和周初

以來金文方形、圓形的肥筆漸漸為均勻的線條所代替;二是金文原來曲折象形的線條多被拉平,某些原來不連貫的筆劃也被連成一筆。這種文字形體的重要變化,有的學者謂之線條化和平直化。

金文形體線條化、平直化的結果,文字的體勢、排列都較以前整齊而均勻。原來象形程度很高的漢字象形程度降低了,符號性增強了,書寫方便了。傳統文字學史上傳說的周宣王太史籀作「籀文」,大概就是在這個基礎上整理的一種更規整的文字字體。

春秋初期,諸侯各國大體上都沿襲周代晚期的文字作風,跟周晚期的金文沒有什麼顯著的差別。只是長篇的銘文減少了,內容也多為「行器」、「媵器」之類。中期以後,各國的文字雖然在字形結構上還大體相似,但書寫風格已明顯表現出不同的區域作風。這種各有差別的區域作風,基本上可以分為秦、周、晉、齊、魯、楚、徐、吳、越等幾個區域。這些區域中,除了秦,其餘各地區的文字

都漸趨拋棄周代金文的莊重典雅而向流麗清新的方向發展。春秋中後期，東方的齊和南方的楚、徐、吳、越等特別流行一種狹長而故作婉轉屈曲的字體，尤其是江南的吳越，有時甚至加上鳥形和蟲形的圖案作為裝飾，這就是後世所謂的「鳥篆」和「蟲書」。這種「鳥篆」或「蟲書」，美術化的傾向很濃，跟古代文字因象形而屈曲不是一回事，所以特別難認。不過，由於它是一種特殊美化的字體，主要用於兵器等的署名或裝飾，對日常文字的使用影響不大。

石鼓文

𧓸（蔡）　　𧒒（王）　　𧒽（子）

西周春秋重要的文字材料還有「周原甲骨」和「侯馬盟書」。「周原甲骨」出於周中心地區的「周原」即今陝西岐山、扶風一帶，內容是周王室滅商前後的占卜記錄，其字體接近殷墟卜辭，只是字形太小，和殷墟卜辭的風格不同。「侯馬盟書」發現於山西侯馬東周晉國都城新田遺址，係春秋晚期晉國貴族的盟誓之辭。盟辭多用毛筆寫在玉片、石片上，絕大部分是朱書，小部分是墨書，字體跟戰國文字接近。河南溫縣近年也發現了很多與此性質相近的盟書，多為墨書。此地二十世紀三、四〇年代也發現過這種盟書，當時稱「沁陽玉簡」，因為當時出土盟書的西張計村屬沁陽。「玉簡」是以記錄文字的資料命名。

三、六國系文字

六國系文字指戰國時期秦以外的東方六國的文字。

春秋、戰國之交，中國社會發生了劇烈的變化。春秋以前，宗法貴族對政治、經濟、文化的壟斷，造成了「學在官府」的局面。戰國以後，隨著政治、經濟、軍事的變化，學術文化衝破了舊的束縛而勃興，「百家爭鳴」，文字的使用

越來越廣泛，使用文字的人越來越多，這也就使文字越來越向簡便、實用和易於書寫的方向發展，使文字出現了劇烈變革的局面。

春秋戰國各主要國家之中，秦國由於地處宗周故地，接受西周文化的影響較多，而且由於地居西偏，文化的發展遠不如東方六國那樣迅速、劇烈。所以，隨著戰國時期文化的變革，戰國文字逐漸分化成了兩個系統。一個系統是西方的秦系文字，它在形體上還基本保持著西周晚期的文字作風；一個系統是東方六國的文字，形體、作風呈現出和西周、春秋文字大相差異的形勢。

六國文字的資料非常豐富。這一時期發現的實物資料有金文（戰國金文多刻銘，內容多是「物勒工名」）、陶文、璽印文字（包括封泥）、貨幣文字、帛書和竹簡，除此之外，《說文解字》、《三體石經》等書籍、殘石也保留了一些戰國時人用六國文字寫的經書文字，即傳統文字學上經常說的「古文」。中國古代發現的戰國時代的簡冊文字比較多，其著名者像漢初發現的孔子壁中書（包括《尚書》、《春秋左氏傳》等）、西晉汲郡（今河南汲縣）戰國魏墓發現的《竹書紀年》、《穆天子傳》等，都是在歷史上很有影響的重要文獻。《說文解字》中的「古文」，即是孔子壁中書一類文字的記錄，因此從實際上說它也是一種竹簡文字，只不過由於它發現較早，經過反復傳抄，字形上可能已有相當的錯訛。

和西周春秋文字比較，六國系文字有下列顯著的特點：

1. 簡體字盛行。如：

身（馬）　佪（為）　桀（樂）

簡體字是一種有別於「正體」的形體簡省的「俗體」字。由於文字使用越來越頻繁，使用的範圍越來越廣泛，文字就不得不向簡省化的方向發展。六國文字的簡省化，除了結構和筆劃的減省，筆勢亦較西周春秋文字趨向平直，這也是文字減省的一個步驟。

六國文字也有一些較前繁化的現象。像原先較簡易的平（平）字寫作坪，阝（防）寫作阝，不過這不是當時文字趨向的主流。

2. 由於當時各國文字簡省、變化的程度、風格不同，地域特點比較突出，「文字異形」的情況比較嚴重。

所謂「文字異形」，是說六國文字不但跟秦系文字差別很大，六國之間彼此的文字面貌也有很大差別。例如：

除此之外，同一個文字，不同的國家，所用的偏旁也往往有很大差異。例如「庖廚」的「廚」字，秦國作「廚」，從「廠」，「尌」聲；楚國作「脰」，從「肉」，「豆」聲；三晉作「胅」或「庩」，從「肉」或「廠」，「朱」聲。「門戶」的「門」字，齊國假「聞」為之，燕國、中山假「閔」代之。這些情況，都反映出戰國時期地域性文字差別的情況。

者　市　馬

秦　楚　齊　燕　　三晉

六國文字的大力簡省形體和地域差別造成的「文字異形」，使戰國文字的面貌和西周春秋文字差別很大，呈現出一派紛亂複雜的局面。這種紛亂局面的形成，跟「諸侯力政，不統於王」有關，也跟文字越來越追求實用性、簡易性有關。戰國文字使用的範圍極廣，很多文字出於下層人民之手（像戰國金文多為工匠所刻，陶文亦多為手工工匠刻制的印記），草率省簡以為常，不大講究刻意求精，由是，「俗體」文字就得到了大力的發展，「正體」文字受到了很大的衝擊。我們平常覺得六國文字非常難認，就是因為它和「正體」文字差距太大的緣故。

當然，我們說「文字異形」，並不是說戰國時期每一個文字各國都有差別，也不是說各個國家的文字沒有互相影響的一面，而是說這一個時期文字因地而異的情況十分嚴重。實際上，秦始皇統一文字，只是「罷其不與秦文合者」，廢除

異體字，並不是廢除六國文字。因此，六國文字雖然與西周春秋文字幾有面目全非之感，但從總體的情況上看，它仍是漢字曲折發展的時期，對此我們應該有一個正確的認識。

四、秦系文字

秦系文字指戰國時期的秦國文字和秦代的小篆。

這個體系的文字資料，實物資料主要有石刻文字（像《石鼓文》、《詛楚文》，秦嶧山、泰山、琅邪刻石等）、金文（主要是兵器、權量、虎符等器物上的刻銘）、璽印、封泥、陶文（陶器和磚、瓦等器物上印製或刻製的文字）、漆器文字（烙印或刻畫在漆器上的文字）、竹簡（近些年秦簡發現很多，像 1975年湖北雲夢睡虎地秦簡等）、帛書（1973 年長沙馬王堆漢墓出土大批帛書，其中至少有一部分是秦的抄本）等。書籍文獻資料，則主要有東漢許慎的《說文解字》。《說文解字》收集了九千多個小篆字，是目前所見最系統的秦系文字資料，儘管其中的形體已有一些訛誤和篡改。

秦系文字，從春秋到戰國，基本上都沿襲了西周後期文字的作風。其變化的特點，主要是表現在字形規整均勻的程度不斷提高上。春秋戰國時期的秦國文字和西周晚期的文字比較，其勻稱規整的變化是比較清楚的。有時為了追求字形的規整勻稱，原來平直的筆劃可以變得彎曲，原來彎曲的筆劃變得平直。如：

（虎）　　　（犬）　　　（隹）　　　（省）

這樣變化的結果，文字變得相當圓轉、均齊而象形程度較低。這種圓轉、均齊的文字書體，過去文字學史上稱為「篆書」。《說文》：「篆，引書也。」「引」就是引伸、拖長。當時文字用毛筆書寫，為了把文字寫得圓轉、勻稱，筆劃要一

筆一筆引長拉寫，以求其形體完整，故名曰「篆」。「篆」漢以後有大、小篆之分。「大篆」指春秋戰國間的秦國文字，如《石鼓文》、《秦公鐘》之類；「小篆」指秦統一中國後用以統一文字的標準篆體。

小篆和大篆比較：一、文字的線條更趨於平直、結構布局更顯得勻稱有致；二、一部分字形又進行了明顯的簡化，原來大篆的文字有的部分被簡省，有的用筆劃少的偏旁代替了複雜的偏旁。如：

卓→中　　衝→蹈

（中）　　　　（道）

不難看出，從「大篆」到「小篆」，這是漢字適應社會需要進一步簡省化的結果。秦始皇以「小篆」統一六國文字，正是符合了文字發展的總趨勢。

關於秦始皇用小篆統一文字，《史記》等書有如下的記載：「秦始皇帝初兼天下，丞相李斯等乃奏同之，罷其不與秦文合者。斯作《倉頡篇》，中書府令趙高作《爰歷篇》，太史令胡毋敬作《博學篇》，皆取史籀大篆，或頗省改，所謂小篆者也。」這是值得推敲的。照《史記》的說法，秦統一文字好像是從李斯等作三倉開始的，而且秦用來統一文字的小篆，也是李斯等據「史籀大篆」省改所創，此前並不曾有過。這並不符合事實。考古資料證明：「小篆」字體戰國末年已經形成，而且也並不是由「籀文」省改的。秦孝公時的《商鞅量》，秦昭王時的《丞相觸戈》、《詛楚文》有的文字已是小篆形體。著名的《新郪虎符》、《杜虎符》，都是秦始皇稱皇帝以前所鑄，然而它上面的文字已是典型的小篆。凡此都說明，「小篆」是秦國文字在戰國時代逐漸演變而成的，它跟統一以前的秦國文字並沒有截然分明的界限。秦始皇在統一中國的過程中，已經在新占領區進行過「書同文」的工作，統一六國後李斯等作三倉標準文字作為統一文字的範本，其主要工作是順應秦國文字的發展趨勢進行整理和統一，以利推行，並不是說他們創造了小篆。

當然，不管是怎樣一種情況，秦始皇統一文字的功績是不可磨滅的。秦始皇

以小篆統一文字，結束了「文字異形」的紛亂局面，也使古文字異體字眾多的情況有了相當大的改變。從商到秦統一以前，文字的結構隨意性很大，形體參差不齊，筆劃粗細不一。秦以平勻曲線和直線構成的規整小篆代替了過去參差不齊的文字，一般一個字只規定一種比較簡易的寫法，偏旁的部位固定，這就使沿革演變了近兩千年的古文字實現了空前大範圍的統一，成為古文字最進步也是最後的一個階段。

第六章

「形而上」和
「形而下」的哲學思索

　　人類的認識史，是一個不斷地從盲從、迷信和宗教幻想中逐漸解放出來的歷史。
沒有盲從、迷信和宗教幻想，也就沒有真正的科學思維。任何科學思維，也不可能是
一下子就完全純粹的，它在發展中總要夾雜著一些盲從、迷信和宗教幻想的東西，只
不過隨著歷史的前進，這些東西逐漸減少而已。

　　先秦時期的認識史，是不斷從神學和神學的宗教幻想中解放出來的歷史。原始社
會，先民在認識自然和勞動生產中積累了一定的自然科學知識，但這些自然科學知識
卻是和宗教幻想、巫術緊密地交織在一起的。先民把他們不能認識的事物或現象歸於

神和神的威權，並對神的威權頂禮膜拜，後來的先民帶著這種對神權的崇拜走進階級社會的門檻，於是形成了夏商千餘年的神權統治。西周春秋以後，神權動搖，無神論的觀念興起，樸素的唯物主義和辯證法思想逐漸發展。到了戰國，唯心主義的思想派別與具有唯物主義思想的派別，具有辯證法因素的思想派別和相對主義的派別「百家爭鳴」，為即將出現的多民族的統一大國提供思想指導，形成了中國思想史上最有朝氣、最有活力的自由思想大辯論，這是世界上任何一個國家和中國歷史上任何一個朝代都不能比擬的。「百家爭鳴」，促進了中國古代思想的交流和互相吸收，為後世留下了極為豐富和寶貴的思想資料，它的遺澤，不僅浸潤了中國古代思想家的成長，也為世界哲學的發展提供了可貴的借鑒。

第一節 ·

三代天道觀的發展和
春秋時期的儒墨「顯學」

夏商時代是神權的時代。那時的人們認為，自然界的風雲變幻，人間的吉凶禍福，都是「帝」即上帝安排的。「帝」是一個不可感知的存在，它高高在上，決定一切，預知一切，所以夏商時人事無巨細，行動之前一定要通過卜筮征得它的同意才能下決心去幹。這種由神來決定一切的思維方式，以前被斥之為迷信，是不恰當的。夏商時的求神問卜，是哲學思維的最初嘗試。《書·洪範》：「汝則有大疑，謀及乃心，謀及卿士，謀及庶人，謀及卜筮。」當時人們認識自然、征服自然的力量很薄弱，事關重大，疑惑不定，他們只好找一個有力量的、富於智慧的外部力量代替自己思維，代替自己決策。這個有力量的、富於智慧的外部力量，就是人們幻想中的「帝」。

殷人幻想中的帝，是按照地上人王的統治方式描摹出來的。他們認為，「天命」是至上神的旨意，必須敬畏它、遵從它才能保有自己的政權，所以一切都「卜然後決大事」，都要通過卜筮來求得與天的適應。這種天命人事合二而一的思維方式看起來好像一切都是唯唯諾諾，一切都自己做不了主，但實際上這也是殷人以自己獨立的人格來掌握自己命運的一種方式，是自覺的認識世界、適應世界的一種方式，只不過他們自己覺得無法確切地了解客觀世界，只能仰求於「帝」罷了。

周初「敬德」思想的出臺，用「德」對殷人盲目的天命觀念作了否定，這是周人思想的一大進步。周人警告自己的繼任者，「天畏棐忱，民情大可見」，如果不敬德，不嚴格約束自己，就不能保有天命。這實際上是給天命增加了新的內容。這種靠人「德」來維持天命的思維方式，是重視人治思想的開始。它表明，從周初開始，「天命」和「人事」已不再是合二而一的了，天命雖然是最後的決定者，但它已不再直接干涉人間的具體活動，這也可以說是天命被否定的表現。

　　春秋「天道」和「人道」的分離，是中國哲學史上的一大發展。西周以前，天命和人事是混為一體的。天命就是人事，人不過是天的工具或天的一個組成部分，人事活動是執行天命的一種表現。春秋「天道」、「人道」分開，把人的吉凶禍福歸之於人的作為和人與人之間關係的結果，並指出「天道遠，人道邇」，這就使「天道」逐漸演化成為一個遠離人間的、抽象的哲學範疇，而與「天道」相對立的「人道」，則成為人們重點的研究資料，成為當政者和現實主義思想家們考慮的主要問題。春秋末年儒墨「顯學」在思想方面的爭論主要就是圍繞這些問題來進行的。他們的爭論，實際上是戰國「百家爭鳴」的先驅。

一、孔子的哲學思想

　　孔子（西元前 551-前 479 年），是儒家的創始者，魯國人。他的祖先是宋國貴族，但很早就衰落了。孔子早年做過管理會計的「委吏」和管理牛馬的「乘田」等小吏，後來短期任過魯國司寇，因不能實現自己的政治主張而辭職。此後孔子周遊列國，不被任用，晚年在魯國聚徒講學。傳說他的門徒有三千人，學生來自社會各個階層，其中「授業身通者」七十二人，在當時有很大影響。

　　孔子是春秋末期的大思想家。他的思想基本上代表沒落貴族的利益，但主張對社會進行一些改

孔子像

革，主張對人民實行德政。孔子對西周的禮樂制度推崇備至，讚揚它「監於二代，郁郁乎文哉！」[1]並堅決表示「吾從周」。孔子認為春秋「禮崩樂壞」的局面是「天下無道」，曾屢屢加以抨擊。他提倡君子「克己復禮」，呼籲人們用周禮去匡救已經發生變化的社會現實。孔子思想的最高道德標準是「仁」。「仁」的標準是「孝悌」、「愛人」，「己所不欲，勿施於人」[2]、「克己復禮」等，具體說就是讓人們有推己及人之心，有忠恕之道，有「克己復禮」的信心和修養。這跟他長期生活在民間深刻瞭解人民的生活疾苦有很大關係。

孔子承認天的存在，然而他畢生所追求的，卻是在努力人事的基礎上聽諸天命，爭取用自己的力量去改變社會現實。孔子一方面認為「唯天為大，唯堯則之」，「獲罪於天，無所禱也」；另一方面又主張「不怨天，不尤人」、「敬鬼神而遠之」，這說明他思想深處是輕天命而重人事的。孔子是現實主義者，他一生忙忙碌碌，為爭取實現自己的政治主張而奔波。他教導學生的言論很多，但「不語怪力亂神」，也從不回答諸如天是物質自身的力量還是物質以外精神力量的問題。孔子主張「中庸」，說「中庸之為德也，其至矣乎！」[3]「中庸」是中正、中和、不偏不倚、無過無不及的意思。它的理論基點是維護矛盾的同一性，維護雙方的均衡，防止矛盾的轉化。這種注意事物的規定性和發展平衡性的思維方法，包含有辯證法的合理因素，但也存在著形而上學的弱點。因為它強調執中調和，排斥了矛盾雙方的鬥爭和轉化，否認打破平衡實現飛躍的必要性和積極意義，極容易轉向折衷主義，也極容易造成人們因循守舊缺乏創新的不良心態。孔子認為矛盾暴露即是事物存在的危機，因而他主張「攻乎異端」而調和矛盾，這在大變動大動盪的春秋時代是不能實現的。他周遊列國兜售其政治主張，四處碰壁，斷糧餓飯，跟這種調和思想不被接納很有關係。

1　《論語·八佾》。
2　《論語·顏淵》。
3　《論語·雍也》。

二、墨子的哲學思想

　　與孔子同時代而稍晚的墨子，是較孔子更為積極的活動家。他出身勞動人民，年輕時「學儒者之業，受孔子之術」，並一度任過宋國大夫。墨子博通文獻典籍，傳說他門徒三百人，都是「以裘褐為衣，以跂蹻為服，日夜不休，以自苦為極」的勞動者。他們結成一個組織嚴密的團體，嚴格遵守墨子的思想原則，人人都有「赴湯蹈火」、「以自苦為極」的自我犧牲精神。墨子死後這個社團仍存在了很長時間。

　　墨子的思想代表了當時平民階層和手工業者的利益。他針對當時存在的社會政治問題，提出「兼愛」、「非攻」、「尚賢」、「尚同」、「節用」、「節葬」、「非樂」、「非命」等主張。其中「兼愛」、「尚賢」、「節葬」、「非命」是直接針對儒家的愛有等差、世卿世祿、厚葬久喪和富貴在天而來的。他否定儒家鼓吹的「天命」思想，說「命」是統治階級捏造出來欺騙窮人和老實人的，「有命則富而可貧，無命則貧而可富」[4]，強調富貴貧賤的形成不是命定而是決定於人主觀的「強力而為」，「強必貴，不強必賤」，「強必富，不強必貧」，這就從理論上否定了儒家「富貴在天」的天命學說。墨子否定天命，但提倡「天志」、「明鬼」。在墨子看來，「天志」——天的意志是衡量一切言行是非的尺度，是人類社會最高的法則；而鬼神，則是幫助天賞善罰暴的超自然的監督力量。所以他極力推崇「順乎天之志」，希望大家都能做到「兼相愛，交相利」[5]（這是天最支持的），同時通過「明乎鬼神之能」，讓鬼神成為賞善罰暴的監督。墨子學說中「天志」的「天」，「明鬼」中的「鬼」，對於人的活動來說，都不是命定的必然，而是為了推行他的學說順手撿起的一根傳統的現成的杠杆，因此它與儒家天命觀念下宗教化的鬼神是有區別的。墨子學說中的「天」和「鬼」是平等的神，是有「義理」的神，是一種平等、平均思想的幻想。這也是它進步意義的所在。

　　墨子學說中，平等、平均的形式或原則被稱作「兼」。墨子提倡「兼愛」——

4　《墨子·兼愛》。
5　《墨子·公孟》。

人和人之間平等相愛，認為儒家提倡的靠血緣關係「無故富貴」的世卿世祿制度，是暴政和國家危亂的根源。為了改變這種危亂的情況，他提出打破親疏、富貴貧賤之別的傳統等級界限，「尚賢使能」，從天子、諸侯到鄉里之長，都選用賢能的人，「賢者舉而上之，富而貴之，以為官長；不肖者抑而廢之，貧而賤之，以為徒役」，這顯然是平民階層要求平等和對自身力量充分信任的反映。

墨子是中國古代思想史上第一個提出唯物主義認識論原則並有意識地應用於邏輯推理的思想家。他強調人們對存在或不存在的判斷，必須以「耳目之實」的感覺為依據，把「聞見」作為「察知」的首要條件；他主張「取實予名」，認為「名」（名稱概念即思維觀念制度等）應當反映現實的存在，否定儒家通過「正名」即以「名」為第一性去保守過去的等級制度；他提倡「言必立儀」，主張把歷史經驗、社會實際和人民利益三方面綜合起來作為立言和論證知識真偽的標準，這在當時來說都是前無古人的創見。雖然這些觀點論述中有時還帶有狹隘的經驗論的局限，但並不掩蓋它的唯物主義理論的樸素思想。

墨子是一個出身下層的思想家，也是一位言必信、行必果的實踐家。他說：「政者，口言之，身必行之。」[6]他認為，只有能夠指導實踐的「言」才是有價值的，否則就是空談。這都反映了墨子理論聯繫實際的樸素思想。

墨子思想中有很多閃耀著唯物主義光輝的亮點，但也存在著狹隘的經驗論的束縛和消極的宗教因素的影響。他否定儒家的天命說，提倡兼愛，主張「視人之國若視其國，視人之家若視其家，視人之身若視其身」，但他的「天志」、「明鬼」說又承認君權神授，承認等級制度具有神聖不可侵犯的性質，這就形成了他學說中的矛盾。另外，他提倡「尚同」、「尚賢」，但又把理性的實現全部寄託於社會外部的虛幻力量上，希望依靠外力來影響人間的統治者，這仍然未脫離天命論的範疇，說明了當時小生產者思想上還有很多的局限。

6　《墨子‧修身》。

戰國諸子
的哲學思想

　　春秋戰國之交的儒墨之爭，大略說來，儒墨兩家的勢力平分秋色。到戰國中期，楊朱名家異軍突起，打破儒墨對峙的局面，形成了短暫時期的三足鼎立的局面，道家也有一定的發展。戰國後期，儒家出現了向法家的裂變，把百家爭鳴推向高潮。

　　戰國百家學派的流傳分布有其地域性的特點：儒、墨以魯國為中心，儒家傳播於晉、衛、齊，墨家傳播於楚、秦；道家源於南方的楚、陳、宋；陰陽家則起於北方的燕、齊；法家以三晉為主；縱橫家則多出於周、衛商業繁榮的地區。它們承襲各個地區的文化特點，也吸收其他學派的長處，彼此批判辯駁，也互相學習融合，使百家爭鳴越來越深入。

一、儒家

　　戰國儒家的代表人物主要有子思、孟子和荀子。入戰國後，儒家分為八派，有子張之儒、子思之儒、顏氏之儒、孟氏之儒、孫氏之儒等，子思、孟子是戰國前期的代表，荀子（即上述「孫氏之儒」，又稱孫子）是戰國後期的儒家代表。

（一）子思的中庸思想

子思是孔子的嫡孫，孔子弟子曾參的學生，現存《禮記》中的《中庸》一篇是子思的代表作。

子思的中庸思想是建立在天命思想的基礎之上的。他說：「至誠之道，可以前知。國家將興，必有禎祥；國家將亡，必有妖孽，見乎蓍龜，動乎四體。禍福竟至，善必先知之，不善必先知之，故至誠如神。」子思認為，人如果能達到「至誠」的精神境界，就可以通過卜筮瞭解天和鬼神的思想，這是漢代「天人合一」思想的前奏。

什麼叫「至誠」呢？子思說：「誠者，不勉而中，不思而得，從容中道，聖人也。」可見「誠」就是「中道」——中庸之道。中庸之道我們上面介紹過，不過子思的中庸之道比孔子更有發揮。子思說：「君子中庸，小人反中庸。君子之中庸也，君子而時中；小人之反中庸也，小人而無忌憚也。」在子思看來，中庸是貴族君子才會有的品德，小人是絕對不會有中庸思想的。這反映出子思思想唯心主義的本質，它完全是站在統治階級的立場上來說話的。

（二）孟子的「仁政」學說和唯心主義思想體系

孟子（約西元前 385-前 304 年），名軻，子思弟子的弟子，思孟學派的主要人物，代表著孔子儒學的嫡傳。他一生以學習孔子學說為己任，曾遊說齊宣王、梁惠王等，學說精粹都集中在《孟子》一書中。

孟子生活在宗法封建向地主封建轉變的大變革時代。在政治上，他提倡行「仁政」，「省刑罰，薄稅斂」，減輕對人民的剝削；在君民關係上，他提出了「民為貴，社稷次之，君為輕」[7]的觀點，主張做君主的一定要注意民心向背，求得人民的支持，不然，「水能載舟，亦能覆舟」，這在當時是一種進步的思想。不

7　《孟子·盡心下》。

過，這也是一種幻想，不可能實現。因為孟子行「仁政」的目的是為了保護當時正在逐步沒落的貴族宗法封建統治。他主張「行仁政必自經界始」，認為「經界不正，井地不鈞（均），穀祿不平」——也就是說不按宗法封建制度行事，就擾亂了社會秩序，這和當時宗法封建向地主封建轉變的大趨勢是背道而馳的。在當時摧枯拉朽急風暴雨式的兼併統一戰爭中，急於用武力統一中國的諸侯們也不會接受這樣的觀點。再有他堅持「無

孟子像

君子莫治野人，無野人莫養君子」、「勞心者治人，勞力者治於人」[8]，主張剝削永恆合理，跟他的「仁政」學說也水火不相容。

孟子「仁政」學說的理論基礎是他抽象的天賦道德的「性善」論。孟子認為，人生下來就有一種最基本的共同的天賦本性——「不忍人之心」、「惻隱之心」即同情心。「惻隱之心，仁之端也；羞惡之心，義之端也；辭讓之心，禮之端也；是非之心，智之端也」，「仁義禮智，非由外鑠我也，我固有之也，弗思耳矣」[9]。從這種「性善」論出發，他認為人要達到仁義禮智的道德標準，只要「反求諸己」即主觀地反省自己保持其「浩然之氣」即可。如果有了違背封建道德的思想和行為，閉門思過，把那些本身固有但被遺棄了的惻隱之心、羞惡之心、辭讓之心、是非之心找回來，也就恢復了人的本性。孟子的這種「性善」論，完全是唯心主義的。雖然他表面上把「性善」說成是人人具有的普遍共同的人性，「人皆可以為舜堯」，但在內心深處、在實踐中卻認為仁義禮智這些善性只有君子才會有，小人是不具備也不會保存和恢復這些善性的。這就鮮明地標明了孟子學說不容懷疑的階級烙印。

與「性善」說相一致，孟子還提出了生而有知的「良知良能」說。孟子認

8　《孟子·滕文公上》。
9　《孟子·告子上》。

為，才能知識尤其是統治階級的統治才能，不是後天獲得的，而是先天就有的。「人之所不學而能直，其良能也；所不慮而知者，其良知也。」[10]正以為人一出生就有「良知良能」，所以他認為研究客觀事物和學習知識都是次要的。如果要學習，首要的任務就是向內心探求，擴充或發揮原有的「良知良能」，「萬物皆備於我矣，反身而誠，樂莫大焉」。和表面上把「性善」說成是人人具有的共同的人性但在內心深處、在實踐中卻認為仁義禮智只有君子才會有一樣，孟子也認為，「良知良能」只有統治階級的貴族才會有。他認為，人一生下來就有「先知先覺」和「後知後覺」、「君子」和「小人」、「勞心者」和「勞力者」之別。「先知先覺」的「勞心者」是「君子」，「後知後覺」的「勞力者」是「小人」。「無君子莫治野人，無野人莫養君子」，「勞心者治人，勞力者治於人。治於人者食人，治人者食於人」[11]，並把這說成是「天下之通義」，可見孟子的「良知良能」說完全是為貴族階級服務的，是為宗法封建制度服務的。幾千年的封建統治把這些觀點看成是維護它們剝削權利的鐵券丹書，就是因為這些觀點說出了他們的心裡話，一點也不含糊。

孟子一生以學習孔子的學說為己任。他對古代的聖人十分推崇，但尤其崇拜孔子，認為孔子是聖人中的集大成者，生民所未有。孟子以孔子的繼承人自居，對名家、農家、墨家的學說進行了猛烈的抨擊。他常以王者師自居，說：「夫天未欲平治天下也。如欲平治天下，當今之世，捨我其誰也！」[12]然而，由於他的仁政學說理想多於實際，且有些迂腐，終究不被採納。孟子的學說雖然當時不被採納，但他的王政即仁政思想卻給了後世思想家很多的啟發。孟子的王政思想雖然理想化，但卻有利於封建社會的長治久安，因為這種思想統治者可以接受，被統治者也可以接受，對調和階級矛盾是一劑良藥。

---

10 《孟子·盡心上》。
11 《孟子·滕文公上》。
12 《孟子·公孫丑下》。

（三）荀子的進步史觀和唯物主義哲學思想

荀子，也稱孫卿，戰國後期趙國人，主要政治學術活動在西元前二九八至前二三八年之間。他曾在齊國稷下講學，後來做過楚國的蘭陵令，主要著作都收集在《荀子》一書中。

荀子像

荀子生活在戰國後期諸侯統一中國的時代，他的思想反映了地主階級政治經濟統一的要求，實際上是在理論上為建立統一的封建專制政權做先期準備。荀子在政治上提倡「隆禮」、「重法」。但他提倡的「禮」，已不是孔孟提倡的周禮，而是經過改造有了新的內容的封建等級制度。荀子認為，「禮」的作用就是使「貴賤有等，長幼有差，貧富輕重皆有稱（恰當的位置）」[13]，但荀子說的等級不是世卿世祿的宗法等級，而是根據新的封建生產關係建立的等級制，「雖王公士大夫之子孫也，不能屬於禮義，則歸之庶人。雖庶人之子孫也……能屬於禮義，則歸之於卿相士大夫。」[14]荀子認為禮是法的根本原則，是法的基礎，「禮者，法之大分，類之綱紀也」。他認為法是根據禮的原則來制定的，是為禮服務的。制定法是為了避免爭奪，避免造成社會混亂。

荀子在歷史的傳承關係上比較注重現實。他反對像孟子那樣言必稱三代，盲目崇拜先王。他主張「法後王」，主張從社會現實出發，去考察過去的歷史，「以近知遠」。荀子主張統治者在物質生活上給人民以必要的寬鬆，因為他知道人民是有力量的，「君者，舟也；庶人者，水也。水則載舟，水則覆舟」[15]，對老百姓壓榨過甚就會引起他們的反抗。荀子認為，「君臣父子兄弟夫婦」的等級關係「始則終，終則始，與天地同理，與萬事同久」，永遠循環往復，是萬世不變

13　《荀子·富國》。
14　《荀子·王制》。
15　同上。

的。他認為君子生下來就是統治人民的，「天地生君子，君子理天地。君者，天地之參也，萬物之總也，民之父母也」[16]；君和民的關係是如影隨形的關係，「君者，儀也；民者，景也，儀正而景正。君者，盤也；民者，水也，盤圓而水圓」[17]，因此人民只能按照統治階級的要求去做而不可稍有違反。這都是為封建等級制度服務的理論。從這些理論看，荀子雖然是儒，但接近於法家和名家。這是他吸收諸家精華對思孟之儒進行改造的結果。

荀子「隆禮」、「重法」的政治主張，理論基礎是他的「性惡」論。和孟子的「性善」論相反，荀子認為人生下來性是惡的，「今人之性，饑而欲飽，寒而欲暖，勞而欲休，此人之情性也」[18]。因為他認為人生下來性就是惡的，所以他認為要建立社會的新秩序，就必須採取強制的手段，使各個階層就範。「性惡」論也是一種抽象的人性論，不過它反對孟子的天賦道德論，提出道德規範禮儀制度是後天才有的，這具有一定的唯物主義因素。荀子也認為人性是超階級的，「塗（途）之人可以為禹」。然而他又說「性惡」者只有聖人君子才能去掉，這就和孟子「性善」只有聖人君子才能保持的觀點歸於一途。這說明不管是「性善」還是「性惡」，它們都是統治階級的道德標準。

荀子反對「天命」決定人事和「君權神授」的唯心主義觀點。他說：「天行有常，不為堯存，不為桀亡」——天有自己的運行規律，它不因為堯是聖賢就正常運行，也不因為桀是暴君就改變它的運行規律。堯時的日月星辰、春夏秋冬和桀的時候是一樣的。堯和桀時的治亂不一樣，完全決定於他們的治理措施不同，跟自然界的變化沒有關係。

基於以上的認識，荀子對於自然界的一些現象，也作了唯物主義的說明。「星墜，木鳴，國人皆恐，曰：是何也？曰：無何也。是天地之變、陰陽之化、物之罕至者也。」[19]荀子認為，隕星、木鳴這些少見的自然現象，覺得奇怪沒什

---

16 同上。
17 《荀子·君道》。
18 《荀子·性惡》。
19 《荀子·天論》。

麼不可以，但把它說成是上帝的警告，那就是錯誤的了。「上明而政平，則是（指星墜木鳴等）雖並世起，無傷也；上暗而政險，則是雖無一至者，無益也。」——如果政治清明，這些奇怪的現象再多，也沒有什麼傷害；如果政治昏暗，這些奇怪的現象即使一點沒有，也沒有什麼益處。

荀子認為，所謂「天」，所謂「神」，其實都是自然界自身變化的規律。「列星隨旋，日月遞炤，四時代御，陰陽大化，風雨博施，萬物各得其和以生，各得其養以成，不見其事而見其功，夫是之謂神。皆知其所以成，莫知其無形，夫是之謂天。」[20]荀子認為，人只要按照自然變化的規律去行動，就能管理天地，支配萬物。相反，則是大凶。

荀子提倡按自然規律辦事，但也反對在自然規律面前無所作為，主張「制天命而用之」，發揮主觀能動作用，控制和利用自然規律。「大天而思之，孰與物畜而制之？從天而頌之，孰與制天命而用之？望時而待之，孰與應時而使之？」[21]——把天看得很偉大，何如畜養萬物來制裁它？順天行事而頌揚它，何如掌握天命而運用它？期待著四時來往而坐待其成，何如根據四時的變化來利用它？這種樸素的「人定勝天」的唯物主義思想，在古代來說，是非常難能可貴的。他反對放棄主觀努力而一心等待自然的恩賜，這是中國古代勞動人民和自然鬥爭經驗的總結。

在精神和物質的關係上，荀子強調精神是依賴於物質的。他說：「天職既立，天功既成，形具而神生，好惡喜怒哀樂藏焉，夫是之謂天情；耳目鼻口形能各有接而不相能也，夫是之謂天官；心居中虛，以治五官，夫是之謂天君。」[22]「形具而神生」，是說「神」（精神）是從「形」即人的形體中產生的。他認為人認識事物和掌握技能的能力只有與客觀事物的接觸才能學會。荀子反對「生而知之」，他認為人的認識首先是通過感覺器官與客觀事物接觸獲得初步認識，最後經過心的思維作用，加以綜合分類區別，才能辨別真偽。荀子認為要取得深入而

20 同上。
21 同上。
22 《荀子·天論》。

正確的認識，必須反覆研究被認識的資料；要克服一些成見的障蔽，必須勤於學習。「吾嘗終日而思矣，不如須臾之所學也；吾嘗跂而望矣，不如登高之博見也。」[23]他非常重視知識經驗「積」的作用，「積土成山，風雨興焉；積水成淵，蛟龍生焉；積善成德，而神明自得，聖心備焉。故不積跬步，無以至千里；不積小流，無以成江河」[24]，鼓勵人們要「鍥而不捨」，通過不間斷地努力去達到認識事物的目的，這都是他治學的經驗之談。

與認識論相關聯，荀子在邏輯思想上也有不少貢獻。他主張「正名」，「分別制名以指實」，指出如果名實不符，人們的思想就不能明白地表達，事物也陷於困頓。他主張把同一性質、人們的感官反映相同的同類事物賦以共通的「名」。這個「名」要根據事物的「實」來規定，「同則同之，異則異之」[25]。荀子主張「正名」的同時，對名家的「托為奇辭以亂正名」也進行了批判。指出名家的所謂「正名」，實際上是「用名以亂名」，「用實以亂名」，「用名以亂實」，是借「正名」之名行詭辯之實。

二、道家

道家哲學思想主要是指老子和莊子的哲學思想。老子，姓李，名耳，字聃，楚苦縣厲鄉曲仁里人，傳說是「道家」的創始人。老聃曾做過周的守藏史，相傳孔子曾向他問過禮。現存的《老子》或稱《道德經》，為老子後學所著，成書於戰國中期，大約在孟子之後，莊子之前。一九七三年湖南長沙馬王堆三號漢墓出土帛書中發現兩部《老子》，均是《德經》在前，《道經》在後，與現存的《道德經》次序相反。

---

23 《荀子‧勸學》。
24 同上。
25 《荀子‧正名》。

（一）《老子》的客觀唯心主義和辯證法因素

《老子》思想反映了沒落的宗法貴族的思想，它對戰國以來的社會變革非常不滿，但又沒有力量去阻止它，因此在政治及對人生的看法上都充滿了消極無為的態度。

《老子》在政治上主張「無為」、「自然」。他勸告統治階級不要以「智」治國，而要「以無事取天下」。所謂「以無事取天下」，即在政治上不要有所作為，不要干涉人民的生活，聽任社會處於混沌自然的狀態，以達到「其政悶悶，其民淳淳」的「治」的境界。

《老子》理想的社會政治是「小國寡民」，使社會退回到已成為陳跡的氏族社會中去。「絕聖棄智」，「使有什佰之器而不用，使民重死而不遠徙。雖有舟輿，無所乘之；雖有甲兵，無所陳之。使民復結繩而用之。甘其食，美其服，安其居，樂其俗。鄰國相望，雞犬之聲相聞，民至老死，不相往來」。它反對儒家的「仁」，說「大道廢，有仁義」；它也反對墨家的「尚賢」，說「不尚賢，使民無爭」。這和他「以無事取天下」的政治思想是一致的。

《老子》哲學體系的核心是「道」。「道」是先於萬物存在並且產生萬物的神秘本源：「道生一，一生二，二生三，三生萬物」，「萬物莫不尊道而貴德」。但它並沒有具體的形體，它無聲、無臭、無形、無體、看不見、摸不到、聽不著，「繩繩不可名，復歸於無物，是謂無狀之狀，無物之象，是謂惚恍」，因此《老子》的「道」實際上就是「無」、「虛無」。《老子》認為，「天下萬物生於有，有生於無」，「道」和「無」都是抽象的不具有具體物質屬性和形象的精神的東西，連《老子》也沒法稱呼它，只能用「玄之又玄，眾妙之門」這樣的話來神秘地描述它產生物質世界的過程。這是典型的客觀唯心主義的思想體系。

《老子》的認識論也是唯心主義的。它完全排斥感覺和實踐，說「不出戶，知天下；不窺牖，見天道。其出彌遠，其知越少」；它認為聖人不用實踐就有知識，不用觀察就可以作判斷。它認為保持內心最大的空虛，保持內心最確實的安靜，萬物就會呈現在面前，就可以抓住它們的本來狀況去認識它們，「致虛極，

守靜篤，萬物並作」，因為它認為人和萬物都來自於最高的精神實體——「道」，在「道」那裡，主觀世界和客觀世界是合二而一的，因此不用實踐，不用感覺，萬事萬物都能被我認識。

《老子》思想中也包含著一些合理的因素。如它否認天命，否認鬼神的威權，這都有一定的進步意義。尤其是，《老子》思想中有很多的樸素的辯證法因素，對中國後世的思想發展有很大影響。《老子》歸納概括了自然和人類社會中一系列對立的範疇：「有無相生，難易相成，長短相形，高下相傾，音聲相和，前後相隨」，指出「有無」、「難易」、「長短」、「高下」、「前後」這些概念，是互相對立的，也是互相依賴的。沒有「難」，無所謂「易」；沒有「長」，也就無所謂「短」，它們之間是一種相輔相成和相反相成的「相生」、「相成」、「相形」關係。《老子》也指出，對立的範疇，如果它的特點達到一定程度，就會向對立面轉化——「物極必反」。「大成若缺」、「大直若曲」、「大巧若拙」、「大智若愚」，「曲則全，枉則直，窪則盈，敝則新」，「禍兮福之所倚，福兮禍之所伏」，這是極難能可貴的。不過它沒有指明轉化的條件。《老子》的辯證法思想和它關於「道」的唯心主義觀點是有矛盾的。《老子》認為，「道」是永恆的、絕對的，而「有無」、「美醜」、「強弱」等對立都是暫時的、相對的。對立範疇的事物，從「道」的原則來觀察，一切都泯滅而歸於「靜」，「夫物云云，各復歸其根，歸根曰靜」，因此它不可能找到對立範疇轉化的條件。

找不到對立範疇轉化的條件，《老子》眼中對立物的轉化就是絕對的、無條件的、自然而然的。「反者，道之動」，因此它常把這種觀點作為待人處世的訣竅，認為凡事都要從反面著手，「將欲歙之，必固張之；將欲弱之，必固強之；將欲廢之，必固興之；將欲奪之，必固與之」——你要想壓縮它，一定要先擴張它；你要想削弱它，一定要先壯大它；你要想廢除它，一定要先興盛它；你要想奪取它，一定要先給予它。這實際上是《老子》守柔處下、明哲保身的處世經驗的總結。這裡雖然看到了對立面的轉化，但不講轉化的條件，實現這種轉化是不可能的。與此相聯繫，《老子》書中反覆講「柔弱」，認為「柔弱」是最大的剛強，「天下莫強於水，而攻堅強者莫之能勝，以其無以易之。弱之勝強，柔之勝剛，天下莫不知，莫能行」，「夫唯不爭，故天下莫能與之爭」，其實這不過是它

主觀上的自我慰藉，因為在當時的條件下，政治上的退居避世、消極無為，「知其雄，守其雌」、「知其白，守其黑」，是消弭不了日益尖銳的社會矛盾的。它的作用，只不過明哲保身而已。

《老子》思想對後來道家的思想影響很大。《老子》以後的道家，一派進一步發揮了它的唯心主義世界觀，把它的「無為」發展成為虛無主義，莊子是其代表；一派則把「道」解釋為規律，捨棄《老子》學說中否定禮、法的觀點，把「道」改造成為禮、法的理論依據，轉向法家，其代表是齊國稷下的道法學派。

（二）莊子的唯心主義和相對主義

莊子（約西元前 369-前 286 年），宋國蒙（今河南商丘市東北）人，與孟子同時而稍後。他大概是一個破落貴族，曾做過漆園吏。現存《莊子》一書，分為內、外、雜篇，內篇七篇是莊子本人的著作，外篇、雜篇係莊子後學撰述。

莊子是代表沒落貴族的思想家。他的全部思想充滿了絕望和無可奈何的消極特徵，其哲學思想則表現為主觀唯心主義和虛無主義。

莊子對當時劇烈的社會政治鬥爭採取逃避的態度。據記載，楚威王曾派人迎接他到楚國做宰相，他笑著說：我不會像用於祭祀的牛那樣，被你們養肥，穿上花衣服，去做犧牲。我寧願做一條魚在污泥中自得其樂，絕不為有權勢者束縛！

莊子的沒落階級情緒表現得十分強烈。他消極厭世，幻想擺脫一切外物和肉體的束縛，去追求一種精神上絕對自由的「逍遙遊」境界。他把擺脫外界條件限制的絕對自由叫「無待」，把擺脫主觀條件的絕對自由叫「無己」，稱「墮肢體，黜聰明，離形去知，同於大通」，忘掉外部物質世界和自己的肉體感官形體知識為「坐忘」。莊子說，達到了「坐忘」的人，就可以形同槁木，心如死灰，無思無慮，無生無死，恢復了人「天然」的本性。從這種虛無主義的人生觀出發，他對當時統治者制定的各種制度都竭力反對。他認為道德制度是違反人性的，儒家提倡的仁義，是加在人們身上的刑罰。他認為最好的統治方法是不用心思，順應自然，什麼都不做。

在世界觀上，莊子也以「道」作為天地萬物的本源，與《老子》的客觀唯心主義有相同之點。莊子在《知北遊》和《大宗師》中講，「道」是先天地而生的，「物物者非物」——產生物質的東西是非物質的，「夫道有情有信，無為無形，可傳而不可受，可得而不可見。自本自根」，因此他說的「道」實際上是一種無終無始、無邊無際、無時不有、無處不在，可以體會到，但無形無為、看不見、摸不著，既不能用感性來感覺，又無法用理性來認識而只能用主觀直覺來體會的超時間和超空間的絕對精神，是一種主觀唯心主義。

莊子像

莊子認為「道」是永恆的、絕對的、不可分的、無變化的，而事物的彼此差別則是暫時的、相對的、有分別的、有變化的。彼此有差別的事物，從事物相異的角度看，是有差別的，但從「道」的角度來看，此也是彼，彼也是此，並沒有確定的界限。莊子認為事物的差別根本沒有客觀的標準，「莛（細草莖）與楹（屋柱子），厲（古代的醜女）與西施，恢恑憰怪，道通為一」（小草與大柱子、醜婦和美女等，從「道」的角度看，都是一樣的），「自其異者視之，肝膽楚越也；自其同者視之，萬物皆一也」[26]（從不同的角度看，肝和膽，你會覺得它們像楚國和越國那麼距離遙遠；從相同的角度看，萬物都是一個東西，彼此之間毫無差別）。所謂的事物的差別，不是由事物的性質決定的，而是由人的主觀決定的，是隨人的觀察角度不同而不同。

莊子認為認識也沒有任何標準可以遵循，一切隨主觀而轉移。兔子身上的毫毛，你可以覺得它無窮大，泰山相比比它小；早殤的孩子，也可以說是最長壽的人，相較之下老壽星彭祖反而成了短命鬼。人睡在潮濕的地方要得病，泥鰍卻不如此；人爬到樹梢上發抖，可猴子卻如履平地，可見一切都是相對的，一切都是

---

26 《莊子·德充符》。

值得懷疑的。莊子曾舉過一個著名的例子來說明客觀事物是絕無什麼標準的：莊周夢見自己變成了蝴蝶，但一覺醒來還是莊周，「不知周之夢為蝴蝶與？蝴蝶之夢為周與？」[27]——是莊周夢中變成了蝴蝶？還是蝴蝶做夢變成了莊周？莊子認為這些問題是沒有辦法解決的。它認為莊周與蝴蝶的區別不過是夢幻的「物化」而已，萬物的變化都是虛假的。

正因為他不承認事物和認識有客觀的標準，所以他極力宣揚彼此和是非的區別是不存在的。他在《齊物論》中說，兩個人進行辯論，那是根本無法判定誰是誰非的。即使請來第三人，也無法判定。因為他的意見同於其中任何一方，或與二者都不相同，也無法判斷。「是亦彼也，彼亦是也，彼亦一是非，此亦一是非，果且有彼是乎哉？果且無彼是乎哉？」[28]由此他推斷，事物的是非，事物的差別以及是非的客觀標準都是沒有的。對於現實生活中的是非鬥爭問題，正確的態度應該是：或隨聲附和，別人怎麼講自己就怎麼講；或調和是非，或不分是非，聽其自然，「不譴是非而與世俗處」。

莊子否定認識的可能和必要。他說：「吾生也有涯，而知也無涯，以有涯隨無涯，殆已」[29]——生命是有限的，而知識是無限的。以有限的生命去追求無限的知識，肯定要失敗的！莊子認為，萬物的「自然」本性是不分是非、無知無覺、無思無慮、渾沌一團的，你硬要用感官去思考它，用人類的文明去影響它，反而害了它。他舉了一個寓言來說明這一點：南海的帝叫倏，北海的帝叫忽，中央的帝叫混沌。一次，三人聚會，混沌對倏忽招待很好。於是二人商量要報答一下混沌。他們知道混沌沒有七竅，就商量給他鑿一個。沒想到，七竅鑿成，混沌也死了。這個寓言說明，莊子在知識和認識的問題上，是主張回到「混沌」世界中去的。這種思想的實質，反映了沒落階級對社會發展的絕望情緒。

莊子思想對後世沒落階級知識分子的影響很大，許多政治上失意的封建士大夫也往往從莊子著作中尋找精神安慰的資料，如魏晉玄學就是如此。

---

27 《莊子·齊物論》。
28 同上。
29 《莊子·養生主》。

（三）宋鈃、尹文的道法思想

沿襲《老子》學說，對《老子》學說有所發揮的，還有齊國稷下的道法學派。道法學派分兩派：一派以宋鈃、尹文為代表；一派以彭蒙、田駢、慎到為代表。

宋鈃、尹文推重儒家「禮」、「義」，又提倡墨家的「禁攻寢兵，救世之戰」，但在哲學思想上仍遵循道家的傳統，強調要通過虛靜寡欲來探求「道」，並把「道」作為治國方術的出發點。現屬於宋鈃、尹文的道法思想的文獻，有《管子》書中的《心術》、《白心》、《內業》諸篇。

宋鈃、尹文學派把「道」理解為「靈氣」或「精」，傾向於客觀唯心主義。他們認為這種精氣充塞宇宙，在天地之間流轉，賦予萬物以動力，然而又可以用「德」把它安定下來，所以宋鈃、尹文學派強調用自我修養的方法把「靈氣」或「精」保藏在胸中，成為「聖人」。宋鈃、尹文學派把這種修養的方法稱為「白心」。「白心」的要點在於清淨無欲——「凡心之刑（法），自充自盈，自生自成。其所以失之，必以憂、樂、喜、怒、欲、利；能去憂、樂、喜、怒、欲、利，心乃反濟。」[30]把「白心」運用於治國之術又稱「靜因」。宋鈃、尹文學派認為，作為「聖人」的君主認識事物的時候，應該把自己的好惡排除，去掉主觀成分；接觸事物以後，應該根據事物的本來面目去認識它，這樣認識才能正確。「有道之君，其處也若無知，其應物也若偶之，靜因之道也。」[31]——有道的君主，認識問題的時候好像是無知的樣子，解決問題時卻處處與實際情況相符，這都是靜因的功夫。宋鈃、尹文學派主張「聖人」隨時隨地對外界事物都要有正確的瞭解，說這樣就能產生符合實際的「法」。「法出乎權，權出乎道」——法來源於君主的權勢，權勢來源於君主靜心的修養；「天不為一物枉其時，名君聖人亦不為一人枉其法」[32]——天不會為一個東西改變節候，有道的君主也不會為一

---

30 《管子·內業》。
31 《管子·心術》。
32 《管子·白心》。

個人徇私枉法。這樣，「名正法備」，做君主的就可以無為而治了──這說明宋鈃、尹文學派是把法作為道的外觀來看待的，我們說宋鈃、尹文學派是由道而轉法，根據也在這裡。

宋鈃、尹文學派強調「名正法備」，認為正名是建立法制的前提。他們說：「上聖之人，口無虛習也，手無虛指也，物至而命之」，「名實無傷」，認識與客體相符，認識才能恰當。宋鈃、尹文學派認為「物固有形，形固有名。名當，謂之聖人」──事物有它固有的形體，具體的形體有它固有的特點。如果名字能反映該事物的特點，那麼起這個名字的人就是聖人。這裡，作者不認為「名」是純粹主觀的東西，而認為它應該反映事物本身的特點，這是帶有樸素唯物主義思想的有進步意義的觀點，也是對把精神物質完全對立起來的《老子》思想的批判。

宋鈃、尹文學派綜合諸家思想，表現出向法家的轉移，對以後法家思想的發展起了一定的作用。該學派對邏輯名學也很有研究，《漢書‧藝文志》著錄有《尹子》一篇，列於名家，惜已佚亡。

彭蒙、田駢、慎到一派較宋鈃、尹文學派的法家傾向更加明確。這些人的材料史籍記載不多，只知田駢是齊國人，彭蒙弟子，長於名辯。慎到是趙國人，「學黃老道德之術」，現存《慎子》一書系輯本。

《慎子》兼重禮法，說「定賞分財必由法，行德制中必由禮」[33]，但實際上是把法提高到禮之上。它主張權勢要集中在君主之手，但這種集權又必須以臣下的支持為基礎。它反對「國家之政要在一人之心」，說「君之智未必最賢於眾也」，因此主張建立以「道」為準則的「法」。《慎子》講的「道」也是一種客觀精神，它認為「道」包容萬物，但又不消除事物的個性，對萬物一視同仁。《慎子》認為「法」是「道」人事化、社會化的體現，因此它也應具備無所不包和對人事一視同仁的特點。《慎子》主張「尚法貴公」，提倡因「道」設法而反對人治，以做到「官不私親，法不遺愛，上下無事，唯法所在」[34]，連君主也不能違

---

33 《慎子‧威德》。
34 《慎子‧君臣》。

反法。它主張「尚法不尚賢」，「君無事臣有事」，提倡一元政治，鼓吹君主的作用主要在於充分發揮臣子的智慧與作用，這些都是早期法家理性的嚴肅的理論體系，對以後法家的發展起了很大的推動作用。

三、法家

戰國法家的代表人物，前期主要是在各國推動變法的李悝、吳起、商鞅、申不害等，事蹟多見於變法實踐，思想方面的材料流傳較少。法家學說的集大成者是戰國末年的韓非，他的著作《韓非子》不僅總結了法家的政治學說，在中國哲學史上也有重大貢獻。

先秦法家不大講師承關係，他們的許多代表人物實際上是從傳習儒、道而又融合其他諸家學說起家的。上文講的荀子就是韓非子的老師；宋鈃、尹文學派和彭蒙、田駢、慎到學派本來是道家，卻發生了向法家的靠近，這些都說明了它們之間的融合和批判關係。

（一）戰國前期法家的變法實踐

李悝，戰國初期魏國人。魏文侯時為相，在魏國推行變法，他變法的主要內容：獎勵耕戰，「盡地力之教」，實行授田制；「食有勞而祿有功」，打破世卿世祿，起用提拔有能力的人才；著作《法經》，規定各種法律制度。相傳秦漢時還沿用其中的一些條文。

吳起，戰國初期衛國人。他曾和李悝一起在魏國變法，晚年到楚國幫助楚悼王進行改革。吳起在楚的變法主要是廢除世卿世祿，「不別親疏，不殊貴賤，一斷於法」，限令「封君之子孫三世而收爵祿」，「罷無能，廢無用，損不急之官」，把國家增加的收入用於養兵，因此受到宗法貴族的堅決反對，被害而死。

商鞅，姓公孫，戰國中期衛國人。秦孝公時他在秦推行變法。變法的主要措

施：開阡陌封疆，實行授田制，由國家直接徵收賦稅；廢除世卿世祿，獎勵軍功；重農抑商，發展農業生產；建立君主集權制度；統一度量衡。商鞅是法家「法」的主要創始人，他主張治國以法為標準，「治不聽君，民不從官」，一切以法為尺度。

申不害，戰國中期韓國人，韓昭侯時為相，在韓國推行變法。申不害的學說側重於「術」，主張君主「因任以授官，循名以責實，操生殺之柄，課群臣之能」，是法家「術」的主要創始人。

（二）韓非子的進步歷史觀和唯物主義無神論思想

韓非子（約西元前 280-前 233 年），韓國貴族，與李斯都是荀子的學生。韓非子著有《五蠹》、《孤憤》、《顯學》等著作。據說秦始皇（當時還稱秦王）看了韓非子的著作，大為讚賞，慨歎說：「寡人得見此人與之遊，死不恨矣。」秦王政十四年，他為韓出使秦國，秦王政想重用他，卻因為李斯嫉妒進讒言，下獄自殺。韓非子的著作大都收在《韓非子》中。

韓非子的學說是法家思想的集大成，他把早期法家提出的「法」、「術」、「勢」結合起來，形成系統的法治思想，使法家學說日臻完善。韓非子認為，「法」是公開的成文的法典，「術」是秘密的統治方術，前者越普及越好，後者必須秘不示人，不能一樣對待。「法者，編著之圖籍，設之於官府，而布之於百姓者也；術者，藏之於胸中，以偶眾端，而潛御群臣者也。故法莫如顯，而術不欲見。」[35]他贊成慎到的「勢」，說法治優於人治，「夫堯舜生而在上位，雖有十桀紂不能亂者，則勢治也；桀紂亦生而在上位，雖有十堯舜不能治者，則勢亂也」[36]。他認為能夠掌握政權是治亂的首要條件，只要政權鞏固，才能平庸的「中主」也能通過法治平治國家。

---

35 《韓非子·難三》。
36 《韓非子·難勢》。

在關於「人性」的看法上，韓非子同意荀子的「性惡」論，他認為人生下來就有自私自利的「自為心」，因此人和人之間的社會關係就是一種交易行為。他認為「法」是最能調動每一個社會成員「自為心」的好辦法，也是唯一的富國之道，「夫耕之用力也勞，而民為之者，曰可以得富也；戰之為事也危，而民為之者，曰可以得貴也。……故明主之國無書簡之文，以法為教；無先王之語，以吏為師；無私劍之悍，以斬首為勇……」[37]這對打破當時宗法貴族的等級制度、獎勵耕戰是一個理論上的推動。

在對待歷史的態度上，韓非子認為社會歷史是進化的，古代的「聖人」雖然有功於當時，但他們的政策並不能移用於現在。他批判了一味尊崇「先王」的復古思想，認為那些主張用古代帝王的辦法來治理當今社會的人，就像守株待兔一樣可笑。最可行的辦法，就是「不期修古，不法常可，論世之事，因為之備」——不因循古代，不認為有一種永遠可行的法則，要根據當今時代的實際情況採取相應的治理措施。

在世界觀上，韓非子接受了荀子的不少觀點，並對《老子》的一些觀點進行改造，形成了自己富於唯物主義因素的思想體系。

和荀子相同，韓非子也認為「天」是指自然，並不具有什麼意志。他繼承了荀子「天行有常，不為堯存，不為桀亡」的觀點，說「若天若地，孰疏孰親」、「非天時，雖十堯不能冬生一穗」[38]——天地不會對人有親有疏，如果不是天時，即使有十個堯，也不能讓冬天生出一顆穗來。他認為社會和自然都沒有任何神秘的力量，社會的治亂主要靠人的努力和法令措施的得當，而自然界的治理，則要順著自然界本身的規律因勢利導，動靜都合乎事物的性質。

根據這些思想，韓非子對《老子》的神秘主義的「道」進行了一定的改造。他認為「道」並不是什麼精神主宰，也不帶有什麼神秘的色彩，而是自然界萬事萬物的本來面目，是自然界或治理社會的總的規律。他說：「道者，萬物之所然

---

37 《韓非子·五蠹》。
38 《韓非子·功名》。

也，萬理之所稽（合）也，理者成物之文也；道者萬物之所以成也，故曰：道，理之者也。」[39]在這裡，韓非子又提出了「理」的概念。他認為萬物都有它的「理」即規律，而「道」則是萬物之「理」的總匯和綜合。他還說，不同的事物由於「理」的不同而可以區別成方圓、短長、粗細、堅脆等特點，掌握了不同事物的「理」，進而就可以認識「道」。韓非子認為，「夫緣道理以從事者，無不能成」——遵循事物的規律去做事，沒有不成功的。因此，他反對不按照事物的規律而只是以主觀臆測辦事。這都富於唯物主義的思想特點。

韓非子在認識論上也繼承了荀子的樸素唯物主義並有所發展。韓非子認為，人要得到知識，必須接觸客觀事物，遵循事物的規律。他反對離開客觀事物而冥思苦想的唯心主義的認識論，認為必須考察認識、言論是否與客觀事物相符合，才能確定是非；必須比較各種言論、判斷，才能確定哪些言論、判斷正確。他說：「循名實而定是非，因參驗而審言辭。」[40]他主張集合各種說法，以天、地、物、人四方面的實際情況加以比較、參驗來判斷某一認識是否正確，並特別注重以實際功效來檢驗認識是否可行。韓非子強調人類的認識必須以實際功用為目的，不然，講得再明白，說得再好聽，也像胡亂射箭一樣沒有什麼用處。韓非子主張對各種學說的評判、取捨也應以是否切合社會實際情況和功用為標準，他強調必須捨棄無用之辯、「微妙之言」和「恍惚之辭」，這實際上也是為清除宗法貴族動輒稱舉「先王」、侈談「仁義」的言論製造輿論準備。

韓非子把新舊學說的對立提高到邏輯學上的矛盾律來認識，在一定程度上看到對立事物轉化的條件，也是對古代哲學思想的貢獻。韓非子第一次在哲學意義上用「以子之矛陷子之盾」的故事來說明「矛盾」的含義。他認為事物超過適當的量就會走向反面，「譬諸水，溺者多飲之即死，渴者適飲之則生」，「人有禍則心畏恐，心畏恐則行端直，行端直則思慮熟，思慮熟則得事理。行端直則無禍害，無禍害則盡天年。得事理則必成功，盡天年則全而壽。必成功則富與貴。全壽富貴之謂福，而福本於有禍。故曰『禍兮福之所倚』」，「人有福則富貴至，富

39　《韓非子‧解老》。
40　《韓非子‧奸劫弒臣》。

貴至則衣食美，衣食美則驕心生，驕心生則行邪僻而動棄理，行邪僻則身死夭，動棄理則無成功。夫內有死夭之難，而外無成功之名者，大禍也，而禍本生於有福。故曰『福兮禍之所伏』」[41]。這些認識雖然是直觀的、樸素的，但它在發展古代樸素的辯證法思想上，都有不能忽視的意義。

四、《易傳》

「《易》本卜筮之書。」[42]《易》傳說是周文王被囚禁在商的時候寫成的，它的形成出於占筮迷信，其用途是依據其中的卦象和卦爻辭的組合來推斷人事的吉凶。這部書自殷周之際產生以來，已經流傳了近三千年之久。「此書本為卜筮而作」，可是後來隨著對它的解釋，卻被尊奉為一部講宇宙人生哲理的書。這個解釋便是戰國時期產生的《易傳》。《易傳》書中有許多道理深刻的格言和意蘊精湛的思想命題，成為戰國時期一大重要的哲學思潮。其後，經歷代易學家的闡揚，內容又有不斷地豐富和發展，對中國人的思想意識、生活方式、社會風俗都產生了深刻的影響。

（一）有天地然後萬物生

《易傳》把《易》看作是一部「窮理盡性」講宇宙人生根本原理的書。它認為聖人仰觀天象，俯察地理，模擬天地間的一切事物，創作八卦，就是為了探討關於事物的本源和世界運動變化規律，「以通神明之德，以類萬物之情」[43]。《易傳》認為，「《易》之為書也，廣大悉備，有天道焉，有人道焉，有地道焉，兼三才而兩之，故六。六者非它也，三才之道也」[44]，所以能用它來「彌綸天地之道」。「有天地然後有萬物，有萬物然後有男女，有男女然後有夫婦，有夫婦然

---

41 《韓非子·解老》。
42 《朱子語類》卷六十六。
43 《易·繫辭下傳》。
44 《易·繫辭上傳》。

後有父子，有父子然後有君臣，有君臣然後有上下，有上下然後禮義有所錯。」[45]
它把道家的自然主義和儒家的人文價值理想結合在一起來探討宇宙的本源，試圖
通過對筮法的解釋來描摹世界形成的圖式。

《易傳》以八卦分配天地和天地之間的空間、時間，以此來樹立起一個立體
的宇宙圖式。它以乾坤配天地，以坎、離、巽、艮、震、兌配四方、四時：震卦
位於正東方，於時為春，一切生物都在春季生長出來；巽卦位於東南，於時為春
夏之交；離卦位於南方，於時為夏，一切生物都在夏季繁茂生長；坤位於西南
方，長養萬物；兌卦位於正西方，於時為秋，一切生物都在秋季因收成而喜悅；
乾位於西北，這是一年陰盛陽衰的開始，陰陽相搏而戰；坎卦位於正北方，於時
為冬，一切生物都在冬季藏伏起來；艮卦位於東北，於時為冬春之交，一年四季
又要重新開始，「萬物之所以成終而成始也」。把萬物組織在一個時間、空間相
配合的體系之中，並以此來說明一年四季的變化和萬物生長收藏的過程。《易傳》
的宇宙觀是十分明顯的天地本原論，它不承認有任何超自然的神靈主宰其間，
「天地感而萬物化生」[46]，「天地絪緼，萬物化醇；男女構精，萬物化生」[47]，這
對中國古代的影響相當大。

（二）一陰一陽之謂道

《易傳》吸收道家和陰陽家的陰陽學說，以陰陽範疇解說《易》的卦象、爻
象和事物的根本性質，概括出一條總原則，叫作「一陰一陽之謂道」，並把它概
括為自然界和人類社會的普遍規律。

「一陰一陽」，就是又陰又陽：有陰就有陽，有陽就有陰；陰可以變為陽，
陽可以變為陰。陰陽兩個對立項相互聯結，相互推移，相互作用，又相互轉化。
譬如《易》的奇偶二數、陰陽二爻、乾坤兩卦都是一陰一陽；六子卦中，震、

---

45 《易‧說卦傳》。
46 《易‧彖傳‧咸》。
47 《易‧繫辭下傳》。

坎、艮為陽，巽、離、兌為陰；六十四卦，由三十二對卦象構成，也是一陰一陽。卦爻的變化，老陰老陽互變，本卦變成之卦，也是一陰一陽。一卦之中，剛柔上下往來，也是一陰一陽。因此離開了陰陽變易，也就沒有《易》的變易法則：「分陰分陽，迭用柔剛，故《易》六位而成章。」[48]《易傳》認為，宇宙世界的天道、地道、人道莫不如此：當陰陽兩種勢力相互配置得當，諧調相濟，形成一種優化組合時，就會出現和諧的局面，使事物得以亨通；相反，如果配置不當，陰陽失調，剛柔乖異，就會使和諧局面受到破壞，以致發生衝突，使事物阻塞不通而出現危機。所以，《易》非常講究「保合大和」即陰陽兩個對立面的互濟互補、和諧統一，把它視為最高的價值理想。

（三）剛柔相推而生變化

崇尚變易是《易》最基本的觀點，所以司馬遷說：「《易》長於變。」

《易傳》認為，世界的變化是事物本身所具有的陰陽兩種勢力決定的，「剛柔相推而生變化」。在剛柔推移的過程中，對立面的相互代用，表現為相交、相攻、相取、相感、相推、相摩、相蕩等不同形式，用現代漢語說，對立面之間不僅相互對立，相互排斥，而且相互召感，相互資取，相互溝通，雖相反而相成。這種觀點，承認對立面存在同一性，啟發人們在處理對立事物的時候，要注意其異中之同，尋找不同中的共同點，以達到相成相濟，諧和為一的目的。

（四）物極則反

《易傳》認為，由剛柔相推所引起的事物盈虛消長的變化過程，總是由於發展到極端，而向其相反的方面轉化。這在易學史上稱為「物極則反」。「日中則昃，月盈則食，天地盈虛，與時消息。而況於人乎，況於鬼神乎？」[49]

---

48 《易·說卦傳》。
49 《易·豐·彖傳》。

正因為「物極則反」,《易傳》作者提醒執政者要「三不忘」。「危者,安其位者也;亡者,保其存者也;亂者,有其治者也。是故君子安而不忘危,存而不忘亡,治而不忘亂,是以身安而國家可保也。」[50]這句話說,安於其位,則招來傾危;保持現狀,則招來滅亡;自恃國家已經得到治理,結果卻招來禍亂。因此,執政者處於安、存、治的局面時,不能忘記危、亡、亂的可能,要永遠持有一種憂患意識,「以憂患之心,思憂患之故」,才能身安家齊國治,不出亂子。

（五）變通趨時

為了趨吉避凶,使事物能夠順利發展,《易傳》認為,關鍵的問題是掌握變通和變通的時機,「易窮則變,變則通,通則久」[51]。「窮」即事物發展到極點,事物發展到極點就要「變」——變革。經過變革,事物才能更好地發展,這就叫作「通」。事物通達順暢了,可以維持一段長久的時間,所以說「通則久」。這個久,也不是永遠的,在不久的時間內,它還要達到「窮」的階段,這就叫作「往來」、「屈伸」。這種往來、屈伸也是無窮的;惟其無窮,所以世界無盡。「往來不窮謂之通」。窮而變,變而通,通而又窮,循環往復,由此構成天地萬物的永恆演進,宇宙的大化流行。

《易傳》說,「窮」、「通」又是與「時」緊密聯繫在一起的。所謂「時」,指特定階段的人們所遭遇的一種時運、時勢或時機。人們行為的後果是吉是凶,主要不取決於行為本身,而取決於是否適時,適時則吉,失時則凶;順時而動,必獲吉利,逆時而行,必遭凶咎。所以,《周易》特別注重「時」,認為「變通」就是要「與時偕行」,隨時而動,「變通者,趨時者也」[52]。只有審時度勢,隨時應變,當機立斷,才能立於不敗之地。

《易傳》對中國古代的思想意識、生活方式、社會習俗產生了深刻的影響。

---

50 《易·繫辭下傳》。
51 《易·繫辭下傳》。
52 《易·艮·彖傳》。

中國文化在同西方接觸之前，中國古代的理論思維水準有很多是通過對《易》、《易傳》的研究得到鍛煉和提高的。歷代學者特別注重對《易》、《易傳》的研究，主要不在於它判斷吉凶的外在形式，而在於它揭示的宇宙和人生道理，在於它蘊涵的深刻的辯證思維。

五、名家

「名實」問題是春秋以來思想家常常討論的問題，但多限於一些具體的名實關係。戰國時期，名辯之學發展為對概念的規定、分類、判斷、推理等邏輯問題的研究，有一些思想家專門從事這項問題的研究，其中的主要代表人物是惠施和公孫龍，後期墨家也參與了這項問題的辯論。

（一）惠施的「同異」說

惠施，戰國中期宋國人，生平已不可詳考。他曾做過魏國的相，與莊子經常辯論問題。他的著作已亡佚，現只能從《莊子》、《荀子》、《韓非子》、《呂氏春秋》等著作的片段記載中對他的思想進行研究。

據《莊子・天下篇》等記載，惠施經常與別人討論的哲學和邏輯問題主要有以下幾個方面：

（1）空間的無限性和相對性問題。
（2）事物的同異關係問題。
（3）同等地無差別地愛一切事物的問題。

第（1）個問題是由《管子・心術》「道在天地之間也，其大無外，其小無內」的命題引發的，其原義是想說明「道」的無處不在。惠施把這句話作了邏輯的概括，變成為講空間的無限性和相對性的問題。他把「其大無外」概括為「至大無外」；把「其小無內」概括為「至小無內」。「其大無外」本來是說大到無所不包，

「其小無內」本來是說小到不能再分割，惠施離開具體的大小而只從抽象的大小來論證，結果「至大無外」變成了「至大」之外再沒有更大，「至小無內」變成了「至小」之內再沒有更小，這實際上是否定了宇宙大小的無限性。惠施在論證空間大小的無限性中看到了相對性的一面，他把「至大無外」稱為「大一」，把「至小無內」稱為「小一」，說同是「一」，從不同的角度看就有大小之別，這具有辯證法的因素，但他脫離具體事物的大小來論證大小的相對性，把「至大」、「至小」都命名為「一」，這就否定了大小之間質的差別，陷入了相對主義。

第（2）個問題是事物的同異關係。惠施認為事物有「大同」，也有「小同」；「大同」則小異，「小同」則大異；「大同」小異和「小同」大異雖有不同，但都只是「小同異」而已，因為這些「同」、「異」都只是具體事物在互相對比中的「同」、「異」。如果從事物的根本上講，萬物既可以「畢同」，也可以「畢異」，「畢同」、「畢異」才是「大同異」。這個問題的思想方法與第（1）個問題有相同之處。

惠施認為，事物從「至大」到「至小」，沒有一個是大小相同的，這就是「畢異」。然而不管「至大」還是「至小」，它們又都是「一」，所以又說萬物「畢同」。惠施「畢同」、「畢異」的思想跟莊子「萬物為一」的思想有一致之處，但不同於莊子的否定事物差別的觀點。惠施的「同異」在一定程度上講「同」和「異」的相互聯繫和統一性，帶有一定的辯證的因素。

第（3）個問題是從萬物「畢同」的觀點出發的。惠施認為，萬物既然有「畢同」的一面，那對萬物就應該一視同仁，應該無差別地、普遍地去愛一切東西，這跟《莊子》「萬物與我為一」的觀點也有相同之處。

惠施與上述問題相連帶還提出了空間、時間的相對性問題。在這些命題中，他從觀察事物的不同角度，說明高低、大小、中央四周、生死、今昔的關係都是相對的，道理都很深刻。

惠施的名辯思想中包含有一定的辯證法因素，也在一定程度上直觀地感覺到了事物運動中包含著矛盾，這是難能可貴的，它對促進人們正確認識事物的發展

變化有一定的意義。不過，他片面誇大事物和認識的相對性，又陷入了相對主義，有些命題就成為荒謬的詭辯。

（二）公孫龍的「離堅白」說

公孫龍（約西元前 325—前 250 年），戰國中期趙國人，曾做過平原君的門客。他的著作一部分已佚，剩餘的都保存在《公孫龍子》一書中。

公孫龍的哲學思想主要是「別同異，離堅白」，和惠施的「合同異」的思想有區別。惠施通過對事物性質和概念的分析，強調事物的「畢同」、「畢異」，公孫龍則強調事物的差別和獨立性，其主要思想是「離堅白」。

所謂「離堅白」，是說「堅」和「白」兩種屬性不能同時聯繫在一個具體事物之中，「堅」和「白」是兩個各自獨立的性質的概念。他以一塊堅硬的白石頭為例，說「堅」和「白」有差別，不能同時都是石頭的屬性。「視不得其所堅而得其所白者，無堅也；拊不得其所白而得其堅者，無白也」[53]──用眼睛只能看到白而看不到堅，用手摸能摸到堅而摸不到白。看的時候，「堅」自己隱藏起來了；摸的時候，「白」隱藏起來了。所以，他認為「堅」和「白」是不能滲透的，因為「堅」和「白」是互相分離的。

公孫龍又進一步把「堅」、「白」與石頭分離開來。他說：「物白焉，不定其所白；物堅焉，不定其所堅。不定者，兼，惡乎其石也？」[54]──我們說物「白」，並不是定死了物就「白」；我們說物「堅」，並不是定死了物就「堅」，這種不固定在一種物質上的性質，其他物體也會有，怎麼能說就一定在石頭裡呢？這裡，公孫龍把「堅」、「白」都看成是抽象的、獨立存在事物的屬性，說人們之所以能感覺它，是由於它自己的顯現。這種把人的感官和感覺割裂的論證方法顯然是錯誤的，雖然他感覺到了事物共性或一般性的概念的差別。

---

53 《公孫龍子·堅白論》。
54 同上。

在《白馬論》中，公孫龍又以「白馬非馬」的論題闡述了同樣的觀點。他從兩方面論證「白馬非馬」：

（1）「馬者，所以命形也；白者，所以命色也。命色者非命形也，故曰白馬非馬。」

（2）「求馬，黃黑馬皆可致；求白馬，黃黑馬不可致。……故黃黑馬一也，而可以應有馬而不可以應有白馬，是白馬之非馬審矣。」

這裡，公孫龍看到了兩個概念（馬和白馬，一般和個別）的差別，因此，「白馬非馬」的論題不能說不帶有辯證法的因素。但他把一般和個別的關係分離開來，否認「馬」對「白馬」在邏輯上的蘊涵關係，確是違背客觀實際的，是錯誤的。

公孫龍從《離堅白》、《白馬論》等例子中得出一條他認為是有普遍意義的結論：「離也者天下，故獨而正」——整個世界是由各個獨立的抽象的概念構成的。這些抽象的概念，他又稱作「指」。「物莫非指，而指非指」——一切事物都僅僅是概念或屬性，每一個事物的概念或屬性不必依賴別的事物的概念或屬性而存在。這樣在公孫龍就用抽象的概念「指」否定了具體的客觀物質世界的存在，陷入了詭辯論。

據《莊子·天下篇》等記載，公孫龍一派的名辯家還提出了一些有辯證法思想的命題，如「飛鳥之景未嘗動也」，「一尺之棰，日取其半，萬世不竭」等，惜乎言之不詳，不能展開討論。

六、陰陽家

陰陽五行在西周末春秋初是一種樸素的唯物主義理論。陰陽最初指日光的向背，向日為陽，背日為陰，以後被思想家用來表示兩種對立的事物或現象。當時的思想家認為，世界上的一切事物都是由陰陽構成的，陰陽的對立鬥爭形成了事物的運動和變化；五行，即水、火、木、金、土，古代思想家把它們看成是構成

世界萬物的元素，某一元素是某一類事物的代表，五行和五行代表的事物之間都有一定的促成和制約關係，如木生火，火生土，土生金，金生水，水生木（相生關係）；木剋土，金剋木，火剋金，水剋火，土剋水（相勝即相剋關係），這是早期的陰陽五行說。

戰國中期，一些思想家在陰陽五行中注入了大量的神秘主義內容而成為「捨人事而任鬼神」的陰陽家。戰國末期，社會大動盪，「察禨祥，候星氣」之風大盛，陰陽家也大行其道，儒家、道家、法家等思想家也經常引用陰陽五行觀念說明事物之間的關係。據《漢書・藝文志》載，戰國時陰陽家的著作有十餘種，惜乎都已經亡佚。現存《管子》的《四時》、《輕重》、《五行》，《呂氏春秋》的《月令》諸篇都有很濃重的陰陽家思想，不過其典型的代表還是鄒衍的五德始終學說。

（一）《管子》等書中的陰陽家思想

《管子》等書中的陰陽家思想是一種天人合一、人隨天數的思想。該書把宇宙解釋為一個複雜的多層次的結構，說人道（人事）本於天道（陰陽、日月星辰的運轉及四時的變化）和地道（萬物的生死榮枯），並要服從於天道地道。人世間的君主「以天為父，以地為母，以開萬物，以總一統」，只要能法天、法地、法四時，就能夠治理好天下。

《管子》、《四時》、《輕重》等篇特別強調根據天地運轉、四時變化、五行之德「務時而寄政」。它們認為，春夏主德，秋冬主刑。春天是萬物萌生的季節，政令一定要「生而勿殺」，要保證一年生產的順利，有利萬物的生長；夏天是萬物繁茂的季節，政令不要有使萬物夭折的行為，不要「聚大眾」、「誅大臣」、「斬大山」等；秋天萬物肅爽，是實行刑罰和收藏的季節，政令一定要「罰而勿賞，奪而勿予」；冬天是農閒季節，可以徵發徭役，但一切活動都必須有限制，這叫作「務時而寄政」。如果不按照四時變化「務時而寄政」，天人相背，《管子》認為那天就會出現異象，對人發出警告：「日食則失德之國惡之，月食則失刑之國惡之，彗星見則失和之國惡之。是故，聖王日食則修德，月食則修

刑，彗星見則修和」，這都是以自然變化和政教律令互相牽合的比附，雖然它在一定程度上對君主的行為能起到制約的作用，但這種神秘主義的思想主要還是一種迷信。

（二）鄒衍的五德終始政治循環論

鄒衍，戰國後期齊國人，生平活動不可詳考。傳說他的學說體系「閎大不經」，包括三個部分：一是天論。據說他不僅研究了天地開闢以來的自然史，「推而遠之，至天地未生，窈冥不可考而原也」，所以當時人們稱他為「談天衍」。二是地論，即地理學說。他認為當時儒者說的「中國」不過是天下的八十一分之一。中國名「赤縣神州」，此外還有八州，各為大海環繞。天下又有九個這樣的單位，為更大的海包圍。三是歷史學，這就是他的「五德終始」學說。

鄒衍認為，歷史是一個發展變化的過程。在發展變化中，有一個必然的規律支配著它的變化，這就是「五德轉移，治各有宜，而符應若茲」。鄒衍認為，水、火、木、金、土「五德」，每一德支配一個朝代，「五德從所不勝，虞土、夏木、殷金、周火」，某一德被另一德取代時，天就會發生某種奇異的自然現象，作為改朝換代的資訊，這就是「符應」。鄒衍認為，五德轉移是循環的、周而復始的。他認為當時「水」德將要代替「火」德的周，因此這種理論受到了正在進行兼併戰爭的各國君主的歡迎，傳說燕昭王曾親自拜鄒衍為師。由此可見當時鄒衍「五德」學說的影響之大。

鄒衍在政治哲學上也有不少闡發。他把過去的治國經驗和自己對將來國家的推測、幻想結合在一起，以經驗作為推測和幻想的依據，大講治國之道很能引人入勝。但後來人們發現他的政治見解多是誇誇其談，慢慢就不大推崇他了，「王公大人初見其術，懼然顧化，其後不能引之」。鄒衍的政治思想受儒家影響比較多，他的政治理想和儒家提倡的修身治國平天下相類。

秦統一六國後，有人把鄒衍的學說獻給秦始皇，秦始皇採納了他的學說，制定了一套所謂「水」德的政令。鄒衍的學說，後來主要被燕、齊的方士們繼承下來。

七、雜家

戰國即將結束的前夕，思想界出現了一種相容並包百家學說、折衷調和各種思想的雜學，其代表是呂不韋的《呂氏春秋》。

呂不韋在秦莊襄王和秦王政初年任丞相。他召集門客「人人著所聞」，撰寫了二十餘萬字的《呂氏春秋》，集論以為八《覽》、六《論》、十二《紀》，二十萬言。因為是集論，彙集了儒、墨、道、法、陰陽、農、兵、縱橫諸家等各家的思想，《漢書·藝文志》把它列為雜家。班固說：「雜家者流，蓋出於議官，兼儒墨，合名法，知國體之有此，見王治之無不貫。此其所長也。」《呂氏春秋》寫作的目的，是為了輔導人君總結歷史興亡的經驗教訓作為治政的借鑒，和孔子作《春秋》的本意相同，所以也以《春秋》命名。

《呂氏春秋》包括了儒、墨、道、法、陰陽、農、兵、縱橫諸家的理論，雖未能創立完整的體系，但這並不是說《呂氏春秋》沒有自己的立場與主要傾向。從全書的思想體系看，《呂氏春秋》「對於各家雖然兼收並蓄，但卻有一定的標準。主要的是對於儒家道家採取儘量攝取的態度」[55]。《四庫全書》說它「大抵以儒為主，而參以道家、墨家」，其說可信。

《呂氏春秋》非常尊崇儒家以德服人的仁政、王道思想，它認為：「五帝先道而後德，故德莫盛焉；三王先教而後殺，故事莫功焉；五伯先事而後兵，故兵莫強焉。當今之世，巧謀並行，詐術遞用，攻戰不休，亡國辱主愈眾，所事者末也。」[56]又說：「為天下及國，莫如以德，莫如行義，以德以義，不賞而民勸，不罰而邪止，此神農黃帝之政也。」[57]它認為孔子的「正名」理論是治理國家最好的理論，「凡為治，必先定分，君臣父子夫婦，六者當位」[58]，只有確立了「君君、臣臣、父父、子子」封建倫常關係，才能從根本上治理國家。《呂氏春秋》

---

55 郭沫若：《十批判書·呂不韋與秦王政的批判》。
56 《呂氏春秋·先己》。
57 同上。
58 《呂氏春秋·處方》。

十分重視文化和教育的價值，它認為三代之所以昌，學習和教育起了關鍵的作用：「太上知之，其次知其所不知，不知則問，不能則學。周箴曰：『夫自念斯學，德未暮，學賢問，三代之所以昌也，不知而自以為知，百禍之宗也。』」[59]從這幾個方面看，《呂氏春秋》的主導思想應該屬於儒家。

《呂氏春秋》以儒家思想為基調，也兼收並蓄道家、墨家、法家、名家、兵家、農家等各家的思想，或用儒家思想對諸家的思想進行改造。例如《呂氏春秋》講道，彙集了道家思想，但卻又發揮出一套天道、地道、人道三者相互和諧統一的思想，把它納入儒家思想的範疇內。《呂氏春秋》講養生修身，吸收了道家思想，但它講養生修身的目的不同於道家的「養生」，而是著眼於齊家治國平天下，「為國之本在於身，身為而家為，家為而國為，國為而天下為，故曰：以身為家，以家為國，以國為天下」[60]。這明顯是受了孔孟的直接影響。再如《呂氏春秋》講君道無為，並不是提倡道家的無所作為，以不治作為治天下的最高原則，也不是講法家的權術，而是提倡儒家的「恭己正南面而已矣」。要人君在道德上起表率作用，同時任用賢人，「太聖無事而千官盡能，此乃謂不教之教，無言之治」[61]。《呂氏春秋》也像法家、墨家一樣主張尚賢，但它選擇賢人的標準是儒家的。它認為賢與不賢的根本區別在於是否有德，「若夫內事親，外交友必可得也。苟事親未孝，交友未得，是所未得，惡能善之矣。」[62]其他像《呂氏春秋》講變法，講耕戰等，作者也都儘量把它納入儒家的思想體系。如《察今》說「世易時移，變法宜矣」，這是法家的思想；但同時它又說「察今可以知古，古今一也」，這是儒家的主張，明顯表現出《呂氏春秋》用儒家思想對諸家的思想進行改造或諸家思想的融合。

《呂氏春秋》在天道觀、認識論、辯證法和社會政治思想方面較多地採取了《荀子》和《易傳》的觀點和立場。《荀子》主張「人性惡」，《呂氏春秋》主張「聖人修節以止欲」；《荀子》認為國家起源於人的欲望和物品不能滿足需要的矛

59　《呂氏春秋‧謹聽》。
60　《呂氏春秋‧執一》。
61　《呂氏春秋‧君守》。
62　《呂氏春秋‧務本》。

盾，《呂氏春秋》也認為「君道」出於生存發展和調節相互關係的需要，並不是天生就有的。《荀子》主張「制天命而用之」，《呂氏春秋》對掌握認識宇宙的根本規律也充滿了信心。《呂氏春秋》在辯證法方面克服了老子的消極無為，充分重視人的主觀能動性在促成事物轉化中的作用，較多地吸收了《易傳》「變通趨時」的思想。所有這些，都體現出戰國末期思想家總結歷史經驗、預見形勢變化的成果，值得我們深入地進行研究。

亮點書系．中國文化通史 A1001001

中國文化通史·先秦卷　上冊

主　　編	鄭師渠
版權策畫	李　鋒

發 行 人	陳滿銘
總 經 理	梁錦興
總 編 輯	陳滿銘
副總編輯	張晏瑞
編 輯 所	萬卷樓圖書股份有限公司
排　　版	菩薩蠻數位文化有限公司
印　　刷	維中科技有限公司
封面設計	菩薩蠻數位文化有限公司

出　　版　昌明文化有限公司

桃園市龜山區中原街 32 號

電話　(02)23216565

發　　行　萬卷樓圖書股份有限公司

臺北市羅斯福路二段 41 號 6 樓之 3

電話　(02)23216565

傳真　(02)23218698

電郵　SERVICE@WANJUAN.COM.TW

大陸經銷

廈門外圖臺灣書店有限公司

　　電郵　JKB188@188.COM

ISBN 978-986-496-154-2

2018 年 1 月初版

定價：新臺幣 420 元

如何購買本書：

1. 劃撥購書，請透過以下郵政劃撥帳號：

　帳號：15624015

　戶名：萬卷樓圖書股份有限公司

2. 轉帳購書，請透過以下帳戶

　合作金庫銀行　古亭分行

　戶名：萬卷樓圖書股份有限公司

　帳號：0877717092596

3. 網路購書，請透過萬卷樓網站

　網址 WWW.WANJUAN.COM.TW

大量購書，請直接聯繫我們，將有專人為您

服務。客服：(02)23216565　分機 610

如有缺頁、破損或裝訂錯誤，請寄回更換

國家圖書館出版品預行編目資料

中國文化通史. 先秦卷 / 鄭師渠著. -- 初版.
-- 桃園市：昌明文化出版；臺北市：萬卷
樓發行, 2018.01

　冊；　公分

ISBN 978-986-496-154-2(上冊：平裝). --

1.文化史　2.中國

630　　　　　　　　　　　　107001798

本著作物經廈門墨客知識產權代理有限公司代理，由北京師範大學出版社（集團）有限公司授權萬卷樓圖書股份有限公司出版、發行中文繁體字版版權。